赢在广州创业故事

何全穗　雷育胜　主编

华南理工大学出版社
SOUTH CHINA UNIVERSITY OF TECHNOLOGY PRESS
·广州·

图书在版编目（CIP）数据

赢在广州创业故事／何全穗，雷育胜主编．—广州：华南理工大学出版社，2018．3

ISBN 978－7－5623－4636－4

Ⅰ．①赢…　Ⅱ．①何…②雷…　Ⅲ．①大学生－创业－案例－广州　Ⅳ．①G647．38

中国版本图书馆 CIP 数据核字（2018）第031615号

YING ZAI GUANGZHOU CHUANGYE GUSHI

赢在广州创业故事

何全穗　雷育胜　主编

出 版 人：卢家明

出版发行：华南理工大学出版社

（广州五山华南理工大学17号楼，邮编510640）

http：//www．scutpress．com．cn　　E-mail：scutc13@scut．edu．cn

营销部电话：020－87113487　87111048（传真）

策划编辑：何丽云

责任编辑：卜穗珍

特约编辑：张　昕

印 刷 者：广州市新怡印务有限公司

开　　本：787mm×1092mm　1/16　**印张**：18　**字数**：392千

版　　次：2018年3月第1版　2018年3月第1次印刷

定　　价：48．00元

《赢在广州创业故事》编委会

主　　编： 何全穗　雷育胜

编委会委员： 白争辉　骆志萍　彭　罡　胡冰玉

徐喜春　黄燕琪　叶小慧　刘俊杰

李雨茵　杨睿琳　宋丹丹　董　青

王静坤　肖　丹　彭嘉嘉　陈田怡

序

PREFACE

2018年3月7日，十三届全国人大一次会议期间，在参加广东代表团审议时听了归国创业代表华南理工大学校友袁玉宇的发言后，习近平总书记强调，发展是第一要务，人才是第一资源，创新是第一动力。中国如果不走创新驱动发展道路，新旧动能不能顺利转换，就不能真正强大起来。广东作为中国特色社会主义的排头兵、深化改革开放的先行地和探索科学发展的实验区，同时也在构建推动经济高质量发展体制机制、建设现代化经济体系、形成全面开放新格局、营造共建共治共享社会治理格局上走在全国前列。

什么样的气质算是英雄，什么样的行为算是壮举，不同的时代有不一样的答案。而每一个继往开来的时代，都呼唤英雄人物的诞生，同时为他们准备好最为壮阔的舞台。如今的中国，正处在经济转型升级的关口。“大众创业、万众创新”，写进总理政府工作报告的这句话，受到了前所未有的关注，悄然改变着这片具有五千年历史的热土。创业，成了一切改革闯关的基础、应对新经济发展调整的引擎。自2014年以来，全国平均每天诞生1万多家企业，网络创业人数突破1000万人，中关村每分钟的创业收入接近500万元，众创现象已然蔚然成风。

这是一个创造历史的时代，每天都有许多新生事物迎接阳光雨露的洗礼；这是一个急剧变化的时代，每天也有许多的事物，在第二天黎明来临前迅速贬值甚至消失。世界经济瞬息万变，科技发展一日千里，我们面临的市场风云变幻，我们的消费方式相比以往更是截然不同。新的时代，唯创新者进，唯创新者强，唯创新者胜。新技术、新观念、新思想日新月异，我们的观念和行为得到了彻底的解放，移动支付改变了我们的支付方式，共享单车改变了我们的出行方式，虚拟现实改变了我们认识世界的方式……

“赢在广州”大学生创业大赛早在2012年就高扬“吹响创业号角，助力青春圆梦”的旗帜，一路风雨兼程艰辛探索，直面困难从不退缩，目前成功举办六届，已经发展成辐射粤港澳台地区最重要的创业赛事之一，涌现出一大批创新创业的青年才俊。我们希望为更多有志于创业实践的青年大学生提供一些可资借鉴的有益经验和教训，特挑选出40多位优秀的创新创业典型，力求真实再现在粤大学生艰辛而灿烂的创业历程，把他们行进至今的成败得失、成长感悟，都写出来，不避讳、不粉饰。

改革开放的生机勃勃、市场经济的风生水起、巨大财富的神奇传说，无不源于全民创业的潮起潮涌。当历史的车轮驶进21世纪，当双创的浪潮来到千年商都，“赢在广州”大学生创业大赛应运而生，不断地将跃跃欲试的心转化为推动科技前进的实际行动。时代造就英雄，英雄也通过自己的方式影响着这个时代。本书收录的创业案例，既体现了青年大学生的创业激情，也凝聚了大学生创业者们优秀的创造性成果，更闪烁着年轻一代创造性思维的火花与智慧。他们，或是学习方面的佼佼者，或是睿智聪明的思考者，又或是峥嵘岁月的不屈者，甚至是世俗观念的叛逆者。但他们都敢于尝试，勇于创新，乐于挑战，在最好的年纪选择了一条最艰难的路。他们对成功有着自己独到的见解，期待着和一群有梦想的人做一些有意义的事，圆一个关于青春的梦。他们，是我们这个时代的英雄！

当前，世界经济的波涛猛烈撞击着中国市场经济的大门。创新创业，如同一股巨浪席卷而来。在急速变革和创新发展的今天，一大批大学生面对这伟大的历史际遇与挑战，前赴后继，慨然迎接这前所未有的困难和必须超越的舞台。他们站在时代的制高点，顺应时代的召唤，不惧任何艰难困苦，不向任何挫折与失败低头，在残酷的市场竞争高速路上与时代竞跑，在紧迫感与危机感中不断超越与重生，怒吼中彰显年轻一代的激情与梦想，激越历史时空的青春共鸣，创造出无悔于自己、无悔于时代的青春征程！

《赢在广州创业故事》编委会

目录
CONTENTS

上 篇

中　篇

下　篇

上　篇

与其满城市迷茫，不如整天兰花飘香

——翁源县仙鹤花猫花园生物科技有限公司负责人李浩华

《《《 李浩华

善良，唯有以善良养。这是冯小刚、严歌苓的电影《芳华》，也是华工校友李浩华的人生"芳华"。河流蜿蜒，是为了滋养更多的世间生灵；命运坎坷，是为了感受更多的人间温暖。幸福很难，被岁月善待也很难。但再难，也愿每一段善良都有回响。

"我愿耕老岁月，耕老夕阳，耕到兰花香飘四海。"这是华南理工大学2015届化学工程与工艺专业的李浩华埋藏在心灵深处最珍贵的梦想。

穷人的孩子早当家

对于很多人来说，在谈到自己为什么没有成功时，"起跑线"似乎是一个屡见不鲜的答案。"绝对不能输在起跑线上"似乎成了很多家长信奉的真理，但他们不知道这世上还有很多人的终点或许只是能够活下去。李浩华就是一个"输在了起跑线上"的人。

李浩华出生在粤北贫困山区的一个特殊家庭，父亲是聋哑人，母亲是独臂残疾人，记忆中家里的灯光总是昏暗，母亲的脸色总是肌黄。家里唯一值钱的东西就是一头老黄牛，也正是靠着它，父母才能够种下两亩水田和旱地，让一家三口解决了最基本的生计问题。这头老黄牛陪伴着李浩华度过了人生最初的十年，听过太多他的梦想，知晓太多他的等待。

穷人的孩子早当家。自李浩华懂事起，他多半的时间是在农田里度过的，起早摸黑，蚂蟥蚊子叮咬对于6岁的他来说已是家常便饭，插秧、放牛、帮忙收稻子也是他已掌握的生存技能。早上五点多，天刚蒙蒙亮，他就得擦着朦胧的睡眼与父母开始一天的劳作，中午也要顶着烈日炎炎辛勤耕耘，直到天完全黑了才能回到家。

偶有下大雨不需要干农活的时候，他才真的像个小孩，很早起来就拉着小伙伴一起玩泥巴、过家家，开心得像个"孩子"。或许，正是因为这些日子，让幼小的他能够去相信：一个人，总会有把苦头真正吃尽的一天，总会有改变自己命运的一天。

苦难中的善良最真心

日出而作，日落而息，日复一日，年复一年，这是中国农村田间的常态，也是幼小的李浩华对于生活的理解。尽管每个人都很勤劳，但由于信息闭塞，整个村子的天空一直被贫困的乌云笼罩。然而周围的乡亲一直把李浩华一家放在心上，会不时地提醒李浩华家什么时候该播种，什么时候该施肥，他们家农活落下的时候，邻里会主动抽出一天半天来帮忙。

有一年家里的稻子不抽穗，想尽了各种办法都不见起色，李浩华的父母整天愁眉不展。为此，一个乡亲特意走到十公里外的亲戚家去询问解决方法，并买来解决这个症状的农药送到他家里。收了稻子后，母亲让李浩华送两袋稻谷到那位热心的乡亲家里，但乡亲连连拒绝，李浩华只好晚上再偷偷地背过去放在他家门口。但让李浩华一家没想到的是，新学期开学前几天的一个晚上，这位老乡准备了一个新的书包和一套文具送给李浩华，让年幼的他感到一丝温暖，他默默告诉自己一定要记住帮过自己的人，一定要记住这苦难中最淳朴最真实也是最简单最沉默的善良。

学习！学习！学习！

生活上的困苦，并没有阻挡李浩华对美好生活的向往，相反他更加珍惜来之不易的学习机会。初中住校之后，他选择了教室、饭堂、宿舍三点一线的学习生活，在老师和同学的眼中他俨然是一个拼命三郎。因为在农村读的小学没有接触过英语，这让他倍感吃力，于是他每天手抄单词、短语、句子，在饭堂排队或睡觉前都要拿出来看一看，一些容易记错的就写到手掌心里，背不出来坚决不擦掉。就这样，凭着靠读书改变命运的决心，李浩华的成绩一直位居学校前列，在中考时以全校第一名的成绩考上了韶关市的一所重点高中。但为了能够时常照顾家里，帮父母做一点力所能及的事，减轻家里的负担，他选择了县城的一所普通高中。

学校在了解他的情况之后，主动减免了他的住宿费、伙食费等费用，老师也经常会送他一些生活用品。他内心对这份馈赠充满了感激与珍惜，也在心底默默记住了帮助过他的人，告诫自己只有努力才能不负众望。于是，相比初中，他更加拼命了，除了吃饭、睡觉，基本都在学习。最终高考时，他以全县理科名列前茅的成绩考入了华南理工大学。

当幸福遇见烦恼

在收到华工的录取通知书后，家人们都沉浸在他考上大学的喜悦之中，邻里也都纷纷祝贺他给家乡争了面子。但是，物质的难关又一次摆在了他面前，大学高昂的学费和生活费让妈妈额头出现一丝愁意。对于从未离开过韶关的他来说，也心生一分胆怯。“广州会是一座怎样的城市？作为一个来自贫困山区的学生，我又将如何生存？”李浩华在心里默默担忧着。

高中学校主动把他的情况反映到政府部门，当地政府及时伸出了援手，同时联系了一位爱心企业家对他进行一对一的资助。在政府、企业以及爱心人士的帮助下，原来如山一般的压力缓解了一些。

2011年，夹杂着喜悦与担心，李浩华来到广州开始了他的大学生活。但是，学生的生活费用对于一个偏远山区特殊家庭的学子来说，依然是高昂的。幸运的是，华南理工大学学生工作处的老师和学院辅导员通过对贫苦地区学生的摸底了解到他的情况之后，主动找到了他，向他提供了学校的勤工助学岗位，解决了他部分的生活费问题。

李浩华

对于这个来自特殊家庭的孩子，大学不仅仅是充盈知识的地方。在大学期间，他遇到了许多友善的人，得到了许多友善的帮助，这些让他心里更加感恩和倍感珍惜。在大学四年中，他除了课业上的学习，还担任班干部，并在课余加入各类社团及学生会。在大学四年中，他无一门挂科，获得了学校奖学金、优秀班干部、社团骨干成员等荣誉。假期时，他还去做兼职家教，参加学院爱心慈善团队活动，去社区、福利院做义工。在友善的环境中，在自己积极、勤奋的生活态度下，他像其他同学一般在华南理工大学度过了充满意义的四年学习生活。用他的话说："华工的学习生活让我更加坚信社会充满爱，勤奋努力的人运气都不会差。"

终见恩人，毅然回乡

在大家的帮助下，李浩华大学毕业了，并在繁华的都市里顺利找到了一份不错的工作，开始了像无数毕业生一般的工作与生活。他每天坐地铁、挤公交，穿梭于人群之中，往返于公司和出租屋的两点一线；他在繁杂的工作中朝五晚九、日复一日，频繁的出差让他疲惫不已。在某个傍晚，他拖着劳累的身躯漫无目的地走在出租屋所在的小区里，看着身旁陌生忙碌的人群，他感到了迷茫、无助，感到自己对于这座城市是何等的渺小。

埋头苦干只为了能在这座城市立足，但这里的车水马龙却从来不属于自己，生存是一个比生活更贴切的词语。

他深究自己不是一个孝顺的儿子，家中残疾的父母身体已大不如前，而自己何时才能让他们安享天年？他们耕得乡村沉重夕阳沉重，耕圆残月耕残圆月，耕得双肩歪斜岁月歪斜，耕老青春耕老岁月，就是耕不完老农和黄牛的故事，就是耕不圆那年年不变的小康梦。可是，自己要因此放弃城市的生活吗？他不断叩问着自己的内心深处。此时，他脑海里不断浮现着年迈的父母、善良贫穷的老乡，还有那位一直资助他学业但从未谋面的好心人。

于是，他又回到了学校，苦苦哀求学校老师。在他的一再坚持下，老师终于安排他和那位好心人见上了面。在与好心人陈叔叔的谈话中，他慢慢了解到陈叔叔跟他有着相似的经历。为了带领家乡父老致富，陈叔叔一直从事花卉种植。在陈叔叔的启迪下，他慢慢发现家乡的农民们勤恳朴实，一直在辛勤耕耘，只要通过科学技术瞄准市场前景，就可以让他们利用土地生产出高质量的作物。也许，他可以回家创业，或许乡亲们也正在等待，期待着一些有知识的大学生帮助他们改变命运。就这样，他重拾初心，重拾那份最初对农业的情感，更是兑现自己当初内心许下的回报家乡的诺言，毅然决然地踏上了回家的征程，再次出发。

我要永远做“农民的儿子”

“我是踩着田埂玩着泥巴、陪着老黄牛长大的农民的儿子，我永远忘不了过去艰难的年少岁月，忘不了家乡穷苦的父老乡亲，忘不了养育自己的根，我要永远做‘农民的儿子’，我一定要带领家乡的父老乡亲战天斗地，奋力改变翁源贫困的面貌，哪怕不能，也要直至生命的最后。”这是李浩华回乡之后在日记本的扉页许下的诺言。

白天，他顶着烈日向长辈们请教种植、淋水、出货、挑苗、打包装，晚上挑灯夜战查阅文献资料、进行各种试验。经过长时间的摸爬滚打，他看到了中国农业生产的另一个方面：不仅仅是规模化、机械化、自动化，更重要的是标准化。从研发到产品输出进行模块化、执行步骤详细化，形成完整的产业链条，做到生产不脱离市场、产品不脱离生产、研发不脱离需求。

无疑，创业的过程是无比艰辛的。但是，每当夜深人静时母亲端来的一碗热乎乎的面条，黎明未破晓就进棚时乡亲们的热情问候，在这片自己生活了二十多年并将会继续生活下去的土地，他感受到的满是温情与关爱。带着乡亲去创业，为家乡农业创造新的景象，这是他的“芳华”，也是他的报答。

愿走到花香飘四海

2017年，李浩华在家乡父老乡亲的资助下，与翁源县仙鹤花卉种植基地有限公司合作成立了植物种苗工厂和天猫花店花猫花园。一个农民的儿子，放弃了城市的机会，在自己最熟悉的地方，带着最亲的人重新出发。

或许，他的公司此时才刚刚起步；或许，他微小的付出目前还未带来质的飞跃，但身为大学毕业生的他回乡带着乡亲们一起创业，尽心尽力事必躬亲，让贫苦的农民们看到的是希望和未来，看到的是自己对农业辛勤的付出能在快速发展的花卉经济中占有一席之地。愿他的励志之路，用不懈的努力去讲好一个关于感恩与责任的故事，能从荆棘丛生走向兰花盛开。

愿你我心中皆有净土

真正的平静，不是刻意避开车马喧嚣，而是在心中修篱种菊。烟火尘世，锦瑟流年，谁也逃不了这世间的纷纷扰扰，谁也避不了和形形色色的人打交道。有的人为了谋求高位，不择手段，踩着别人的肩膀向上攀爬；有的人时刻将“农民的儿子”挂在嘴边，却只是为了套取信任，博取同情。

每个人来到世上，使命不同。有人追逐名利、祈盼富贵，有人随遇而安、淡泊一切。你不必去知名的大公司追求鲜花与梦想，也不必刻意回家去追求面包与责任，每一个你想抵达的地方，也有人正在想着逃离。但于李浩华而言，此心安处是故乡，那故乡的山与水、风与云，那醇厚乡音喊出的乳名，那粗茶淡饭的清香，足以为他抹平曾经的伤痕，让灵魂重归平静安宁。

追求内心梦想　创新欢乐王国

——广州布塔智能科技有限公司 CEO 柯远大

《《柯远大

大众对成功的定义是什么？读书时成绩优秀，毕业后进入知名企业工作，拥有可观的薪酬与光明的前景……这些，在大众眼里都可以称为成功。但世上总有一些“怪人”存在。他们是世俗观念的叛逆者与挑战者，他们对成功有独到的见解。或者说，他们不为世人眼里的条条框框所束缚，往往逆势而为，在这个充满规则的世界中，选择冲破束缚，快速生长，最终拥有属于自己的广阔明朗的人生天地。

布塔科技的CEO柯远大就是一个这样的“怪人”。他考上全国知名学府中山大学，在校期间成绩优异，毕业前就进入腾讯科技、云游控股等业界龙头企业实习。那时的他，已经拥有了同龄人求之不得的机遇，面前是一条光明的人生道路。然而，正如他的名字一样，柯远大拥有更加远大的志向和更加长远的目光。他并没有满足于当下的成就，相反，他的内心一直有一个想法，不停地催促、拷问着他，最后促使他冲破束缚，迈出人生的关键一步。

这个想法就是创业。时光飞逝，几年来的拼搏和挑战为柯远大的创业之旅积淀了巨大的能量，也让柯远大心中这颗创业的小小种子破土而出，拔节而长，突破重重压力，茁壮生长，成长为现在的广州布塔智能科技有限公司。

儿时梦想激发创业灵感

柯远大是个典型的“别人家的孩子”，从小到大都成绩优异，初中时还考过全市第一名，高考考入名校中山大学通信工程专业，大三就进入同学们都梦寐以求的腾讯公司实习，从事电商部门的产品研发管理，后来还参与了基于大数据人工智能的客服系统机器人项目研发。这样的求学和职业经历，使他成为了同学们眼中的“人生赢家”。但柯远大显然是一个“不安分”的人，他并不满足于现状。虽然有着令人艳羡的工作，有着稳定可观的薪酬，有着别人求之不得的、广阔的人生前景，柯远大的生活处处充满了希望。但当他一个人在宿舍的时候，却常常思考这样的问题：“这样的白领职场生活，真的是自己想要的吗？”

“与其在大公司做一个有我没我都没分别的小小螺丝钉，不如把自己当作一颗种子，即使每天会面对不同的困难和挑战，都要靠着自己的努力让自我成长。”热爱游戏、热爱玩具的柯远大，在思索中决定了自己的未来，他不甘于做大企业的一颗可有可无的螺丝钉，他想做的是成为自己未来和梦想的主宰——与安于现状相比，他更想挑战自我，为了梦想，奋力一搏。

其实，创业早已在他的生命中留下了深深的烙印。“谈到创业，就不得不谈到我的父亲”，柯远大回忆道，“我从小在一个开放的家庭环境中成长，我的父亲是

团队获第三届中国大学生创新创业大赛成长组金奖

口袋飞车

一名自己创业的商人，他对我有着潜移默化的影响，激励着我长大后自主创业。”为此，在大学期间柯远大同时辅修了创业管理专业，最后以双学位毕业；在大学的创业基地中他以联合创始人的身份参与了一个生活技能与教育类创业项目。这个项目发展不错，最后被其他公司收购了。但柯远大并不满足，在他心目中，一家成功的创业公司必须要做到行业前三。梦想，加上经验，使得创业对于柯远大而言，似乎是一件水到渠成之事。

在宿舍中的对未来的思考，最终将柯远大引向了创业之路。不仅如此，柯远大最初的产品构思，也是在这样的“宿舍瞎想”中产生的。在思考做什么产品时，他突然看到了自己小时候喜欢玩的四驱车模型，灵感瞬间被点燃了。虽然当时还没有具体的计划，但他已经决定要做一款与玩具车相关的产品。他找来了自己的大学好友，几个人挤在广州番禺的一个小小公寓里，从对大学生活的怀念，聊到对现在生活的看法，从小时候的游戏梦，谈到进入大游戏公司后对游戏的新看法。好友间热烈的交流再次点燃了一直以来他们对于游戏、对于玩具的热爱，也再一次激起了他们追寻梦想的执着。这时柯远大把自己的想法告诉了他的好友们：辞去现在的工作，自己创业。就这样，“宿舍里的空想”在四个男孩的激烈、热切的讨论中渐渐变得丰富饱满，有了初步的雏形。有志同道合者是人生一大幸事。没过多久，这些男孩便相继向自己的公司递交了辞职信，准备为自己的创业计划放手一搏。四个在大型互联网企业工作、拥有可观薪酬的男孩，放弃了现有的一切，选择了为梦想而奋斗。2014年10月，布塔科技团队成立了。布塔这个名字寄托了柯远大他们的美好期望——布塔（PTAH）是埃及神话中万物的创造者和发明者，柯远大和他的团队以此命名，希望团队能像布塔一样拥有无限的创新想法，创造出属于他们的布塔欢乐王国。

“Follow your heart”，勇敢追求自己内心所想，实现自己的人生价值——这是柯远大的内心写照。随着布塔科技团队的组建，柯远大的创业梦，也随之升起桅杆，准备扬帆起航。

攻坚克难，以“互联网 +”变革传统玩具

创业之初，柯远大和他的团队为公司制定的大方向是研发智能玩具，并向市场推广。说起来很轻松，但柯远大他们为此不知熬了多少个通宵，经历了多少困难和失败。在团队成立后，布塔科技的成员首先讨论的就是要做什么样的产品。结合之前由四驱车激发出的灵感，口袋飞车的雏形出现在他们的脑海之中。有了目标，团队所有人兴奋不已，铆足了劲儿投入工作。公司初期人手不足，团队里几人都身兼数职，除了自己的专业强项，还要负责各种陌生的工作——这也是团队在创业中遇到的第一个难关。做BP、拉投资、市场调研、产品分析等，一项项从来没接触过的工作让布塔团队的成员们难以招架。为了做好工作，所有成员只能慢慢摸索，找相关行业的前辈请教，或者查询相关书籍从零开始努力学习。柯远大就曾花了三个月的时间学习了一本会计学的专业书籍。难以避免的，青涩的他们在一开始遭遇了很多嘲笑与不屑。在做与市场相关的工作时，他们不知被多少人拒绝过，但始终咬牙坚持。

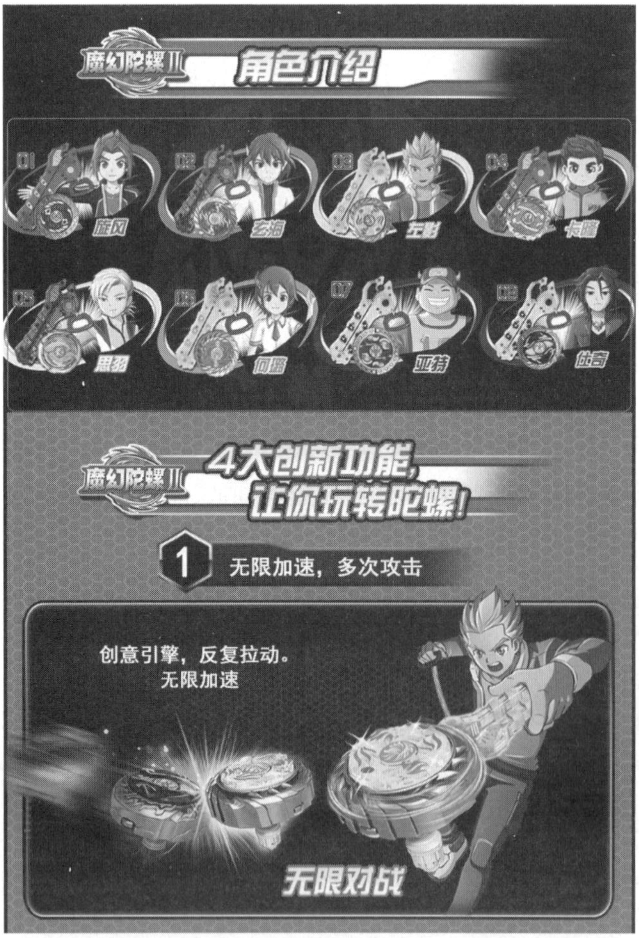

魔幻陀螺Ⅱ

慢慢的，布塔科技的项目逐渐发展壮大，仅有四个人的团队早已支撑不住。这时柯远大意识到，要想实现梦想，光靠四个人的努力是远远不够的，他们需要更多的人才，为项目发展助力。如何组建自己的团队，这对创业者而言是一个必须面对的问题，而这个问题本身就是一门艺术。领导者需要展现个人魅力和领导才能，展示公司未来的前景，才有可能吸引到忠实的追随者。柯远大也深深明白招募优秀人才对公司发展的重要性。在挖聚人才招兵买马时，柯远大知道自己的创业项目很难吸引技术人才放弃现有的高薪工作，于是允许员工先在公司兼职，等公司拉到了投资再由员工自行决定是否全

职加盟。就这样，柯远大和他的团队从同学圈、朋友圈里寻获了近20位志同道合的伙伴。在大家的共同努力下，广州布塔智能科技有限公司于2015年5月12日正式成立。公司定位在新型智能玩具的研发和销售，以“移动游戏+实体玩具”为切入点，实现对传统玩具的“互联网+”变革和创新。在吸引优秀人才这一点上，柯远大和他的团队可以说是取得了较大成功。目前公司团队有40名成员，团队核心成员大多毕业于香港中文大学、中山大学、华南理工大学等名校，人才覆盖了台湾、香港等区域。在他们之中，有很多曾任职于腾讯、中国移动、云游控股、要玩、德州仪器、奥迪车模等知名互联网、通信、游戏和硬件公司。他们有着多项国家发明专利，在游戏研发、互联网产品、硬件设计与自动化等领域有多年工作经验。经过升级的布塔智能科技有限公司开始致力于新型智能玩具的产品研发与技术创新，打造智能玩具行业的领先品牌。同时，他们还通过封装和输出公司核心技术，带动传统玩具行业进行智能化、科技化、互联网化的转型升级。

产品研发是团队组建之后要考虑的首要问题，也是企业运营的核心竞争力，决定着一个公司的未来命运，甚至生死存亡。为此，公司全体员工上下一心、全力以赴地投入到了产品的研发之中。随着工作的推进，诸多现实问题也接踵而来：技术开发的难点与突破点、产品与市场需求的匹配度、产品的“颜值”、软件产品的内容设计、游戏方案的创新、研发后期的成本管控、产品价格定位、市场推广与营销……整个团队犹如行走在一条充满荆棘艰险但又可以遥望光明与希望的道路上。凭借着成就事业的勇气与信心，怀揣创业的梦想与激情，柯远大带领他的团队勇往直前，义无反顾，冲破一个个阻碍，排除万难，向着目标奋进。

创新不息，打造专属 IP

就这样，布塔智能科技有限公司的第一个产品——“口袋飞车”在2015年末问世了。这个以四驱车为灵感源泉，通过头脑风暴产生的作品，意味着柯远大和他的团队的梦想有了实体寄托。与传统游戏不同，布塔这款产品以“智能玩具+移动游戏”为主打形态，为游戏玩家打造出一种虚拟结合实体的全新玩法，对玩具进行了重新定义。这款游戏赢得了不少消费者的认可，也给布塔团队带来了一定的声誉。原本业内有不少前辈对于他们的设计构思持观望态度，但当他们的产品问世并得到了广大用户好评反馈后，那些前辈们都开始对他们刮目相看。

“武装”好了自己，机会自然而然就会找上门来。早在2007年，柯远大就关注到了国内电视荧屏上出现的一档创业节目——“赢在中国”，节目请来马云、牛根生等商界大佬作为评委前来指点创业项目。他们所传授的个人经验使得柯远大深深折服，对这个展示平台充满了憧憬与向往。几年后，柯远大和他的团队也登上了这个节目舞台，并最终凭借自己的技术与实力，进入了全国36强。当今中国正处于科学技术飞速发展的黄金阶段，柯远大和他的团队在这样的好时代挥洒创业的激情与热血，可以说是幸运的。不仅如此，布塔团队也以其出众的表现与不俗的实力获得了多位投资人的垂青，在2015年7月完成数百万元天使轮投资，投资人为乐博资本杨宁（著名的天使投资人和连续创业者）与蚁米资本张锦喜（天拓科技创始人、曾任天拓控股执行董事）。资金的注入，为这支年轻的队伍增添了新的活力，为他们下一步的发展创造了新的可能。

当然，柯远大还和以前一样，一如既往的“不安分”。他知道当下的机遇来自于长久以来的积淀，想要“幸运”再次降临决不能满足于现状，需要继续创新，开发新产品。这一次，他们又有了新想法——与其他公司合作，进行联合研发。于是，与热门动漫《元气拯救队》结合的新产品——“元气飞车”诞生了。同样是一款赛车类游戏，与热门IP相结合则更加易于推广。这让柯远大意识到了IP效应的重要性，也使他们立下了从合作开始，逐步创建专属IP的长期目标。在这个基础上，布塔团队趁热打铁，与拥有强大IP效应的灵动创想公司合作，为他们最热销的明星IP《魔幻陀螺Ⅱ》做了官方同款的创新型新概念玩具+游戏——“魔幻陀螺Ⅱ”。这款游戏一经推出，就因其强大的IP效应在市场上广受好评，也为布塔吸收了不少新用户。同时除了这些联合研发的产品外，布塔再次大开脑洞，自主研发了新产品“捕鱼萌萌鳄”，进一步扩充了布塔团队的产品数量。

这几款产品在市场上引起了巨大的反响。由于公司的迅速发展和产品的巨大潜力，更多的投资人和投资公司看到了这个年轻团队的无限可能。布塔公司团队在2016年顺利完成Pre-A轮融资，公司估值超过一个亿。但布塔团队并没有因此而自我满足，他们又投身于创作新产品，研发出了睡前故事投影仪和新概念智能陪伴机器人“恰比精灵”，进一步扩充了自己的商业版图。

生命不止，创新不息。现在布塔团队仍在构思更多新颖、实用，并符合市场需求的智能玩具。除了目前已向市场推出的这几款“智能玩具+移动游戏”新概念智能玩具外，布塔科技的研发部仍在持续发力，现在已经有更多新品在构思和创作中，包括虚拟现实结合的“AR枪”，以及通过手机就可以遥控操作的战车“全民战甲”等，随时都会推向市场。

机遇只留给有准备的人。安于现状的人难以拥有广阔的前景，突破自我才能展示实力。正如柯远大所说：“只有不断创新，我们布塔才能代表‘90后’。”

产品＋技术，推进智能玩具

现在的布塔智能科技有限公司，已由从前的四人团队，成长为一个成熟的企业，拥有了一套自己的团队管理理念。最开始，公司主要招聘技术型人才，全员高效研发产品，没有运营、财务等专业人员，所有业务都是由他们自己完成。随着公司进一步发展，柯远大招聘了一些专业管理人才，设置了财务、运营等部门，公司部门结构越来越清晰、完备。在这样的运作模式下，布塔科技的团队显示出了强大的核心竞争实力和出色的管理效率。

谈到竞争优势，柯远大总结了三点优势。第一，产品思维。布塔科技的玩具游戏产品是硬件和软件的结合，是智能游戏和实体玩具的结合，能创造出新颖的玩法。第二，技术壁垒。布塔科技在创新研发过程中共申请了十几项专利，进行了有效的技术保护，其他公司和个人无法随意复制使用。第三，地域优势。公司地处广东广州，邻近中国玩具之乡潮汕地区，生产和销售的渠道多、资源广。

与此同时，布塔公司团队深谋远虑，为公司下一步发展制定了基本的蓝图。其中包括：参考国外智能家居巨头Nest的发展路径，借助资本的力量，向平台化方向发展；专注于玩具技术和产品创新的同时，发展其他业务；在行业内实现资源的互联互通，给传统设备厂家提供硬件设计及云服务、移动应用端等硬件智能化解决方案……不同的目标意味着不同的挑战。布塔团队会一如既往地坚持“智能玩具+移动游戏”的产品形态，开发满足各年龄段人群的玩具产品，让各个阶段的孩子都能从中得到快乐，在玩具和游戏行业做一些新的尝试与变革，将玩具从“中国制造”上升到“中国创造”。

柯远大从不后悔选择了创业这条崎岖的道路。多年的沉淀，也让他对“创业”二字有了自己的见解：“选择你认为对的事情，并一直坚持下去。创业很讲究时机，前5年创业和后5年创业是不一样的。一个行业的浪潮和整个团队的素质都要与你的创业相契合。创业是你之前所有人生积累的一次爆发。这个人生积累包括成长空间、知识经历、行业背景、逻辑判断等，它们都会影响最终创业的成败。”

“和一群有趣的人，做一件快乐的事，圆一个美好的梦。”——简简单单的表述，却概括了布塔科技团队对于未来的无限憧憬。柯远大希望，布塔科技的产品能给别人带来快乐，而公司能够成为国内具有影响力的品牌，并为整个行业带来积极的效应。在柯远大与他的团队的努力之下，这个梦想，一定会变为现实！

团队合照

吴嘉凯〉〉〉

奔走在路上的草根创业者

——广州梵米文化传播有限公司创办人吴嘉凯

青春，是一个被赋予了太多憧憬与希望的词汇。如果说人生是五彩缤纷的，那么青春必是其中最绚丽的一抹色彩；如果说人生是动静交融的，那么青春必是其中最活力四射的一篇华章。灿烂得犹如太阳初升，热情得犹如红色玫瑰，散发着撩人的芬芳。吴嘉凯，一位奔走在梦想路上的草根创业者，就拥有一个独一无二的无悔青春。他是一名“90后”创业者，毕业于广州番禺职业技术学院商业广告设计专业，2013年创立了广州梵米文化传播有限公司。旺盛的精力，聪明的才智，无私的奉献，让他走过了布满荆棘的创业之路，走出了一条属于自己的成功之路。

草根创业

既不是富贵家庭的出身，也没有名校毕业的光环，这样一个草根的创业故事，要从吴嘉凯读过的一本本商业书籍开始说起。在书籍的指引下，吴嘉凯由最初对创业、企业家的崇拜，发展为对创业的浓厚兴趣，从中学习了很多成功的商业模式和创业技巧。

早在初中，吴嘉凯就开始了对创业的尝试，当时他选择的是服装销售。做出这一选择，吴嘉凯有他自己的理由：“我比较擅长观察周围人的消费需求，当时我发现身边有很多同学喜欢广州这边的时尚服饰，但老家茂名供应却比较少，所以我马上抓住了这个商机。”虽然这次创业最后以失败告终，但是吴嘉凯没有气馁，及时总结和反思，为下一次腾飞蓄力。吴嘉凯从初次失败中总结了两个关键点：“第一，财务管理的重要性。创业团队成员没有进行合理的财务管理，出现了一些无目的的支出，导致资金链断裂。第二，执行力不够。由于能力和资金方面的限制，很多的想法没有付诸实践，成为纸上谈兵，这是失败的另一个原因。”这次失败的经历没有击垮吴嘉凯，反而更加坚定了他创业的决心。

大学期间，吴嘉凯争当学生干部，参加各种社团活动比赛。越是自己不擅长的事，他越要参与。吴嘉凯说：“只有逼自己不断学习新东西才会成长。优秀的人不是发挥自己的强项，而是不断改正自己的缺点。”

在吴嘉凯参与过的众多社团活动中，对他影响最大的是主持人大赛和辩论赛。吴嘉凯在大学入校时性格很腼腆，不擅长在众人面前演讲。当时的他非常想突破自我，改掉这个缺点。于是吴嘉凯勇敢地参加了这个看似无法完成的比赛。在比赛的才艺展示环节，吴嘉凯没有表演的天赋和经验，以致最后的演出并没有达到预期的效果。但也恰恰是这次经历，让吴嘉凯大大地提升了自我表现能力，学会了如何面对他人关注的目光，更加放开地去做自己想做的事。在辩论赛中，吴嘉凯驾轻就

梵米团队集体照

熟，拿下“最佳辩手”，所在团队获得全系第一名，并带领团队一起登上校级赛的舞台。虽然最后输了比赛，但这次失利让吴嘉凯认识到山外有山，人外有人，永远不要轻视自己的对手。

同时，吴嘉凯还是一个目的性比较强的人。在大学进校时就为自己立下了目标：要成为学生干部中的领导者。为了这一目标，吴嘉凯做事情非常踏实勤恳，总考虑得比别人周全，也乐于分享他的想法。就这样，吴嘉凯慢慢成了团队的核心成员，离自己的目标也越来越近。

厚积薄发，蓄力起航

在大学时，吴嘉凯参加了电子商务方向的实习。实习期间，吴嘉凯充分发挥主观能动性，在公司原有基础上做出了很多改进。比如，当时公司的仓储混乱，经常有很多物品过了保质期却无法及时发现。吴嘉凯对此做出了调整，采用超市摆货的方式，避免了产品过期的问题，同时制定了有针对性的工作表，对仓库的物品做了进一步规整。这次实习机会不仅提升了吴嘉凯的工作能力，让他了解了企业运营模式；还让他发现了电商市场的潜力，并对此产生了浓厚的兴趣。因为出色的表现，吴嘉凯获得了公司老板的赏识，并获得了升职加薪的机会，但是吴嘉凯并没有满足。最终，他经过慎重考虑，决定放弃升职加薪的机会，选择自己创业。

外出拍摄视频

临近毕业前夕，恰逢学校举办“赢在广州”创业大赛校内选拔。吴嘉凯发现班里有同学利用课外的时间在网上接一些摄影、设计的兼职以赚取生活费。所以一接到比赛的通知，一直热衷于创业的吴嘉凯结合班里的状况，马上有了想法。他组织专业实力比较强而且有想法的同学成立工作室，结合商业广告设计专业技能和在电商企业实习的经历，开始了一个为电商企业提供摄影设计服务的创业项目。这也成了吴嘉凯创业的开端。

创业的想法是吴嘉凯提出的。团队成员虽有技术有能力，但是对创业、市场等概念并不熟悉，所以他们对于是否投入创业犹豫不决。面对这样的情况，吴嘉凯并没有一味地游说他们，而是直接付诸行动，开始创业。当时团队中有四五个人，其中只有一个人认可他的计划，并十分信任他。于是他们俩一起凑钱采购设备开展业务，用实际的行动来吸引其他人加入创业计划。由于缺乏实战经验，刚开始客户对吴嘉凯团队提供的服务并不满意。但吴嘉凯秉承“客户第一”的态度，积极进行沟通、弥补，最终用他的真诚打动了客户，慢慢得到了客户的支持。其他团队成员看到吴嘉凯做出的成绩后，打消了疑虑，最终选择和吴嘉凯一起面对下一次挑战。

吴嘉凯有了属于自己的团队，同时也做出了相应的成绩。“赢在广州”创业大赛则给了吴嘉凯展现实力的舞台。不同于其他参赛团队项目的不成熟，吴嘉凯的项目已经对接了市场，这成了他们的一个加分项。再加上当时电商市场正处于新兴阶段，他们的项目非常具有吸引力，最后获得了校内赛第一的好成绩。比赛成绩让他们得到了学校的支持，于是他们在学校成立了EYE工作室。就这样，吴嘉凯通过不断地学习和尝试，收拾好自己的行囊，踏上了属于自己的创业路。

分离季，腾飞时

大学毕业，就业还是继续创业，这对所有人而言都是一个难题。当时，吴嘉凯的创业团队成员大都选择了一份稳定的工作。但是吴嘉凯却坚信，成功也好，失败也罢，创业所带来的经验与成长是不可复制的。创业本身也是吴嘉凯一直以来的梦想，能够将梦想付诸现实是一件幸福的事情，就算失败，他也有信心从头来过，再次尝试。

创业，对于吴嘉凯而言，可以收获一段与众不同的经历，这体验是没有参与其中的人所无法理解的。所以，当团队成员离开时，吴嘉凯决定继续做下去。团队成员也非常支持，把当时的设备都留给他，让他继承整个团队的创业梦想。家庭条件并不宽裕的吴嘉凯也获得了家人的同意，在家人的支持下借来2万元开始了新的创业之旅。如何组成新的团队，这是吴嘉凯新一轮创业中遇到的第一个问题。他马上联系身边有意愿有能力的同学、朋友，最后他和刚毕业的郑晓冬以及已经有一定设计经验的许超组成了三人团队。他们各有所长，相辅相成，一拍即合。

接下来就是如何切入市场的问题了。当时番禺淘商城和学校有合作关系，为刚毕业，处于创业前期的团队提供免租金的场地支持。凭借着学校的资源，吴嘉凯进入了淘商城电商创意园，精心布置了30平方米的工作阵地，开始了市场拓展。创业初期，他们三人在附近合租了一间三室一厅的房子作为宿舍。宿舍仅仅是一个睡觉的地方，他们每天过着从工作室到宿舍两点一线的生活。有时候需要通宵赶稿，他们就直接在工作室的沙发上睡一晚，宿舍最后也成了可有可无的地方。

吴嘉凯给团队定下了规矩：一切以客户利益为重，做好服务，打响口碑。有一次，一个客户对技术要求很高，工作难度太大，他们经过多日的努力还是没有达到客户要求，最后没收取任何费用。他们的真诚打动了客户。客户非常认可他们的工作态度和处事方式，后来给吴嘉凯团队拉来很多新客户。从那之后，吴嘉凯发现，技术才是发展的核心。所以，他后期投入了大量的资源和时间去解决技术问题、提升品质。有时为了给客户最满意的服务，不得不延长服务周期，却仍然得到了客户的认可。服务质量的提高不可避免地导致了服务成本的升高和利润的降低，但吴嘉凯团队并没有太在意。最后，他们通过优质的服务和勤于钻研的精神赢得了口碑，打开了市场。

浓情聚力，羽翼渐丰

随着市场不断地向外扩展，吴嘉凯的团队需要更多的人才储备。这时候吴嘉凯开始吸收已经有一定工作经验的同学加入团队，其中有大学同学，有多年的朋友。他们加入团队，更多是出于对吴嘉凯的信任。这种信任主要是来源于吴嘉凯平日对同学朋友的热心帮助和无私奉献。他认为创业的目的不是为了获取利润，而是为了实现理想，追求人生价值。

谈到人生追求，他说："在追求面前，利润本身并没有那么重要。像我现在，拿的薪水在团队中是最低的。倘若我当时选择就业，我的收入会比现在多。但是跟钱比起来，我觉得做些有意义的事情才是最重要的。所以毕业时我就选择了创业这件与众不同，但非常有意义的事情。做一件能被别人记住的事，对行业、社会能产生一定影响，这就是我所认为的价值所在。只有不断尝试、体验，才有可能收获更多不一样的惊喜。"

创业期间，吴嘉凯的公司也遇到了一些技术和业务难题。而之前的团队成员即使已经离开了，也很乐于和他们分享经验，甚至牺牲假期时间来帮助他们解决问题。"创业可以失败，团队不可以散。"这是吴嘉凯在创业时对团队的承诺。正因为吴嘉凯的这种态度，让已经离开的团队成员仍然感觉自己是团队的一员。在吴嘉凯个人魅力的带领和感染下，整个团队凝聚力很强，工作也很拼命。

由于是一毕业就自主创业，吴嘉凯本身缺乏正规公司的管理经验和手段，是创业的激情推动着他们一路前行。在业务和公司制度这方面，他们还是有很多不足。为了弥补这一缺陷，针对发展过程中的一个个问题，吴嘉凯团队一步步解决，一点一滴地积累，制定了相应的制度，逐步规范化。制度由每位成员提出，并由他们执行，相互监督，相互制约，形成一个良性循环。吴嘉凯始终认为，一家企业能否走下去靠的不只是制度和规范，还要有好的氛围，让员工有归属感。舒适的环境、富有内涵的艺术装饰、开放式的工作空间，营造了氛围的同时也增强了大家工作的积

外出活动集体照

极性。吴嘉凯的公司还会经常组织团建活动增进团队凝聚力，如聚餐和旅游等。

公司的业绩以每年双倍的速度增长，成员数量也不断增加。截至2017年，公司规模已经由原来的3人发展到12人，办公地点在短短的4年内搬了5次，环境一次比一次好。公司现在的主营业务已经相对成熟稳定，下一步将更专注于电商的品牌策划。吴嘉凯认为摄影工作在市场上已经相对饱和，但围绕电商品牌策划的业务并不多，而且专业程度不高，所以他们也根据这一情况对未来发展进行了规划：服务优质客户，提供更好更专业的服务；同时摄影这方面也不会放松，会继续覆盖市场，争取成为核心品牌。

回首往昔，创业有感

创业就是一个不断面对困难、解决困难的过程。在这个过程中他们遭遇了数不清的困难：两人挤着住在一间狭小的出租屋，一个速食桶面就是一顿饭，拿着几十斤重的设备在上下班高峰期挤地铁和公交，为了节省成本骑单车跑业务遭人白眼……这样的经历不胜枚举。可是现在回想起来，吴嘉凯却乐在其中。他认为这些都是成长过程中不得不面对的艰难困苦。正是这种经历，才能锻炼一个人的意志，创造出优秀的企业。一路走来，吴嘉凯感悟良多。最后，他为我们提了几点建议。

创业，要善于把握时机。很多时候公司会遇到不同的机会，如何看待机会和把握机会决定了公司发展的方向，这是战略性问题。创业者需要专注于自己擅长、有把握的机会，当机会来的时候必须毫不犹豫地抓住，下定决心就去做。在某种程度上，创业也是讲究运气的，这个运气指的就是机会。选择一旦出错，公司就会面临巨大的问题，甚至会倒闭。

创业要有远大的目标，不要总围绕着利润转。因为只专注于利润，往往会使创业之旅迷失方向。要围绕解决市场、客户的需求去开展经营。只要有好的解决方案，获得利润是迟早的事。除此之外，还要给自己定一个远大的目标，并不断为之奋斗。这个目标若短时间内无法达到，那就分阶段实施。因为只有不断追求更高的目标，才会做得更好。吴嘉凯每年都给自己定一个目标，有个人的，也有公司的。个人的靠自己去完成，公司的则是靠大家去执行。

最后，学会感恩。在大家的眼中，吴嘉凯能够将公司发展到现在的规模，已经很成功了，可是吴嘉凯却一直在思考为什么公司能发展。他深知，现在他所获得的成就，很大程度上来自于家人的支持、朋友的帮助、客户的理解。正因为有这些人的帮助与付出，团队才能一直向前。所以吴嘉凯也一直抱着感恩、包容的心态，力所能及地回馈给予他支持和帮助的人们，并用个人魅力感染和带动身边的人齐心协力，共同发展。

人活着，就是用奋斗和拼搏书写自己的人生。性格与经历相融，决策与天时交错，造就了属于每个人的命运。白纸黑字，落笔生花。这就是吴嘉凯，奔走在梦想路上草根创业者的故事。

开启“最耀B”时代

——广州市聚本品牌策划有限公司创始人骆晋豪

<<< 骆晋豪

“毛虫结茧，茧破成蝶。”这是自然界生灵获得新生之路的过程，也可以理解为一种不甘于现状，追寻自由的彻底蜕变。对大多数创业者来说，创业之路也是如此。创业者起初就像一只“毛毛虫”，只有经过艰辛努力、透彻感悟，才能在最后时刻挣脱束缚，蜕变为美丽的“蝴蝶”。

正如哈佛大学教授霍华德·史蒂文森所说：“每个创业者身上都有一种精神，即不局限于目前拥有的资源去追寻机遇。”聚本品牌策划有限公司的创办人骆晋豪，不仅用他的创业历程演绎着“毛虫结茧，茧破成蝶”的励志成长故事，也用他的精彩人生为我们诠释了“时光不止，创业不停”的执着精神。

是失败，也是起点

随着互联网时代的到来，微博、微信等社交媒体平台在中国迅速推广和普及。正在广东工业大学校园里读书研习的骆晋豪，在这样的大背景下，敏锐地嗅到了一丝商机。微媒体海量的信息和庞大的使用量给骆晋豪带来了不小的震撼，也促使他开始思考：“为什么微媒体平台的信息量如此巨大？”常言道，兴趣是人生最好的导师，同样的，它也是创业者扬风起航的第一面旗帜。

对微媒体平台的巨大兴趣，让骆晋豪在短时间内搜集了包括用户量、访问量在内的大量微媒体相关资源信息，并果断得出了自己的结论：社交平台的市场是非常广阔的。

就这样，骆晋豪开始将构思付诸实践，进行了一些简单的尝试。这时候他第一个想到的是满载他高中美好回忆的班级刊物——《最耀Book》。骆晋豪通过一系列的创作，将这本漫画集制作为一部粤语动画，更名为《最耀B》，并将它投放到网站上。在这个过程中，骆晋豪并不是孤军奋战，他的另外两名高中同学也为之付出了艰辛的努力。在几个月时间里他们不断地更新，持续关注动画的发展动向。功夫不负有心人，有一天事情终于出现了转机——他们的动画得到了一位网络知名博主的转发，这不仅让动画得到充分的曝光，更让他们的微博瞬间多了几万粉丝。

初尝成功滋味的他们，毅然决定退出学校的社团，开始一心一意地运营这个工作室。当时他们在微博上已经拥有了十几万粉丝，但初次接触创业的他们，并不知道如何把人气变成收入。这也使得他们不得不面对一个残酷的现实：仅凭当下的热血，只有投入却没有产出，这样下去，他们的创业之路就会走到尽头。唯一的解决办法就是利用现有资源进行价值创造。

稚嫩的团队难免会产生一些疯狂的念头。他们最初想向观众征收会员费。但事实证明，在2011年的网络消费环境下，这样的盈利方式可以说是天方夜谭。因为当时大众缺乏版权意识，并不会为了在线观看动画付费。于是他们另寻他路，开始踏足当时最普遍的商业模式——“免费播出+广告植入”，开始接起了广告。

但这样的举措也只能让这个尚在发展之中的团队勉强支撑一段时间，广告所带

聚本 LOGO

来的收入并不能填补支出。团队核心成员到了大学三年级这个人生分岔口，无奈的现实使他们开始怀疑创业的意义所在。迫于种种压力，骆晋豪做出了决定——解散团队。就这样，《最耀B》画下了句点。更加令人沮丧的是，在解散的同时，骆晋豪跟另外两位工作室创始人，他最要好的高中同学彻底决裂。在失败面前骆晋豪并没有屈服。在项目中止近半年的时间里，骆晋豪独自思考自己的未来。摆在他面前的有两条路——一条是走专业学术道路继续深造，一条是坚持他热爱的但看不清未来的创业项目。

最终骆晋豪决定坚持初心不放弃。2013年1月，他创办了现在这家公司——广州市聚本品牌策划有限公司。而公司的名字——“聚本”，取剧本之谐音，意为一剧之本，抓紧创意，寄托了骆晋豪无限的期待。

骆晋豪与聚本的另外两位联合创始人（Joe和Money）是通过一个演唱会项目结识的。他们带着自己的半成品项目一拍即合。经过商议，他们将公司的发展重心放在短视频方向上，这其中也有他们自己的考量。在他们看来，短剧和短视频只是一种传播媒介，抛开艺术成分，其本质还是在传递信息。纵观人类史，从洞窟中的壁画到书籍上的文字，再到电视画面，传播媒介越来越复杂，但它们的原理都是一样的。归根到底，都是创作者与受众的交流。无论传播的形式如何，精彩的内容总能给受众带来价值或让受众产生情感共鸣。因此，内容是最核心的部分。而视频这种载体能够兼具七大艺术形式（文学、绘画、舞蹈、音乐、雕塑、建筑、戏剧），它的组合方式比其他载体都要丰富且富有创意，能把同样的内容以异于前人的表现形式呈现给受众，用创意产生共鸣，使受众对新的传播形式和其内涵产生更大的兴趣。

聚本吉祥物——“最耀 B”公仔

骆晋豪创业之所以会选择文化创意领域，很大程度上是受到人工智能发展势头的影响。在他看来，这项科技会像蒸汽机、电力应用、计算机一样推动世界变革。麦肯锡曾预测，到2050年，目前一半的劳动岗位会被机器人取代，从理论上讲，这就意味着把现在的生产率和薪资提高一倍。工作量不变的情况下，人们会有时间与财力去享受包括教育、医疗、旅游在内的更好的高端服务，而服务业的工作需求也会反过来推动人工智能取代劳动力。骆晋豪认为，在这个趋势下，与创新有关的工作必须由人类完成。一方面，让电脑来做创新会有不可预料的风险。另一方面，创新往往涉及审美的判断，比如评估一段音乐、一部电影或者一道新菜式，而人类比机器人更了解自己的需求。更进一步来说，创新也不是只由少数天才来做，将来会有更多的人有意愿和能力来参与创新，而人工智能则会成为一个工具，帮助他们提高分析能力。长远来看，创新不仅仅是能解决一个问题，它的最根本目的在于探索未知的事物。人类对更多食物和住房的需求很容易饱和，但人类对新鲜事物的好奇是没有止境的。骆晋豪深信，未来人们耗费在精神层面的时间会比物质层面多得多，占领人们的心智才能掌握这个时代的核心竞争力。

当下，移动互联网的普及让全世界人民都连接在一起，但也是因为连接的紧密，各种各样的群体随之产生，俗称为“圈子”。不同的圈子所关注的事情不尽相同，全民共同关注的焦点变得越来越罕见——人们的吸引力被自身的兴趣割裂了。我们已经不会像20世纪90年代那样，全家聚在电视机面前看同样类型的节目，听同样类型的音乐，看同样类型的电影。这样的大环境，公平地给每个类型的内容提供了充分的生存空间和养分。作为内容的提供者，骆晋豪只需要抓住那部分让他的公司得以生存的目标受众就已足够。但这也只是生存而已，要进一步发展，就要找到能够惠及其他兴趣群体的价值输出方式。

破釜沉舟苦攀援

没有人能在刚出发时就准确地找到发展方向，骆晋豪也是一样。但他能从失败中快速成长，开始新的摸索与探求。一开始，骆晋豪团队的经营范围很广，涵盖了教育培训、线下活动策划、视频制作、平面设计、配音、演唱会门票销售等领域。但由于业务过于分散，导致团队缺乏凝聚力，很难形成核心竞争力。于是骆晋豪及时“调整航道”，逐渐放弃了一些旁枝末节的业务，收起野心，专注自己的老本行——短视频制作。

但公司这时的发展仍然比较缓慢。资本的缺乏导致迭代的速度相对缓慢，每一步的前行都如履薄冰。别的团队可以用五个小组的人同时向五个方向尝试，只要其中一个相对成功，就可以去掉冗余部分，把资源全都调配到那个相对成功的方向。但这样的模式对于骆晋豪团队而言却很难实现。资源有限，使得他们只能在行动之前找准方向。一旦定好方向，就必须投入全部精力去做，非拼出个胜负出来不可。

2014年6月，聚本处境十分艰难。刚刚成立一年多的公司，就面临着随时可能倒闭的困境。原来的办公场地租期已满，他们只好另觅新址，结果只找到了一个未被开发的创意园。这个创意园前身是一家塑料厂，里面的建筑都是一些破烂的旧厂房。骆晋豪他们作为首批入驻的商户，必须出资装修才能进行办公。30万的装修支出对当时的聚本来说，无疑是一笔巨大的开支，占了年度营业额的30%以上。但考虑到公司以后的发展空间，他们还是咬咬牙把租约合同签了下来。祸不单行，聚本在这时被一家公司盯上。他们打着商务合作的名义去结识骆晋豪他们，实际上却打着收购或并购的主意。该公司看到了聚本资金紧张的困境，便想趁人之危，以一个非常低的价格来谈股份收购。该公司对聚本的估值只有100万元，打算出资51万元以求占有51%的股权。但这51万元中，有30万元想通过资源置换的方式支付。该公司瞄准聚本的痛处，想仅用21万元现金控股聚本公司。万幸的是，骆晋豪在签合同之前，发现了端倪，原来那所谓的30万元装修资源置换费用，实际上是一笔赊账。那家公司长期赊欠负责装修的包工头，包工头又赊欠施工工人，以致于一些被欠薪的工人找上门来，称“再不给工资，就找人拆掉你们公司”。

最终，聚本终止了与那家公司的股权交易，同时也终止了其他一切的合作，打算凭一己之力偿还欠款。情况却不尽如人意。早在骆晋豪他们决定租房的时候，一个定时炸弹就已经被埋下——创意园这块地实际是政府规划用地，2014年底就要被政府收回并且拍卖。而创意园的开发商心怀鬼胎，骗了数十个租户进场装修，目的是想拿政府的拆迁补偿资金。聚本公司2014年6月才进驻创意园，当年12月就不得不再次另寻新址。

上天不负有心人。不久后，聚本终于迎来了转机。56视频与聚本签约订购了《最耀B》第二季，每周更新，一年有52期的节目。与此同时，他们又开发了一个

聚本员工工作图

名叫《中华一嘿》的新栏目。这个栏目延续了聚本团队之前的风格，在语言方面改用普通话，表现形式上使用实拍。2015年，视频播放平台的变动也改变了聚本的未来走向。视频平台之间竞争激烈，形成了爱奇艺、腾讯、优酷三足鼎立的局面。位于第二梯队的搜狐视频，因受到广电政策的限制，已购买版权的美剧无法与美国时间同步播出（全季在美国播完才能在中国上线），导致元气大伤，不得不另寻出路。于是，搜狐并购了56视频，全面进军PGC、UGC领域。理所当然的，聚本凭借与56视频的合作关系也进入了搜狐体系，也在这一年里完成了《最耀B》第三季和《中华一嘿》第二季。

“最耀B已经完结了吗？”“好想念你啊，最耀B！”“最耀B第四季什么时候出？”2016年，众多网友对《最耀B》下一季内容翘首以盼。而聚本却沉寂了。当时的聚本正面临着严峻的考验。聚本与搜狐的合作到2015年底结束，但合约上却有一个附加条件：在解约半年之内，如果聚本想全网发行新作品，不能以《最耀B》或《中华一嘿》等名义出品新内容。然而此时，《中华一嘿》的第三季内容和《最耀B》的第四季内容却已经准备就绪。无奈，聚本只能暂缓发行《中华一嘿》第三季与《最耀B》第四季，转而全力以赴推进公司的升级与改造。

此前聚本与搜狐合作，除了获得点击量分成和制作费支持，还得到了搜狐对公司成长方面的帮助。但随着聚本的逐步发展与壮大，已经到了可以脱离单一平台，走向独立全网发行的运营阶段。于是，聚本开始全面升级配备，自主运营，迎接商业化的挑战。“未来聚本仍然会坚持做内容原创，成为一个正能量传播机构”，骆晋豪说，“这才是聚本的文化的核心。”

与此同时，还有一个现实的问题需要聚本去面对：团队稳定性。事情往往不会一帆风顺。聚本不得不面对一个部门的“蒸发”。2015年年中，随着视频平台的整合完成，PGC模式（专业生产内容商）受到资本的追捧，制播分离的风气在圈子里蔓延。视频平台上的一些高管以此为契机，带着在平台上积累的客户资源和制作团队离职单飞，自行创业。而聚本是平台上为数不多的广州本土内容创作团队，这也使得聚本的员工成了广州高管离职创业浪潮中被“挖墙脚”的首要对象。高两成的工资，加上诱人的剧本，就足以让整个部门跟着别人走了。在知道这个消息的当晚，骆晋豪在感到痛心和惋惜的同时，立即召集其他股东在二沙岛共同商议应对计划。几个人看着河岸对面的建筑群，在一阵短暂的迷茫后，又开始谋划未来的新道路。

创业新锐显峥嵘

文化产业的核心是创意。骆晋豪需要通过创新创意抓住受众。想要脱颖而出，就需要系统性创新，整合有趣的个体形成系统性、批量化的内容输出，扩大经营的体量。就此而言，聚本已经打下了坚实的基础，接下来则需要进行资源整合，制作更多的原创内容。不过，做视频难，做原创视频更难，做一个吸引人又不失内涵价值的短视频更是难上加难。比起客户、数据，聚本更重视出品的质量。出品能不能引起受众的共鸣？受众是否认为聚本的出品是有水平、有营养的？五年来，聚本一直用心做出品，打造能带给受众欢乐又富有意义的IP。未来的十年、二十年甚至更久，这个目标都不会改变。

更进一步，骆晋豪认为光谈内容原创，在深度和价值方面还是不够的。内容如何变现是内容创业者目前热议的问题，同时也是媒体人老生常谈的话题。现在聚本在全平台累积了接近100万粉丝，其出品的创新和内涵受到了粉丝和同行的广泛认可。聚本在内容变现这个环节更偏向通过连续式剧集，或者网络大电影题材走向市场的获利模式，以内容传播为主。现在是一个碎片化时代，公司投放在市场上的更多的是利于社交网络传播的视频，而不是PGC内容。

做原创内容一定会有灵感枯竭的时候，这是每一个原创团队都要面对的问题，聚本团队也经历了这样一个过程。他们的经验是：根据受众粉丝的偏好去分析受众喜好的题材，掌握市场上的热点，包括把握客户核心价值，融入创意并进行传播；在取材方面，剧本会更多地从生活、时事热点和互联网上入手，在进行头脑风暴时，将一些很分散的点集合起来。如果只往一个方向考虑就会钻牛角尖。聚本团队的习惯就是将不同的分散的点，通过某一个点将它们集合起来，同时生活化、社会化，再制作出作品。

专制决策民主执行

谈到对后辈创业者的建议，骆晋豪强调："决策上要专制，执行上要民主。"这种模式适用于不超过6个人的创业团队。为什么这样说？因为常见的创业团队的配置是3个原始股东，那么团队6个人的时候，一般有3个员工。这时候管理层与执行层人数均等，最容易产生意见分歧。创始人会通过构建各种规章制度来管理员工，但这会让财务成本和沟通成本加大，团队往往也不能专注研发或开展项目。

"决策上要专制"意味着给团队发出不能改变的最高指令。这个指令往往是一个目标，是一个可预见的结果，因为这时候只有你最清楚你想做的东西是什么。"执行上要民主"，就是在执行阶段需要团队成员毫无顾虑地提出建议，并根据实际情况加以改进，形成团队最大的合力，这样才能加快执行进度。作为管理者，必须要激发员工坦诚意见，鼓励他们开动脑筋，为达到目的想出尽可能多的方法，激发员工的参与热情。

一路走来，让骆晋豪最为感慨的有两个节点。一是当初公司还没成立的时候，团队中出现军心动摇的现象。人的欲望是会随着时间而膨胀的，观众的掌声和欢呼会麻木人的心智，最后团队不得不彻底解散，导致重新起步时已落后于同期的竞争者。第二个节点则是与视频平台终止买断版权合作的时候。骆晋豪把这个阶段比喻成孩子与母亲之间的脐带被切断以后的阵痛期，但孩子终究是要离开父母才能真正自我成长。

在骆晋豪他们成长的过程中，被各种成功人士的事迹感染，认为创业伊始就应该怀着一个伟大的抱负，以“一鸣惊人”“改变世界”“前无古人、后无来者”作为目标。但多年的创业经历却告诉他，创业这件事情从本质上来说，就是一场不知终点何在的冒险。你创办的这家小公司就像一个全新物种的幼子，被放进商业大环境中与他人竞争。死亡和灭绝是家常便饭，幸存的永远是少数，而他们往往善于与环境融合交互。创业初期，骆晋豪也只是怀着一个单纯的念头——活下去。只有活下去，才能认清自身的价值，才敢发声，说出自己宏大的愿景。这段时期的他不敢轻易放弃任何一个项目，不敢轻视任何一段合作关系。度过了艰难期，才知道之前在平台上的价值被压缩了，聚本可以有更广阔的发展空间，真正施展拳脚的时间才刚刚到来！

梦想不落

——梦不落服饰有限公司创办人张建刚

《《《张建刚

每个人的灵魂里都装载着梦想，也承载着思想，不论是孤独行走还是结伴而行，只要笃定前行、用心付出，就会让每一步都坚实、有力。正值年少的张建刚正是这样一位梦想的践行者。年少涉世，几经周折，转而求学，这些看似年轻时走的弯路，却成了他坚守初心和坚持梦想的动力源泉，也为他的创业之路打下了坚实的基础。正如他所说的，只要方向正确，就要义无反顾往前走，在坚守初心和坚持梦想的路上，将生活演绎得更加精彩。

意气风发正少年——敢于选择

每一个人在年轻的时候，都有自己的梦想。但在成长路上，并非总是一帆风顺的。面对艰难险阻或者诱惑，有些人选择丢掉梦想、接受失败；有些人选择改变梦想、融入现实；还有些人选择坚守梦想、勇往直前。有这样一位创业者，年纪轻轻就把人生“折腾”出了新模样，然而在不断“折腾”的同时，他始终坚守初心，不忘梦想，以无比坚强的信念和果敢有力的行动践行着自己的梦想。

2006年6月，张建刚首次参加高考，分数在本科线之上，别人看来已经很不错的成绩在他眼里却十分不理想。也许是注定要经受这些磨炼，带着他人的惋惜，他最终选择了放弃上学而外出工作。年仅17岁的他，并未觉得高考失利对他有多大影响。好男儿志在四方，不读大学一样也能活得精彩。于是，他收拾行囊，踏上了开往深圳的列车，与高中校园一别三年有余。

在富士康的日子，张建刚大多数时间都在努力学习，严格执行自己制定的计划。比起其他整天叫苦不迭的同事，张建刚显得与众不同。他有着顽强毅力，富士康流水线上令人乏味的工作，以及外在的消极环境没有影响到这位优秀的年轻人，反而使他更深刻地认识到：不积跬步，无以至千里；不积小流，无以成江海。于是，在纷杂的环境中他始终保持自己的赤子之心，冷静独处，坚持自己的学习习惯。这些优秀的品质也为他日后的成功奠定了坚实的基础。

在深圳工作两年之后，根据公司的安排来到山东烟台，此时的他成了技术管理员。虽然已经转到了技术岗，也有着即将升职的机会。但是这与自己的目标相差甚远，也与自己的梦想背道而驰。有些现状他不满足，有些梦想他想追逐。在梦想的召唤下，他思考着自己的未来，谋划着自己的行动。幸运的是，看清现实让这颗年轻的心更加富有朝气。“我才刚满二十，我的精彩人生才刚刚开始，还有许多值得追求并且应该追求的东西，我不能这样下去，我要换个活法！”张建刚这样告诉自己。于是，在一番谨慎思考之后，张建刚决定重返校园，继续自己那段未完的求学之路。

2009年11月，他走进了高三的课堂，重新拾起阔别三年的高中课本。经历了生活的磨炼之后，此时的张建刚成熟了很多，明白了自己真正追求的是什么，因此更加珍惜这来之不易的读书时光。相比于其他同学，这时的他已经完全自立，能够以客观、包容的态度去接受现实，而且多了一份心底的宁静和笃定。

创青春全国大学生创业大赛答辩现场

创青春全国大学生创业大赛推荐会现场

有人说：没有经过高三的生命不是完美的生命，没有参加过高考的人缺少了一次特殊的生命旅程。对于张建刚而言，高三的意义更加深刻。单调枯燥的英语单词、冗长无趣的物理公式，还有细小精微的化学知识等，令阔别学校三年的张建刚要一点点地去复习、应用，其过程的艰辛可想而知。每一个经历过高三的人都深知这残酷的岁月，但是作为生活的强者，张建刚选择了勇敢面对，心无旁骛，重新开始向着梦想不懈努力。

路漫漫其修远兮，吾将上下而求索。虽然张建刚已经三年没碰高中书本，但因为原来成绩不错、基础牢固，张建刚并没有那么紧张。而且因为经历过高考，所以他知道如何调整自己以提升学习效率。凭借扎实的基础知识，他仅用半个月时间便把数学和理综的相关公式熟记于心了，英语作为他的优势学科复习起来也没有那么吃力。日子紧张而又充实地度过。生活没有辜负每一个努力付出的人，这一年高考，张建刚以班级第二名的成绩给自己交了一份满意的答卷。回忆起这段奋斗的时光，张建刚也坦言自己压力并没有那么大，因为自己拥有一个良好的心态。漫漫人生路，有多少梦能够实现？最重要是以乐观向上的心态去面对。他说道："当你决定重新做一件事，并且想要把这件事做好的时候，就会产生很多的压力——主要是来自于自身的现状和预期的效果。"当然，这种压力有好有坏，运用得当将会产生巨大的促进作用。经历了几年的起起伏伏，张建刚能够正确看待压力，始终保持一颗平常心，觉得只要用心付出，就能坦然面对失败。在不懈的努力之下，2010年夏天，他考入了广东工业大学，完成了那个迟了四年之久的大学之约。

绝知此事要躬行——选择创业

华罗庚曾说，勤能补拙是良训，一分辛劳一分才。用这句话来概括张建刚的大学生涯是再合适不过了。在这一所强调科技与创新的高校之中，他深刻感受到了知识对创新发展的重要性。因为比其他同学年长，所以张建刚处处流露出成熟与沉稳，特别是在时间利用上，他一刻也不想浪费、不想耽搁。大一、大二期间，他起早贪黑学习，为自己做好强大的知识储备，以备将来之需。同时也积极参加学校组织的各种职业规划活动，因有过三年社会工作经验，他对自己的职业生涯规划非常清晰，认为做好职业生涯规划是走上社会的最基础也是最关键的一步。因此，他阅读了很多相关书籍，也热衷于各类职业生涯规划活动，并在活动中崭露头角，担任了学校职业生涯规划与发展协会会长，当选为由华南十大高校（广东工业大学、中山大学、华南理工大学、暨南大学、华南师范大学、华南农业大学、广东外语外贸大学、仲恺农业工程学院、汕头大学、深圳大学）组成的华南职协联盟主席，还参加了广东省职业经理人协会举办的比赛，并获得“2012年度广东省十大杰出职业经理人新晋之星”。大三就获得了同学们梦寐以求的腾讯微博的实习offer。

大学精彩的三年时光很快就过去，即将毕业再次走向社会的张建刚，比其他同学多了一份坦荡和从容。原本就在腾讯微博实习的他，本可以选择一份别人都羡慕的工作——继续留在腾讯，但内心的躁动与不安一直在召唤着他。张建刚早已对职业生涯有了清晰的规划，明确了自己的目标和最佳选择——创业。但当前各种类型的企业蓬勃发展，市场竞争异常激烈，创业之路也异常艰辛，是对胆识与坚持的双重考验。张建刚清楚地知道，高科技市场下的创业，涉及的领域多而复杂，单枪匹马是难以驾驭的。通过大学、社团、工作等平台，他结识了与自己志同道合的同学黄建伟、吴运福、苏扬三人。2013年9月，这四名即将毕业的大学生放弃了寻找工作，一拍即合，怀揣着激情与梦想，成立了“梦不落”团队。

高效的团队运转来自于合理的管理方法和融洽的气氛。为了带动每一位创业团队成员，张建刚一直保持着开放的心态，能够很好地接受新事物，用实际行动影响团队成员。首先，选择一群志同道合、方向一致的成员。这三位战友都和他有过多次的合作经历，彼此非常了解，并在大学期间建立了深厚的友谊。张建刚说，他们几个都属于心胸宽广、性格率真的人，而且能够相互扶持和理解。其次，团队建立后要明确分工、形成合力。根据每个人的优势分管各个方面，各尽其才、团结合作，调动起团队最大的力量。再次，由于学校所学的专业知识远远不能适应创业所需，为了使团队成员尽快适应团队角色，张建刚主动带头，继续发挥自己好学的优良品质，抓紧一切时间学习系统的管理知识，还与其他团队成员交流，在不断地完善和充实自己的过程中，提高团队整体工作能力和

联合创始人苏扬向傅振邦书记赠送公司“创青春“纪念文化衫

管理水平。此外，作为团队发起人，张建刚吃苦耐劳，意志坚强，对于团队的大小事务，无论是发展方向还是业务拓展，他都尽力参与，做到最好。通过对市场的深入调研以及团队成员的不懈努力，团队很快明确了发展方向，成立以“让文化衫回归文化”为企业使命的梦不落服饰有限公司，并很快就步入正轨。

在历经两年的积累和沉淀后，张建刚、黄健伟、吴运福、苏扬等人为了改变中国校园混乱不堪的文化衫市场现状，正式在广州发起成立“梦不落服饰”团队，专注于校园文化衫服饰定制服务。2013年9月17日，他们招募了首批来自4所不同学校的13名队员，通过1个多月的团队建设，以及对湖北地区高校文化衫市场的调研，梦不落服饰又成立了武汉文化衫创业团队。短短两个多月，在2013年11月底，销售业绩便超过百万元。2013年12月8日，梦不落服饰公司项目参加广东工业大学创业评选活动，被评为“创业新星”，创业事迹被中青网等媒体报道。2013年12月12日，以张建刚为首的“梦不落服饰”团队正式创立广州梦不落服饰有限公司，并建立以石修园为联合创始人的华中分部，确立了将“梦不落服饰”打造为中国文化衫定制服务第一品牌的市场战略，引进了校导网、腾讯某品牌经理天使投资。

2014年下半年，为了支持和帮扶大学生实践成长，梦不落服饰推出“梦不落训练营”计划。该计划每年两期，分别在3月和9月开始招募成员，主要通过对训练营成员进行统一管理的实践培训如模拟面试、晨跑锻炼、营销实战、名家交流、专业论坛等活动帮扶大学生实践成长。每期均是两天一夜的全面系统的培训，团队覆盖了广东近100所高校和中学。经过长时间“5+2”“白加黑”的艰辛努力，2014年10月，梦不落服饰公司当月业绩终于达到80万元，在同年11月创青春全国大学生创业大赛中获得了国赛银奖。这一次次的突破和成长，是他们向千里的梦想迈出的跬步。

梦不落服饰公司坚持着务实、专注、高效、创新的价值观和以用户需求为依归，专注打造可信赖的文化衫品牌，公司越做越大。2015年发展了合肥团队，2016年发展了贵阳团队。目前，梦不落服饰立足广东，成功建立了广州、武汉两个生产基地，并在华中、华南、华东、华北和西南五个区域正式成立了营销中心，为超过1000个企业和校园团体提供文化衫定制服务。目前，虽然距离实现“让文化衫回归文化”的企业使命还有不小的距离，但梦不落团队志在千里，愿意日积跬步。

直挂云帆济沧海——梦想实现

如今的梦不落服饰有限公司已经进入蓬勃发展期，张建刚所领导的梦不落团队已经充分占据了广东省内的文化衫市场，并且发起了“梦不落”杯全国校园文化衫设计大赛。活动通过号召社团、班级、学生个人参与到文化衫设计大赛中来，以促进校园文化和班级文化的繁荣与活跃。正如他所说，要把梦不落服饰公司打造成与时俱进、不断发展的公司，就必须要坚持创新，使公司在践行“让文化衫回归文化”的企业使命的道路上保持源源不断的动力。

天行健，君子以自强不息。从高考发挥失常到在外求职，从不满现状到重返学堂，从努力学习到选择创业，张建刚一步步走来，付出了常人难以想象的努力。在经历人生的“弯路”之后，他始终听从内心的指引，坚守梦想不断前行，取得了大多数同龄人还未取得的成绩。或许正是三年多的“人生弯路”，让这位生命的强者感受到了梦想的动力，也坚定了“付出就有回报”的人生信条。作为公司的法人代表，张建刚深知自己的责任与担当，无论时间多么紧张，他总会挤出时间阅读书籍，让自己进步。他深知，市场环境日新月异，各行各业没有立于不败之地的通用法则，唯一能做的就是不断充实自己，在挑战中搏生存，在竞争中求前进。

对于大学生创业，张建刚也有自己的看法。他认为选择创业，是在对自身性格和特点有所了解，以及对未来生活有所规划的基础上，做出的理性选择。新的时代已经来临，一切都充满机会。当有了目标之后，就要坚定信念，不要畏缩不前，把每一次的行动与付出都当成人生经历，大胆尝试，即使失败了，也会获得一笔宝贵的财富。尽管公司和个人已经取得了阶段性的成功，但他毫不懈怠，兢兢业业，时刻保持着一份清醒。回顾自己的艰辛历程，张建刚再次强调了梦想的重要性。他说，在他无知与迷茫的时候，有一束光照在了心中，为他引领了前进的方向；在孤单与无助的时候，他对梦想的真诚和执着，赢得了几位挚友的信任，为他分担了创业的艰辛；在满足与骄傲的时候，梦想也能让他保持清醒，更好地规划发展之路。

静静地坐在桌前，淡然地处理着各种事情，偶尔抬起头来深思，回忆起当年的岁月。时间悄然流逝，如今的张建刚已不再是懊悔高考失利的少年，每天都过着忙碌而又充实的生活，坦然面对着工作中各种挑战，不会茫然无措，也没有丝毫怠慢。正如他所说，梦想不可辜负，只要努力前行、辛勤付出，梦想就不落，青春就永驻。

做一个坚守初心的“书呆子”

——广州鸟窝信息科技有限公司总经理陶文平

《《陶文平

不到而立之年，就创立了一家估值几千万的公司，敢拼敢闯，骨子里透着一股倔强，谈吐间展现出超越实际年龄的成熟与稳重，他就是陶文平。从来自小县城的平凡少年，成长为大都市里的“创业达人”。一路走来，陶文平进行了许多尝试，也经历过许多失败，但这些磨难并没有击垮他，反而造就了现在不畏艰难、奋力拼搏的陶文平。2015年他创办了鸟窝信息科技公司，拥有4万固定用户和广阔的市场前景，收获了他人生中巨大的成功，称得上创业大军中的佼佼者。

初次创业遭滑铁卢

1989年，陶文平出生于云南省宣威市。自由的成长环境养成了陶文平乐观、豁达、不怕苦、不怕累的性格。不到三十岁的他，却已经经历了不少波澜。读初中时，他的母亲做了一次手术，使得原本并不富裕的家庭变得更加艰难。也正是从那时起，闲不住的陶文平经常跑去昆明寻找挣钱的机会。陶文平笑着说其实当时的想法很简单，并没有想到“创业”这种字眼，就是单纯地想挣点钱，贴补家用，帮父母分担压力。

也正是以此为契机，陶文平的经营天赋逐渐显现。等到母亲康复后，陶文平张罗着给腿脚不便的母亲开了一家服装店。经过陶文平的不懈努力和悉心经营，服装店很快就得以顺利营运，解决了家中的日常生活开销，家里的日子也跟着一天天好起来。但是当时的陶文平并没有安于现状，他的心中一直有着关于远方的梦。到了高考填报志愿时，陶文平选择了北京、杭州、广州等地的学校，希望到更远的地方看一看。一个月后，他收到了广东工贸职业技术学院的录取通知书。来到广州后，这里浓厚的现代都市气息与繁华的商业氛围对陶文平的冲击很大。看到如此广阔的世界，陶文平心里所想的，已经不再是批发一些衣服回老家“小打小闹”，而是希望在这个“千年商都”做一番更有意义的事业。这个想法一直埋藏在他的心底，逐渐生根发芽，一直长成参天大树。

2009年9月，陶文平进入广东工贸职业技术学院会计学专业。在不断发展的时代，他并不满足于自己的学历。考上专科学校的同年，他又参加了华南师范大学的自考本科，并于2010年成功考上。经过奋发进取，2012年6月他顺利从广东工贸职业技术学院毕业，2013年6月又获得华南师范大学金融管理学士学位。

2012年从广东工贸职业技术学院毕业后，陶文平顺利进入一家企业，成了一名白领，生活舒适、惬意。他原以为这样的生活会一直延续下去，至少几年内是不会有太大变化的。但很快这个愿景就被现实打破。没过多久陶文平所在的项目组被合并至其他城市，不愿随项目组一起转移的陶文平，不得不面对失业这一残酷的现实。这件事情对陶文平打击很大。他意识到如果继续为别人打工，就永远无法改变听从他人、身不由己的命运。他不愿再过命运被掌握在他人手里的日子了。于是，他做出了一个重要的人生决定：创业，自己为自己做主。敢冲敢闯的陶文平有了想法，并没有畏首畏尾、瞻前顾后，而是立刻付诸实践。在2012年10月，陶文平正式加入创业大军。初次创业时，陶文平与大学班主任及几位同学共同成立了一个“2h Mall”（两小时商城）OTO平台，主营商超外卖，并于同年12月份正式上线。

俗语说，万事开头难。可是，陶文平好像打破了这个定律。凭借着正确的形势判断和之前“做小生意”的实践经验，陶文平很快建立起一支配送团队。“2h Mall”也很快步入正轨。也许恰恰是因为开始得过于顺利，陶文平及团队对于核心问题思考得不够深刻、全面，他们的创业之旅注定要遭受挫折。当时，他们网站的使用率高达60%，虚拟运营一直正常。但是，由于前期没有对配送成本进行充分估计，导致后期项目资金链断裂，项目难以为继，最后被迫停止。虽然陶文平团队试图挽救，甚至辞掉配送工人，亲自踩着单车背着外卖送餐，但这些努力并不足以挽救颓势。没有意识到运营方式的致命错误，令这次创业以失败而告终。

“现在回想起来，那时如果我们可以果断砍掉配送，或者直接把配送外包，再向亲友筹集一些资金，也许我们可以和当时刚进入广州市场的‘饿了么’网站抗衡一番。”回首往昔，陶文平轻轻叹息。初次创业的失败给陶文平带来了不小的打击，使他深刻地认识到理想与现实之间的巨大差距，仅凭一腔热血并不一定能够成功。

重拾信心，东山再起

陶文平骨子里就是这样一个不服输、不低头、越挫越勇、喜欢逆流而上的人。他说：“我的字典里没有‘输’这个字。人的一生就是要不断挑战自我，我享受这种状态。” 陶文平很快从第一次创业失败的阴影中走了出来，他一直观察、思考，积极寻找新的创业机会。

自从数年前离开校园走入社会，陶文平时常会有“书到用时方恨少”的感慨，也时常遇到“无书可借”的尴尬境地。在一次次“寻书无果”后，陶文平意识到，国内还没有任何一家机构推出类似联机计算机图书馆中心（OCLC）这样的应用平台，共享全球图书馆资源、文献信息。他猛地意识到，图书馆资源整合工作在国内大有可为。有了这个想法之后，陶文平立即开始行动，寻找志同道合的合伙人，钻研开发软件。2014年8月，他正式注册成立了广州鸟窝信息科技有限公司。经过4个月的软件设计和制作，“书呆子”APP第一版本正式推出。一经上线，“书呆子”APP就因其强大的功能和海量的信息资源，填补了当时一片空白的图书资源分享市场。它新颖的模式和独树一帜的搜索功能使这款APP得到了广大用户的关注与青睐，短短一周便打开了市场，实现了日均用户活跃人数1600人以上，累计周用户1万人以上的巨大突破。

当用户搜索一本书时，这款APP可以告诉你，方圆5千米范围内的哪个图书馆可以借到，在哪个书架什么位置，其中有几本被人借走，被谁借走；还可以告诉你，附近的哪些用户书架上有这本书，哪些线下书吧有这本书，哪个电商网站可以买到，从而形成一个巨大的共享的书库。

为了扩大影响力，在“书呆子”APP上线后，陶文平通过邮件、电话等形式联

鸟窝科技团队合影

系了广东省图书馆、广州市图书馆、图书馆协会以及国家图书馆采编中心等单位，希望寻求合作。“我一向他们提出整合图书馆资源的想法，就得到了他们的赞同与支持”，陶文平说，“国家图书馆的工作人员告诉我，他们也在尝试类似的项目，说不定能和我们进行合作”。这个想法不仅得到各大图书馆的支持，而且也符合国家对于“全民阅读”这一概念的倡导。李克强总理在2015年政府工作报告中指出：“提供更多优秀文艺作品，倡导全民阅读，建设书香社会。”这是继党的十八大和2014年政府工作报告提出“倡导全民阅读”之后，官方首次提出“建设书香社会”，这也为陶文平的创业项目营造出了一个良好的大环境。

陶文平认为，“书呆子”项目与“建设书香社会”的理念十分契合。“我一直在思考我们应该怎样建设、完善‘书呆子’APP，全国有3300多个高校图书馆和3000多个社会图书馆，我个人觉得他们在构建书香社会中应该走在前面。剩下的社区图书馆、线下书吧也应承载一个分支的作用。”与此同时，陶文平也希望，“书呆子”不仅能帮助用户找书，还能实现社交功能。他认为，每个人都是一个小型“图书馆”，人跟人之间叠加起来的这个数据库和知识量是无比庞大的。陶文平希望公司下一阶段会往这个方向发展，即用户可以在平台上扫描自己的实体书，上传分享，并与其他用户产生联系，比如借阅等。

在“书呆子”APP的发展过程中，陶文平敏锐地发现，不少用户不希望应用程序占用手机内存空间，很多时候是在需要用时才下载，用完又删除，久而久之就会淡忘被删除的APP。为了解决这一问题，陶文平思考了许久。功夫不负有心人，他想出了一个超前的方法：将他们产品的功能直接与时下最常用的聊天社交软件——

鸟窝科技工作照

微信相结合。他们提取出APP的主要功能，放在微信公众号上直接使用，创立了“图书馆”公众号。这就大大地提高了“书呆子”的使用率，也使得“图书馆”公众号成为全国前三的图书馆类公众号。

不断反思，毅力进取

一个只会往前走，而不懂得反思的人是不会走远的。陶文平能够及时从第一次创业失败的阴影中走出来，正是由于他擅长吸取教训与经验。“2h Mall”（两小时商城）的失败很大程度上由资金链断裂而引起。因此，在“书呆子”创业项目中，他很注意资金的循环问题。

“但是‘书呆子’也比较偏向于公益的性质。”提起这一点，陶文平也有些无奈。他分析了现有影响力较大的几家同类型公司，认为：“目前国内与阅读相关的企业或多或少都处于亏损，或保本经营的状态。像豆瓣经营10年了还处于亏损状态，当当也开始了全屏阅读的时代，整个市场环境都很不容乐观。”对此，在一次创业大赛的现场，比赛评委甘果科技创始人兼CEO路文杰，向陶文平提出的建议是：目前实体书市场在萎缩，纸质版图书的阅读量呈现下滑状态；另外，用户还可能会考虑借与阅的成本问题，如取书的时间或路费。因此，从图书交换平台延伸至社区平台时应换个角度切入，例如举办读书分享会，强化社交，或者考虑加入书籍销售。简而言之，就是社交电商。这样，投资人才能看到盈利模式，才舍得投钱。陶文平的计划是，第一步先将图书馆资源整合，紧接着下一步就是通过FM、国学、家庭阅读等方式盈利。

陶文平对“书呆子”的发展前景持有很乐观的态度。他认为，目前国内的创业环境很好，有很多政策帮扶和支持。尽管阅读环境还处于低谷期，但是随着国民整体素质和认知水平的提升，这个项目在未来会很有前景。而且，除了民众在阅读上的内在需求，国家政府相关部门也在积极地引导，倡导全民阅读，建设书香社会。2017年8月，在团广州市委、各区文广新局的牵线下，广州各社区图书馆负责人集体前往陶文平团队办公场所参观，并相互交流。在陶文平的积极努力和各方政策的大力支持下，“书呆子”APP已经拥有4万固定用户，项目还与腾讯微信进行合作，进一步扩大用户和流量。说到这里，陶文平的脸上洋溢出自豪和喜悦。陶文平相信，在这样的条件下，“书呆子”APP一定会受到越来越多人的青睐，一定会有越来越宽广的市场。

现在，陶文平的团队共有5名成员。其中4名是技术负责人，分别有ISO、PHP的工作经验，而陶文平自己负责技术之外的所有工作。他的工作非常杂乱、琐碎，但陶文平说自己一点都不觉得辛苦。回想一路走来的经历，陶文平十分感慨：“感恩这些自愿吃住在公司，累了就躺在空调的包装箱上睡觉的团队成员；感恩无数个为了共同的理想通宵讨论不眠不休的夜晚；感恩那些给我们信任和支持的‘种子轮’

资金的投资人。”每当提起这些，陶文平总是非常感动。“我尤其感激对项目注入第一笔资金的投资人。在市场上多数投资人都追求快速回报的大环境下，这笔资金显得尤为珍贵。它除了使我们的项目顺利落地外，还饱含了投资人对阅读的热爱，以及对青年创业者的鼓励，充满了情怀。所以我非常感激他。”自身的不懈努力，充分的客观条件，在这种天时地利人和的情况之下，陶文平的企业正在稳步地前进，走向更光明的未来。

坚守初心，寻找真谛

陶文平现在找到了人生的意义：为创造一个优质的阅读环境出力。2014年中国出版科学研究所的调查显示，我国国民每年人均阅读图书仅有4.5本，远低于韩国11本，法国20本，日本40本，以色列64本。陶文平看到这则消息时，内心难以平静。他希望自己将这项事业进行到底，让更多的人可以通过“书呆子”平台找到想读的书，享受阅读，热爱阅读。

陶文平坦言，这个想法并不是一开始就有的。项目创建之初，他也和大多数创业者一样，希望筹集到更多的资金，实现快速盈利。为此，陶文平到全国各地参加了很多创业比赛，如“赢在广州”创业大赛、广州青年创业大赛、阿里百川创业梦想大赛等。参加比赛是为了筹集更多资金。然而，全身心投入其中之后，陶文平逐渐发现：“有没有钱，已经不重要了。这里为创业者提供了很多用钱也未必找得到的资源。”

他们的项目获得了团广州市委以及青年创业服务中心的大力支持，参加了如“青霖计划”、沙盘演练、联合其他技术团队、去兄弟企业参观交流等一系列活动。陶文平非常感激团广州市委以及青年创业服务中心团市委的帮扶：“他们有一整条线，内容囊括了一个创业公司所需要的各种资源。”在创业初期，陶文平特别希望有孵化基地愿意孵化他们。而现在有了团广州市委的支持，他们已经掌握了主动权，可以自行选择最适合他们的孵化基地。

目前整体市场环境并不乐观，陶文平的公司得到的投资也不算多，但他们会一直保持创业时的初心。陶文平强调，他不希望言情、励志、鸡汤之类无营养的内容出现在他们的应用上，他希望“书呆子”的公益性质更强一些。“即便是在我们运营的费用并不充足的情况下，有了之前创业失败的教训，我们这次一定会坚持到底。”

谈到“书呆子”的优势时，陶文平说，现在还不太明显，但是他们会努力提升用户体验。“我们这里不存在打不开网页，或者要十几秒、二十秒才能打开网页的事情。”对于公司未来的前景，陶文平举了一个自己切身体会的例子。有一次搭乘地铁时，遇到一位年纪约50岁的阿姨正在用Kindle（电子书阅读器）专心致志地读书。看到这一幕的陶文平深感震撼，也很受鼓舞，感觉从中获得了巨大的能量。

陶文平参加“赢在广州”创业大赛

“我们致力于做最好用的APP，这个‘好’不是金钱和用户量能够衡量的，而是它对于整个阅读环境贡献了怎样的力量。或许，我们未必是一家伟大的公司，但我们一定是一家有意义的公司！”

陶文平在创业历程中，不断寻找人生的真谛，不断贡献自己的力量，不断创造社会价值。他能够在各种诱惑面前，不忘初心，坚守初心。陶文平和他的公司始终保持着一份担当，一份责任，一份使命。他们的前行之路，定当宽广、坦荡！

林小鑫〉〉〉

捕捉灵感的光亮

——汕头市美聚贸易有限公司总经理林小鑫

人们常说性格决定命运，命运自有安排。但有人以此为懒惰寻找借口，为失败寻找推脱；有人安于命运的安排，甘于平凡，随遇而安；有人却不安于现状，不甘于平凡，竭力打造自己的性格，不断追逐梦想。林小鑫就是第三种人，他觉得创业是一种性格，是他与生俱来而且注定要走的路。因为，他的性格中最大的特质，就是不安于现状，只注重过程、不计较结果，并且不以物质或名利为主要追求，但凡有梦想，就要遵从自己的内心，勇敢去做，执着面对。这种性格特质与创业之路是契合的。他是这么说的，也是这么做的。

有灵感，才有行动

创业离不开灵感，灵感离不开生活。在别人面前的一件小事，在创业者面前却有可能是创意的来源。1992年出生的林小鑫有着潮汕人与生俱来的商业头脑，很小的时候就知道“变废为宝，转卖旧物”。7岁那年他利用两个姐姐闲置的玩具，在自己家的院子里摆起了小摊。通过这种方法不仅卖掉了姐姐们不要的玩具，更让他从小就学会如何勇敢地与他人交流。也许就是这个经历，他开始喜欢上做买卖，他的童年也闪耀着和别的小朋友不一样的光彩。当一些同龄人还在池塘、榕树、秋千架上嬉戏、打闹的时候，他已经开始用自己的小算盘，赚了一桶又一桶“创业基金”，一步一步向他的创业之旅迈进。

光阴，能改变容颜和心态，但却改变不了最初的梦想与信念。2013年9月，林小鑫考入广州城建职业学院，学习工商企业管理专业。身边的很多同学在摆脱了高考这个“紧箍咒”之后，开始沉迷网络、迷恋游戏。林小鑫却利用大学这个平台不断开阔视野、锻炼能力、增长见识。学校里大大小小的创业活动他都积极参加。大一的时候他联合几个师兄师姐，在军训期间向新生出售生活用品和军训服，不仅赚了些生活费，也结交了很多有胆识、有魄力的新朋友。大二那年，学校组织挑战杯比赛，需以5人一组的团队形式报名参赛。林小鑫召集几个志同道合的朋友，成立了一家3D打印公司，主营业务包括房地产楼房样品打印、玩具手板打印、个性化DIY打印等。时间紧、任务重，在报名到交策划书不到一周的时间里，在他的带领下，团队成员分工合作，发现问题及时沟通解决，凭着初生牛犊不怕虎的胆识闯进了决赛。虽然在决赛中没有拿到第一名，但整个参赛过程都让他受益匪浅。比赛中，他带领团队走访了中科院研究所，以及3D打印展会、承接3D打印模型的公司、生产3D打印机的公司等。这让他大开眼界，也使他坚信3D打印技术虽然处于萌芽期，但市场前景广阔，是未来必不可少的技术基础。

大学毕业后，为进一步了解3D打印技术，林小鑫选择去一家规模不大的3D 打印公司实习。公司的主要业务是制作玩具手板和销售3D打印机。经过一个暑假的实习，林小鑫发现公司每年都要向政府申请补贴。一问原因，原来是销售业绩过低，难以维持生存。这也让林小鑫对3D行业有了更加全面的认识：3D打印虽然前景好，但是投入大、未知性多、风险系数高、成功概率低。作为一个初创者，要把3D打印行业作为创业方向，是一个风险极大的挑战。于是一番权衡后，他选择离开3D打印行业，另寻他途。

有积累，才能迈出第一步

千里之行，始于足下。林小鑫充分认识到，创业不是一朝一夕的事，还需一步一步积累。为积攒经验，增长见识，他进入自家经营的制造企业学习，参与了从接待客户、争取订单到安排生产计划、组织生产全过程，也积极到原料采购、人事管理等岗位去实践。这段全方位的学习，为他的再次创业积累了丰富的管理经验和销售经验。

此外，在2012—2015这四年中，林小鑫还养成了每周一晚上守着电视看《财经郎眼》的习惯，及时了解热点财经事件，并从这些热点财经事件的分析中，增强自身对经济发展趋势的判断能力。2014年《财经郎眼》的第六期节目，预言牛市即将开始。对股市饶有兴趣的林小鑫，对此也充分认同。他大胆地将多年积累的资金

美聚团队照

满仓。事实证明他的选择是正确的。满仓的股票不到一个月涨了50%，之后他又利用本金，换了一只股票继续满仓。就这样不到一年时间，资金翻了好几倍，为他日后积累了创业资金。此时，恰逢国家号召“大众创业、万众创新”，支持大学生创业，降低了企业注册准入门槛，简化了办证流程。对创业满怀热情的林小鑫再一次毅然决然地加入到创业浪潮中。

有调研，才能明确方向

经过历练的林小鑫更加谨慎，更加稳重。这一次他打算选择开拓茶叶市场。为什么他会选择这个看起来比较传统、普通的创业项目呢？原因在于，中国是茶叶的发源地，茶已成为举国之饮，随着生活节奏的加快，人们对于生活质量的追求越来越高，茶这种糅合了佛、儒、道诸派思想的快节奏生活的“调剂品”，已成为全世界既大众化、又受欢迎、还有益于身心健康的绿色饮料。因此，林小鑫断定将来的茶叶市场必会经久不衰、大放异彩。为了更加熟悉市场行情，林小鑫去了广州芳村茶叶市场进行考察。林小鑫走访茶店的过程中，遇到一些包装行业的前辈，交谈中发现茶叶包装行业的发展前景还是一片光明。虽然现在礼品茶少了，但因越来越多的年轻人喜欢喝茶，销量不减反增。在这次考察中，林小鑫遇到了许多愿意和他分享经营之道的前辈，这让他以后少走了很多弯路。

创业最先考虑的是自己适合什么样的公司类型，从事什么行业，怎么来经营自己的事业。关于这几个问题，林小鑫在心中已有了答案。通过之前的积累，林小鑫在经营包装制品方面已经有一定基础，也有一些发展的资源。但是，考虑到未来的不确定性，2015年7月，林小鑫在进行企业登记注册时扩大了经营范围，决定成立一家以包装制品为主，业务范围涉及较广的贸易公司，主要经营包装制品，包括产品设计、委外生产和销售等。公司的股东是林小鑫以及他的一个大学同学。挑战接踵而来，林小鑫此时的身份也从学生转为年轻的董事长。

刚成立的公司一切都是从零开始，需要一砖一瓦逐渐积累。对于林小鑫的公司，当务之急是要找到产品经销商谈好合作意向，这样公司的产品生产后才能够及时推广出去。尽管在公司运作过程中，困难总是不期而至，但林小鑫都能保持积极、乐观的心态去分析问题、处理问题。比如公司成立初期，在茶叶市场找经销商就遇到很多困难，有的经销商要压货，有的经销商想要尝试小批量，有的嫌产品太少，有的嫌价格太贵。忙碌了一整天，也没有找到一个成功合作的经销商。对此，林小鑫仔细分析了市场经销商的主要需求，并根据他们的需求及时调整了产品定位，终于在第二天找到一家愿意大量进货、现金交易的经销商。经过一段时间的实践，林小鑫得出了结论：做生意，要学会反客为主。根据经销商对产品提出的不同要求进行针对性的营销，而不是一上来就眉毛胡子一把抓，不分时间和客户需求随意地推销产品。

有对手，才有动力

优秀的公司需要自己的品牌。林小鑫把公司名称“汕头市美聚贸易有限公司”中的“美聚”二字作为品牌，进行重点打造和经营。林小鑫清醒地认识到，必须从公司成立之初就重视公司品牌建设，这对树立公司形象和品牌形象至关重要。特别是当下茶叶包装品牌还不多，现在如果能够扎稳根基、把公司品牌打响，对公司的发展会有极大的促进作用。其中，提升公司核心竞争力是重中之重。

有好的设计和品质，产品才有核心竞争力，这也是林小鑫极力追求的。公司取名“美聚”，以“创美的设计，以品质而聚”为口号，把设计和品质放在核心位置。但由于公司刚刚起步，经验不足，究竟如何才能把产品设计和品质提上去，林小鑫并没有太多想法。于是，林小鑫就开始对市场上的各类产品进行考察并仔细研究，去集市市场挖掘创意元素，努力寻找行业标杆，积极借鉴，取长补短，同时从中找到自身产品的长处和短处。下次推出新产品的时候，就以超越标杆为目标，在此灵感上进行升级，做出更加优秀的产品。因此，林小鑫时刻以打造行业标杆的目标严格要求公司，在产品设计、生产、销售等各方面层层把关，确保产品品质。

设计方面，林小鑫坚持“创美的设计，以品质而聚”的标准，认真对待每一个产品的构思、创意与设计。每一个产品设计的完成都要经过反复讨论，反复修改，并广泛征求经销商意见，确保设计保持在一个较高的水准。

生产方面，林小鑫深知产品的质量决定品牌的口碑。因此，他十分重视生产细节，多次与技术人员共同探讨，制定了严格的品质标准和合理的生产流程。一旦生产过程中出现次品，他都及时跟进记录，分析和研究次品产生的原因，避免同样的情况再次出现。如此一来，公司极大地降低了次品率和客户投诉率，有效地保障了产品质量。

营销宣传方面，林小鑫力求将细节做到位，让产品能够快速吸引眼球，脱颖而出。林小鑫团队用于产品推广的宣传图片都是由专业的拍摄人员进行拍摄，加上后期的图片处理和视频制作，形成一套完整的宣传方案。宣传方案和产品质量也得到了经销商和客户一致称赞。

物流运输方面，为改善物流运输环节，公司多次研究了包装方法，从原来的三层装法，改为现在的二层装法，并合理增加了纸箱厚度。同时，公司与物流公司签订协议，建立奖罚制度：如果一批货发现运输损坏，要按数量赔偿；如果未出现运输损坏，就进行奖励。在这样的机制下，物流公司在装货、搬运、卸货过程中就非常小心，大大降低了产品损耗。

售后服务方面，经销商反映的问题他们都及时回复和跟进。对于经销商提出的意见都会详细记录，有用的建议都会及时采纳。别小瞧了这些意见和建议，每一条对公司都有不小的促进作用。同时，在解决客户反馈的问题的过程中，也传递了公司对客户的重视，给对方留下的印象都非常好。因此客户都乐意与公司沟通，回头客也越来越多。林小鑫和部分客户甚至成为了朋友。他说，客户是一线资源，直接与消费者接触，反馈的问题也最有代表性，经销商的建议通常都能很大程度地促进产品改善，所以产品做出来后也更容易被消费者接受。

在谈到公司发展前景的时候，林小鑫认为，在包装行业里，茶包装只是包装行业的冰山一角，选择茶包装作为创业的主营业务是为了在风险最低情况下保守创业，为后面发展打下基础。公司先把每个小模块做好，往后连接起来就是一个大模块。好高骛远却没行动，终将一事无成。立足当下，一步一个脚印，分阶段完成目标，不断完善制度，提升公司开发能力，才能为公司后续的发展打下牢固的基础。

有梦想，才有希望

从开始创业到现在，虽然经历了不少挫折，产生了不少迷茫和困惑，但林小鑫从来没有放弃的念头。一路走来，他追逐梦想的脚步更加坚定、更加执着。林小鑫回忆道，他曾在杭州市区顶着四十度的高温提着产品到处跑业务，有时候等一个客户要花一上午时间，有时候为了推销产品一天都吃不上饭，有时候被雨淋成落汤鸡，有时候为了省钱汗流浃背坐五六个小时的硬座去外地谈生意，有时候为了开发新产品、开拓新业务夜以继日地连续加班。虽然创业很苦很累，但林小鑫觉得一点儿都不累，因为他投身于追逐自己的梦想，并乐在其中。每次遇到困难，林小鑫就拿红军万里长征激励自己："长征途中，红军将士面对的是波涛汹涌的大河和巍然耸立的雪山，还有茫无涯际的草地，前有敌军，后有追兵，可就是在这'敌军围困万千重'的逆境中，红军转战两万五千里，终于从百万的敌人中杀出了一条生路。共产党在这么艰苦的环境下还可以坚持下来，现在能够赶上这么好的时代，还有什么理由抱怨，还有什么坎过不去。"创业让林小鑫变得更加吃苦耐劳，更加懂得珍惜，浑身散发着正能量。

俞敏洪曾说过，每一条河流都有自己不同的生命曲线，但是每一条河流都有自己的梦想——那就是奔向大海。生命之中起起伏伏，有的时候可能会随着河流里的泥沙，慢慢沉淀下去，停滞不前。你一旦沉淀了下去，虽然不用再为了前进而努力，但是却永远见不到阳光了。是的，如果你在遇到挫折时选择逃避，能够得到短暂的安逸，但也失去了未来的精彩。有梦想就要去实现，为梦想而奋斗的人生是充实的、完整的。生命不息，奋斗不止，像林小鑫这样，奋斗的青春才绚烂。

陈媛媛〉〉〉

梦想之花开在自信的枝头

——十品人绿源降糖产品创始人陈媛媛

十品人绿源降糖产品是一款新型降糖产品，与糖尿病的传统治疗药物不同，它通过提取番石榴叶中的降糖成分来实现降低血糖，对糖尿病患者有独特的功效，且成本比传统治疗药物低很多。陈媛媛是十品人绿源降糖产品的创始人，该项目拥有高效提取番石榴叶中有效降糖物质的发明专利，采用先进工艺提取番石榴叶中的有效降糖成分，使降糖产品具有良好的降血糖效果。

坚定信心迈出勇敢第一步

“想飞上天，和太阳肩并肩，世界等着我去改变，想做的梦，从不怕别人看见，在这里我都能实现，大声欢笑让你我肩并肩，何处不能欢乐无限，抛开烦恼，勇敢的大步向前，我就站在舞台中间……”陈媛媛非常喜欢杨培安的《我相信》这首歌曲，她认为这首歌展现了积极向上、不畏困苦、勇往向前的精神。在成长的道路上，陈媛媛也积极践行着这种精神。一次偶然的机会，陈媛媛从客人的需求中发现了商机。现在糖尿病患者数量日益增加，而传统的糖尿病治疗耗时耗钱，得到的也只是治标不治本的效果，因此现在如果有一种低成本且对人体无害的降糖方法，将会改变糖尿病治疗的传统格局。这个偶然的信息让陈媛媛找到了创业的突破口。她瞄准了这个难得的机遇，开始了自己的尝试。在发现创业商机之后，陈媛媛积极了解市场需求、市场环境等多方面的情况。经过深入的调研了解，她发现这种需求不是个例，存在较大的潜在市场。因此，她也下定决心，选择自主创业。由于是首次创业，她对创业的知识储备并不多，对创业流程也没有深入了解，为尽快启动创业，她选择从搭建创业团队入手，发挥团队成员的智慧，共同解决创业初期可能面临的各种困难。

陈媛媛团队参加“赢在广州”创业大赛

团队成员应该如何挑选呢？一番思索后，陈媛媛决定先从身边的一个博士生入手。这个博士生知识面比较广，专业能力比较强，如果能说服他一起来组建团队，那将是一个很好的开始。经过一番动员，这名博士选择加入创业团队。这也是陈媛媛迈出创业的第一步。创业需要专业技术、市场营销、企业管理等各方面的人才。考虑到他们两个都是食品专业出身，经双方沟通后，陈媛媛和博士一致认为当务之急就是要围绕创业所需，找到一批不同专业背景的人才，补全团队人才短板。得益于之前带过不同专业的本科生做实验，陈媛媛对其他学院的学生情况有一定了解，再加上她参加各种比赛结识的朋友的推荐，经过几番周折，她终于在其他学院中找到了专业能力比较扎实的本科生。向他们介绍了整个创业团队和创业计划，努力说服他们加入到自己的创业团队。最后经过相互选择，团队终于组建起来了，核心成员以及各方面的技术人才都慢慢聚集起来。团队的顺利组建也坚定了陈媛媛的创业信心。她认为，在茫茫人海中能够找到志趣相投而又可以一起奋斗的人，这种缘分非常难得。为了这种难得的相遇，大家都应该坚守初心，为共同的创业目标而共同努力。

千方百计克服起步难题

在创业起步阶段，团队中的一支小队伍在大半年时间里只了解了一些产品和市场，没有取得其他明显成绩，导致团队中几个成员渐渐动摇了创业信心，负面情绪不断蔓延。团队成员开始各自打算，有的想出国，有的想读研究生。一时间，人心涣散，团队面临解散的危机。如何挽留团队人才、坚定发展信心是陈媛媛面临的又一难题。其实，她早就意识到，想要别人矢志不渝地跟着你干，就必须拿成绩来说话，给人家一个看得到的未来，这才是团队成员的信心来源。在当前没有取得好成绩的情况下，如何留下他们呢？一番思索之后，陈媛媛带领她的团队参加了广州第三届青年创业大赛，在团队成员共同的努力下成功闯进决赛。比赛过程中评委和投资人给了他们极大的鼓励和肯定，并最终给予了他们“优胜团队”称号。这场比赛也是他们团队的转折点，成员们获得了莫大的鼓舞，坚定了留下创业的信心。“什么都需要拿成绩来说话，你若空口无凭地告诉别人我能做得很好，可是却没有能够向对方证明确实如此的证据，凭什么要别人相信你呢？”陈媛媛如是说。

创业之路从来都不是一帆风顺，也没有人能够随随便便成功。万事开头难，瓶颈期的人心涣散，前进中的茫然无措，该如何跨越？唯有不忘初心，坚定必胜的信心，相信前途仍是光明的，让自信在心中开辟新天地。陈媛媛做到了，作为团队的领导人，她让团队看到了希望，用行动鼓舞了团队。

脚踏实地寻求跨越突破

创业过程中，参与创业比赛不仅可以在比赛中积累实力、提升自我，还能够有效宣传创业项目，提高市场认知度，增强团队信心。在带领团队参加“赢在广州”比赛之前，陈媛媛参加了赛前特训。在培训过程中，她学会了创业商业书的撰写规范以及融资等财务金融方面的知识，很好地提升了自己。同时，在特训中，陈媛媛还找到机会向一些知名企业家详细地介绍和讲述自己的产品。企业家给她提了一些好想法、好建议，让她获益匪浅。陈媛媛认为，通过赛前特训，她学会了站在更准确的位置来审视自己的产品和创业思路，也使她对公司未来发展的思路更加清晰，进一步完善了公司发展管理计划，同时通过自己的介绍让更多人知道自己的产品。陈媛媛还表示，对创业者来说，最重要的不是你的公司在哪里，而是你的心、你的眼光在哪里。目光是否长远往往决定了公司能否走得更远。在对企业发展战略有了明确的规划之后，企业不要急于求成，想着如何迅速做大，而是要先想着如何做好、做出有实力、有竞争力的优质产品，市场自然会做出选择。

在对公司发展有了清晰的认识之后，陈媛媛认真分析了公司当前面临的几方面难题。第一，公司主要的产品是保健品，在中国现今的大环境下，大家对保健品的认可度还不是很高，受众人群小，市场还未拓展开来，再加上一些从事保健品生产经营的大企业占据了大部分的市场份额，小企业要抢占原本就不多的市场份额难度很大，营销有一定的困难。第二，国家对保健品以及各种许可证审批比较严格，对企业的要求非常高，企业需要具备较强的科研实力。第三，就是资金方面的问题，现今国家对小型企业有一定的补助资金，但是对于刚起步需要较多资金支持的企业

十品人绿源降糖产品团队

来说作用并不大，公司面临流动资金不足的问题。第四，一些发展已久的大企业知名度比较高，一般消费者更倾向于选择大企业的产品，认为更有保障，所以如何在消费者中打响知名度，让他们愿意选择自己公司的产品也是一个问题。最后，是广告方面的问题，广告是为了扩大产品的知名度，可是投放广告也需要策略，如果投入大量资金，却没有应有的效果，就会形成一种恶性循环，影响公司运作。但是，即使面对着重重困难，陈媛媛还是对未来充满了信心。因为她觉得现在国内对保健品的需求还是比较大的，随着老龄化加速到来，未来保健品市场会日趋向好，只要发展方向是对的，公司就一定能够在市场中占据一席之地。她认为，当务之急就是要脚踏实地、耐心细致地去做好自己的产品，不好高骛远，不急于求成，就一定能够赢得消费者的信任，收获胜利的果实。

无惧质疑，砥砺奋进

在前进的道路上，有的道路坎坷无比，你可能会碰见从未想过的困难；有的道路异常崎岖，你可能会遇到大大小小的问题；有的道路十分平坦，你可能只需要沿着走下去；有的道路充满诱惑，你可能会遇到许多分岔路口。而创业的道路，是一条崎岖的路，一路上必须经历坎坷，遭遇艰险，稍有不慎，就会半路折腰。就像其他创业者一样，陈媛媛他们在企业的起步阶段，遭受到多方面的质疑和不理解。“一个大学生没资本没人脉，创业基本等于失败。”家人的不理解更是随着时间的推移而日益增加。但是，不管是别人对于大学生创业缺乏经验缺乏资金的看法，还是家人对她选择这条难路的不解，陈媛媛始终坚定自己和团队的信念，把这些质疑声当成是对团队的鞭策，在团队发展的过程中不断地反思以往的过错并纠正。她坚信只有在前进中始终坚定自己，并且在前进中不断反思和改过，不轻易动摇，才能一步一步地发展好团队。“多少次迎著冷眼与嘲笑，从没有放弃过心中的理想”，这句歌词用来形容陈媛媛的团队是最合适不过了。

创新理念打造核心竞争力

企业家身上要流着道德的血液，诚信经营是企业立身之本，决定了企业的生死存亡。坚守道德责任是陈媛媛做企业一直坚守的基本底线。虽然陈媛媛的公司规模还小，但经历了两年多的洗礼，经受了各种大大小小的坎坷和挫折，他们对公司的成长路线和规划也变得清晰起来，形成了独特的企业文化和理念。食品企业应该遵循食品安全准则，站在消费者角度去考虑食品安全问题。生产产品是为了广大糖尿病患者的健康，因此他们加大对食品安全的监督，做到有原则有底线地生产，而不是单纯地追求盈利。在这个问题上，陈媛媛始终坚守和贯彻着自己以及公司一向的底线和原则：食品的生产严格遵循公司的标准，食品的定价严格遵循市场的平衡，公司不能一味追求利润，放弃对产品本身的质量追求，更加不能放弃对产品的定位和对自己的基本要求。更重要的是，陈媛媛对改进糖尿病传统治疗方法、减轻糖尿病患者及家庭负担的那份坚守与执着。传统糖尿病主要通过胰岛素来治疗，但是胰岛素的价格十分昂贵，一般的家庭在昂贵的医药费面前都束手无措，而治疗糖尿病的方法单一，病人也常常因没办法选择其他的治疗方式而备受折磨。陈媛媛选择的这个项目，一是在于它本身有着良好的发展前景，二是因为它提供了治疗糖尿病的另外一条道路——不需要支付高昂的医药费，从天然植物中就可以提取药物，这能从根本上打破大多数糖尿病患者所面临的困境，给他们及其家庭更好的出路。陈媛媛为了改变传统治疗方式而付出的行动，才是最令人动容的。

面临抉择不改创业初心

陈媛媛回忆，“赢在广州”这个比赛是在2016年9月份举办的，而团队在6—8月进行各种准备。就在团队紧张准备比赛的那段时间，陈媛媛拿到了东京大学的offer，这意味着她可以去日本东京大学读博士了。在出国深造的机会与正面临重重困境的团队之间，陈媛媛毅然决然地选择了后者。她忍痛割爱，放弃了去日本读博深造的机会，选择留下和团队共患难，这也给团队带来极大的鼓舞，也给她自己坚定了走下去的信心和勇气。作为一个团队的领头人，陈媛媛表示她不会后悔，因为现在的选择是在对未来道路有清晰规划的基础上做出的，既然已经做出了选择，就要踏踏实实把这条路走好。她告诉自己：要立足当下，现在做的事情才是最有意义的，尽管这可能不是最好的，但是都是自己的选择，后悔是毫无意义的。在出国深造和团队发展这道二选一的选择题中，陈嫒嫒坚守初心，不忘梦想，做出了人生道路一个重要而且正确的决定，朝着自己的创业梦想坚定前行。

陈嫒嫒和团队一路走来，尽管太多的苦涩融进了昨日的犁铧，尽管太多的忧伤充斥着他们的心灵，尽管太多的无奈写在他们的脸上，尽管太多的精力挥洒在昨日的路程上，但回首过往，他们问心无愧。陈嫒嫒作为一个领头人，带领着团队前行，期间虽然经历过很多挫折和失败，但她认为无论做什么事情，都要抱着一颗不怕苦不怕累，更不怕困难的心。她说道：作为一个领导者，如果连她自己都怕苦怕难，那其他人又怎么会有信心迎难而上呢？在克服了那么多困难之后，陈嫒嫒也对自己的创业之路有颇多的感悟。好高骛远是创业者的禁忌，陈嫒嫒明白，千里之行始于足下，只有立足当下，一步一个脚印，才能让企业平稳地向前迈进。“坚守内心，把握机会，踏实做事”这十二个字是她的人生信条，虽然简单，看起来平淡无奇，但是对创业者来说却是十分重要的品质。创业这条路，道阻且长，如果缺少了这些最基本的品质，也就难以向前。因此，这十二个字凝聚了陈嫒嫒创业之路的宝贵经验，也折射出她一路走来的辛勤付出，更反映了她在创业道路上始终秉持的精神态度。

冯世杰〉〉〉

一台打印机开启的梦

——“随身印”网上印刷商城创始人冯世杰

当众多大学毕业生为生计奔波忙碌时，华南理工大学经济与贸易学院2013届电子商务专业本科毕业生冯世杰却已经在“互联网+印刷”行业崭露头角，打拼出属于自己的一片天地了。26岁的他，是广州幻觉电子商务有限公司总经理，是“随身印”网上印刷商城创始人。一路走来，他摸爬滚打，踉踉跄跄的步伐越走越稳健，战战兢兢的内心也越来越平静。这一切源于他执着追梦的奋斗之心，以及坚持不懈的顽强毅力。

梦想的开始—— 一台打印机

不想当将军的士兵不是好士兵，不想当学霸的学生也不是好学生。冯世杰也不例外，他曾经怀揣一颗梦想拿奖学金争当学霸的赤子之心。然而世事并非如人所愿。由于数学基础不好，冯世杰数学考试几次挂科，争当学霸的梦想也随之破灭，给他带来了不小打击。而在读了乔布斯的励志创业故事后，冯世杰有了尝试创业的想法，为自己的人生谋划新的出路。当时“大众创业、万众创新”成为国家战略，在全国范围内掀起了一股创业创新的巨大浪潮。这样的时代背景给创业带来了更多的机遇，但创业本身就充满了各种不确定因素。冯世杰每前进一步都步履维艰，但他始终坚信一切都会苦尽甘来。

大三时，冯世杰抱着赚点零花钱的初衷，用仅有的399元网购了一台佳能MP259喷墨一体机后，就开始在网上接一些复印、打印的活。最开始的业务主要来自于学校社团、学生会、班级等学生组织。“班里经常要批量复印复习资料，我就在班群里推广业务，打印了配送给大家。班上人人都要的资料，我就跟学习委员协商，用班费结算。”三四个月下来，积攒了1100元钱，这也成了冯世杰创业的“第一桶金”。冯世杰关注班级复印动态，创业的同时为班级做出了贡献。但是黑白打印的收入非常低，一个月也赚不了几百元。后来，冯世杰慢慢发现，商机更多地集中在彩印、拼版上，特别是批量打印。即使批量打印的单价相比单张的价格更低，但是总利润还是较为可观的。

于是，冯世杰开始背着书包到处寻找合适的厂家开拓业务。那个时候没有私人交通工具，他每次去厂家拿货，来回路途都要花两个多小时，非常奔波。而且当时只有冯世杰一个人，每天如同搬运工般运货，回学校后还要爬楼梯搬回宿舍。“在宿舍创业非常不方便，一箱资料80斤重，我的宿舍在七楼，没电梯，我每天搬上搬下寄快递，干的都是体力活。”一个人同时干着多个人的工作，体力脑力上的巨大消耗让冯世杰感到身心俱疲，压力重重。

虽然每天的重担压得他快喘不过气儿，但坚持付出总能获得回报。渐渐地，冯世杰开始谋划着为规模经营创造条件。之前积攒下来的1100元，刚好可以租下大学城附近一室一厅的自建房。这间小房子也就成为冯世杰创业项目的首个落脚点，成为他创业梦想的摇篮，后来还用作了员工宿舍。与此同时，冯世杰也没有放弃学校里的业务来源。作为社团骨干，他发现学校电子商务协会经常搞活动，物料需求大，就索性把社团彩色印刷业务承接下来自己做。冯世杰就这样一点一滴地积累经验与业务。

此外，冯世杰也逐渐获得了一些同行的帮助与支持。冯世杰回忆刚与印刷厂的相关人员接触时，他们也会用好奇的眼光看他。但是经过一段时间的交流与沟通，厂家表示理解与支持，相关的业务员也会提供一些帮助。跑业务渐渐变得顺利，业务量也有所增长。

新航向——“互联网 + 印刷”

关于怎么想到进入“互联网+印刷”这一行业的问题，冯世杰回忆，在他高考的时候，国内的电子商务还不完善，没有如今的微信、外卖、打车等网络软件，很多人需要印刷时都是在线下寻找一些广告公司、快印店等现场打印，大批量的客户也许会寻找一些工厂进行印刷。在黑白打印业务开张的那段时间里，冯世杰意识到这样的经营利润微薄，工作效率也十分低下。随着互联网和移动网络的飞速发展，电商平台在近几年如同雨后春笋般快速发展，这给冯世杰的创业项目带来了启发。他萌生了把自己的专业——电子商务结合到创业项目当中的想法，并意识到这可能会给整个印刷行业带来变革。于是，在充分思考之后，他做出了一个决定：要做就做更大批量的印刷，而且必须跟电子商务结合起来。短短的几个月时间，冯世杰几乎一个人跑遍了广州半数的大型印刷厂、喷绘厂并进行了实地调研分析，对“互联网+印刷”做了可行性分析。后来他还带领他的创业团队到深圳、香港、上海、杭州、义乌等地进一步调研，并开始洽谈合作。这些前期的积累给后来创办随身印网上印刷商城奠定了扎实的基础。

冯世杰与他的小伙伴希望用一种新型互联网的方式对传统印刷做出改变。经过长达半年的开发，随身印网上印刷商城应运而生。大三下学期，冯世杰注册成为个体户，大四注册成立广州幻觉电子商务有限公司。这时候，同学们纷纷开始找工作，冯世杰却琢磨着怎么用互联网电商概念改革传统打印运营模式。幸运的是，他们的创业项目得到了学校的肯定，获得了资金和政策方面的扶持。这对于一穷二白的他们来说，无疑是雪中送炭。随身印创业项目借力“互联网+”的契机，实现了印刷资源的优化整合，提高了合版印刷的效率，特别是利用电子商务模式突破了传统商业时间、空间的限制。2014年全年销售额突破300万元，这对于一个大学生创业公司来说实属不易。在新媒体对传统印刷行业冲击较大的背景下，“随身印”销售额不降反升，给行业带来了全新的商机。

进入随身印网站，左侧可见详尽的产品分类，宣传单折页、海报招贴、KT展板等一应俱全。“产品并无特别之处，我们设计了B2C按需定制、在线图文传输、自助下单、物流配送的全流程。”冯世杰认为，人工沟通很难达到标准化，线上定制清晰明了，建立一个线上自助平台，大大节省了成本。从一开始，冯世杰就明确了要走B2C道路，他认为这是适合时代发展的正确道路。

冯世杰认为，大学生进入印刷行业发展，最重要的是体现一个核心——服务，充分发挥自身的综合素质与文化感染，提升印刷行业的服务水平与专业技能。过去印刷行业的服务水平参差不齐，很多从业人员都没有接受较为正规的学历教育。因此，以严格的服务标准约束自己是冯世杰一直以来的目标，并贯彻始终。随身印公司会对顾客做出送货期限的承诺，如今天下单，明天一定出货。如果是在校学生下单，公司会直接送货上门；如果是在广州市区，且客户愿意给予送货费用，也会进行配送；而对省外的客户则会承诺今天下单，明天之内一定会发货。

冯世杰虽然个子不高，但是从他的言行举止可以感受到管理者的领导风范、灵活的思维以及敏锐的商机洞察力。拥有独特眼光的冯世杰很快找到了一条正确的创业之路。他找来计算机专业的学生研究网站开发。在合作厂家方面，在生产力密集的珠三角地区根本不愁找不到厂家。2014年，随身印项目很快就和番禺石碁一间印刷厂达成合作关系。“一台印刷设备要600多万，大学生创业，根本玩不起重资产。而开公司最核心就是业务，所以我们希望用互联网整合供应商资源。”冯世杰目前考虑最多的就是，在北京、四川等地铺开业务网点。虽然目前随身印的团队成员不到20个，且平均年龄不到23岁，但冯世杰坚信这支队伍能够走向全国，甚至是走向全世界。因为，他们每个人都是精英，虽然年轻，却帮创业项目度过了一次又一次的难关。

事业竟成——“家”的力量

“我创业三年都没离开大学城，为什么？”冯世杰列出了广州大学城的若干优势：相对低廉的租金、发达的快递业、丰富的客户资源和人力资源等。在创业初期资金短缺时，在大学城起步是最好不过的选择。眼光精准的冯世杰发现校园的市场空间还是具有较大的开发潜力。

在“大众创业、万众创新”的带动下，冯世杰团队是华南理工大学涌现出的创新创业的典型代表。“双创”之花正在各高校绚丽绽放。在华工，包括国家重点实验室在内的所有科研基地都对本科生开放，近400个校外实习和创新实践基地、校企联合实验室永远为学生敞开。冯世杰也受到了母校的关怀，得到了许多帮助。

冯世杰的创业项目“随身印”入选了教育部“2012年度国家级大学生创新创业训练计划”，获得5万元奖励；同时被广东省人社厅评定为“广东省高校毕业生优秀创业项目”，又获得了10万元资助。可以说，冯世杰的背后不仅有来自公司团队的支持，还有来自母校的庇护与帮助。“母校不仅给创业大学生资金上的支持，而且还会提供免费的场地支持。”冯世杰回忆道。自己的创业项目最不能离开大学城的理由是，这里不仅是他梦想开始的地方，更会是他梦想延续的地方。

冯世杰可以算是广东省内第一个享受到“免税8000元”政策的创业者。闲暇之余，冯世杰喜欢研读各种创业相关政策。有一次，看到一则政策通知：“对持《就业失业登记证》人员从事个体经营的，在三年内按每户每年8000元为限额依次扣减其当年实际应缴纳的营业税、城市维护建设税、教育费附加、地方教育附加和个人所得税。”于是，冯世杰马上向相关部门递交了申请。工作人员反馈说这个创业扶持政策出台以来一直无人问津，冯世杰是全省第一个领取大学生自主创业证，发现并享受该政策的创业者。在他申请之后，这个政策才逐渐被其他大学生创业者知晓。冯世杰打趣道：“真正的好东西，只有在别人享受它之后才会告诉你。”每次回到学校开讲座，他总是鼓励正在创业的师弟师妹要有钻研精神，要善于利用各种创业政策让自己的创业之路更加通畅。

四年前他靠着399元买的一台佳能打印机，从华南理工大学的学生宿舍起步，走到他创始的随身印网上印刷商城项目探索“互联网+印刷”模式，做到了五六百万元营业额的地步。冯世杰一路披荆斩棘，可谓创业成功人士。

江山易攻难守——瓶颈

市场的恶性竞争明显，客户的需求常常发生变化，冯世杰为此一直在寻求正确的应对方法。

电商印刷的市场比较混乱，存在恶性竞争的情况。一些厂家降低产品价格以期提高产品的市场竞争力，但价格的降低必然会在产品的品质、服务、货期等方面做出一些舍弃，比如纸张出现“缩水”等产品质量问题。冯世杰逐渐发现，并非所有的客户都只看重产品的价格。市场上还存在着很多优质客户，他们对产品的质量以及服务的要求较高，低价格并不能很好地吸引他们的注意。随着生活水平的提高，一些客户不会再把价格作为选择的第一因素，而是更多地要求厂家把产品质量与服务做到极致。冯世杰意识到，未来的目标是要进一步开拓这类优质客户，而不是随波逐流，用低廉的价格来获得市场份额。

开拓市场，寻求合作，在企业发展道路中是必不可少的一部分。冯世杰寻求八戒印刷作为合作伙伴，力求优势互补。他认为可以把八戒印刷定义为“随身印”在广州大学城这一区域的合作伙伴。因为在这个行情低迷的市场上，对于印刷行业来说，配送的成本相对较高，特别是单独配送给每一位客户的话，很容易亏本。因此，在大学城这个区域里，“随身印”的角色便是帮助八戒印刷完成最后一公里配送。

相比于其他印刷厂的产品单一，八戒印刷的优势是产品类型非常丰富。一般来说，客户都希望能在同一个平台一次性下单自己所需的全部印刷材料，并享受实惠价格。而八戒印刷这种方便、快捷、性价比高的电商平台就非常受客户青睐。与八戒印刷进行合作，“随身印”可以实现优势互补，并获得更多客源。而八戒印刷可以借助“随身印”解决在大学城的最后一公里配送问题。

不走寻常路

美特斯邦威的广告词“不走寻常路”是冯世杰的座右铭。他认为读大学时一定要做自己喜欢的事情，并通过实际行动体现出自己对社会应有的价值。与其他创业者一样，冯世杰有着一颗创业创新之心，但是一路走来却经历了不少困难。

万事开头难。刚起步的时候，只有冯世杰一个人，接单、打包、送货等重活都要亲力亲为。这个过程非常锻炼人的综合能力，除了每天忙里忙外的体力活，还要抓紧一切可能的机会学习新知识。在这三四年里，冯世杰学会了使用Al、PS、CDR等多种设计软件，还慢慢摸索出包括报税、申请发票、快递谈判、物流配送、整合资源等各种技能。最后一公里的配送经历了多种交通工具的变迁：最开始是冯世杰踩着自行车送货，后来随着业务的增长，自行车的送货量适应不了公司的发展，冯世杰就和合伙人合资购买了一台二手比亚迪F0，积累了一定的资金后，又购买了一台面包车。就这样，“随身印”项目不仅包揽了华工校园内部的订单，还逐步与大学城及周边的图文店开展合作，利用同行供货的形式，帮助印刷厂完成最后一公里的配送。

最深刻的创业困难是什么？冯世杰认为在创业的过程中团队的组建是比较困难的，也就是选择理想的合伙人。“每一个创业者都要有一个属于自己的创业团队，也就是找到志同道合的合伙人。双方必须相互欣赏、相互理解，并且要有默契，学会磨合，一起成长。当创业遇到困难、意见出现分歧时，这点显得尤为重要。”冯世杰至今仍有清晰的印象，当时只有一个同学愿意加入他的团队。“我给他开出的工资是每月1000元，”冯世杰略显无奈地说，“不过他毫不犹豫地答应了。”

白手起家无惧险阻

回忆往事，冯世杰自豪地说：“我创业，虽然艰难，但是没花家里一分钱。”创业起步时面临资金短缺、生活艰苦的困境，他始终坚信自己能在这个风起云涌的时代闯出自己的天地。因着这股不服输的毅力，他从不开口向家里要求经济支援。他认为一个人在抱怨各种客观条件之前，首先要考虑的是自己是否做出了足够的努力。因为只有通过不懈的努力才有成功的希望，才能得到别人的欣赏，才有人愿意跟随你，帮助你一起实现目标。冯世杰正是凭借这股劲，不断奋发，终于挺过了资金短缺的难关。

歌德说，善于捕捉机会者为俊杰。作为新一代大学生创业者的冯世杰，抓住了创业机遇，并不断积累经验逐渐发展。可以说，冯世杰是当代大学生创业的榜样。从0到1，这个过程是艰巨的，但又是充满希望的。梦想的道路上布满荆棘，创业的道路上崎岖坎坷。一步一个脚印，逐一解决难题，朝着成功的道路不断迈进，这才是人生的意义所在。

林　权›››

“狼性”拼搏，铸就梦想蓝图

——广州市美旅信息科技有限公司总经理林权

比尔·盖茨的故事可以说世人皆知。许多人仰慕他的名号，羡慕他的成功，但大多只是把他的奋斗历程当作一段与己无关的传记故事，或是过了时的心灵鸡汤，赞叹之后，继续过自己庸碌无为的生活。但是广州市美旅信息科技有限公司CEO林权不同。小学时代的他在阅读了比尔·盖茨的传记后，不仅备受鼓舞，而且产生了“我也想要成为这样的人”的坚定想法，并在长大之后，把这种想法付诸了实践。或许就在那时，林权的心中就已经埋下了一颗名为“创业”的种子。而这颗种子，也注定会随着他的不断拼搏与不懈努力，生根，发芽，最终成长为参天大树。

做自己感兴趣的事情，是幸福的。林权就是个非常幸福的人。作为旅游爱好者，怀揣创业梦想的他，将爱好融入创业之中，不断尝试、不断冒险、不断拼搏，最终打造出了美旅旅行这一优秀的企业品牌。

作为一名出色的创业人，林权的故事处处可以看出他的“狼性”拼搏，还有他不怕输、不服输的创业精神。像其他人一样，他也曾迷茫，也曾受挫，但对于他而言，一旦开始了创业，就意味着坚持与付出。不断学习，不断成长，不懈坚持，使林权从青涩的大学生成长为优秀的创业人、优秀的企业管理者，也让广州市美旅信息科技有限公司——这个倾注了他全部心血的公司，迎来了当下的腾飞。

广州市美旅信息科技有限公司，品牌名称“美旅旅行”和“学子游”，基于C2B+O2O的模式，致力于打造以青年人为目标人群，以定制出游和主题活动为业务主导的青年旅行品牌——“美旅旅行”和“学子游”。2017年4月，美旅旅行正式获得数百万的Pre-A轮融资，估值三千多万。

不断尝试，为腾飞蓄力

正所谓“不积跬步，无以成千里”，所有成功的背后都有无数次失败的尝试。对于林权来说也是如此。早早就树立了创业理想的林权比同龄人更加有目标、有远见。从大一开始，他就在这个被视为“象牙塔”的地方，开始了他创业的尝试。

缺乏经验，拉不下脸做推销，创业的道路上少不了这样难缠的“拦路虎”。林权却有着不怕困难、不怕挫折的“狼性”精神——一旦盯上了“猎物”，就会拼尽全力，直至功成而归。“创业”一直是林权眼中的“猎物”，在捕获猎物的过程中，林权不怕输、不服输。刚刚大一的林权在大学城商业街“嗅”到了商机。他发现晚上有很多情侣会在那里逛街，而且一般都会购物。他马上就有了卖情侣饰品的想法。他说服朋友共同集资，开始贩卖情侣饰品。就这样林权开始了自己的创业初体验——摆地摊。创业之初，常常遭到质疑和轻视，但林权还是顶住压力，咬牙坚持。尽管最后并没有盈利，但林权说，这个“第一次”的尝试，教会了他如何放低自己的姿态，如何去推销、推广自己的产品。这样青涩的经历在林权后面的创业、打拼过程中发挥出了超乎想象的能量。

大二开始，林权在一名中山大学毕业的师兄的带领下，成为了旅游代理。这时他有了之前摆地摊所积累下的“厚脸皮”与推广产品的经验，再加上个人的不懈努力，他的业绩非常突出，甚至超越了公司里的一些全职市场人员。这一段经历也给林权带来了自己人生的第一桶金，并让他得到了这位师兄的赏识。在那位师兄的游说之下，林权加入了他的创业团队正式开始了一段“创业之旅”。林权在这个团队中主要负责的，正是他擅长的市场推广。尽管这个创业项目最后因为资金缺乏、团队方向

美旅团队

不明确等问题以失败告终，但林权还是从中获得了不少的创业和推广经验。这也为他后来自主创业之路打下了坚实的基础。人生的成败与机遇总是环环相扣，摆摊的经验为林权带来了出色的业绩表现，而出众的业绩则为他带来了加入创业团队的机会。同样的，在创业团队中的历练，也将为林权的未来发展持续助力。

大三对于所有的大学生而言都是一道重要的分水岭，同学们都面临各种发展的选择：继续深造、出国留学、求职就业或自主创业……来到大三下学期的林权同样站在了人生的岔路口前，这时的他已经离开了先前的创业团队。接下来究竟是自主创业，还是加入其他创业团队，还是踏踏实实地找一份稳定的工作？林权陷入了沉思与迷茫之中。但也正如林权自己所说，他所信奉的是“狼性拼搏”的精神，这也就意味着他注定要走上一条不同寻常的拼搏之路。终于，经过一周的斟酌考量，有旅游资源与创业经验的林权，选择为自己的创业梦想放手一搏。于是，“学子游”这个项目便应运而生。这个最初只有六七人的团队，有着远大的抱负与长远的眼光，他们把目标瞄准大学生社交旅游这个广阔的市场。创业初期难免遭遇艰辛挫折，但林权把他的“狼性”注入了整个团体，全员合力，奋力拼搏，强势出击。就这样，学子游团队开始了他们艰难却充满热血的成长之旅。

跌跌撞撞一路走来，林权的创业梦由虚无缥缈的想象，变成了有所依托的实体。而“学子游”这三个字，也象征着他的创业之路从此走上了正轨。前方也将会有更多的挑战、更多的机遇在等待着他们。

雏形诞生，蓬勃生长

经过详细的研究，林权的团队发现，国内大学生旅游市场可以说还是一块“处女地”——拥有200亿的市场规模，却还没出现企业一家独大的现象，充满了无限的可能性。这样的市场环境让林权对于创业项目的前景充满了憧憬与希望。当初选择这样的创业方向，就是因为林权的团队成员大多都在校园推广和旅游代理推广方面有充足的经验。以大学生群体为公司顾客，采用当下时兴的O2O模式，通过组织班级出游和主题活动来开展旅游业务，对于林权的团队来说可谓是“如鱼得水”。再加上这样开阔的市场环境，可以说是处处都充满生机和希望！

然而，事情并不尽如人意。离开了校园的林权和他的伙伴们很快就体会到了创业的艰辛与不易。大学时代的他们有很多自由支配的时间，但是全身心投入创业的他们却为项目牺牲了所有的私人时间。与理想相比，现实永远是残酷的——淡季发不出工资，联合创始人选择离开，甚至被外包公司欺骗。由于没有自己的技术团队，林权不得不找外包团队制作线上平台。但对方一直拖延工期，最后平台没做出来，6万元的定金也打了水漂。林权说，那时候他们的工资也只有2000块一个月，6万元对于他们来说是很大的一笔资金，当时真是又生气又绝望。但是林权很快从负面的情绪中走了出来，顶住压力，开始为自己的项目另谋出路。他们挖掘专业技术人员，研发建成了自己的线上平台。

“要么干，要么滚蛋。”在林权狼性原则的引导下，他和他的团队一路“打怪升级”。而他们的“升级之路”，也正如林权自己所说，最重要的是持之以恒。没有资金，林权和合伙人就自己不领工资，借钱给员工发工资；顶住压力，扩展新的业务，到处进行路演；外包团队失信，林权他们就想办法挖人才，自己组建技术团队，制作自己的线上平台；团队合伙创始人选择离开团队，林权也毫不气馁，接管他们留下的工作，一个人当两个人用。正如林权所说，创业最可贵的不是开始，而是坚持。太多的人怀揣创业梦想，能成功的却寥寥无几，恐怕问题的关键也在于此。最终，有着坚定理想目标的林权和他的团队战胜了种种困难，坚持了下来，逐渐为“学子游”这个项目打开了一片天地。

美旅团队

熬过创业初期的艰难，学子游项目的运行开始慢慢步入了正轨。由于林权从大学开始就一直从事和市场有关的工作，所以最初他所带领的团队都有着强大的“销售基因”。这也成了林权团队的一大特点与优势所在——擅长市场经营，意味着业务发展和现金流能够得到保障。林权说，他是一个开朗的人，但做事风格比较强势，遇到问题虽然会和团队成员商量，但是对于决策，他还是十分强势的。这样的决策方式对于只有20个人的小型团队而言非常适合，能够做到意见一致、试错成本低、效率高，能够及时调整方向。用人方面，林权也在摸索中总结了一套标准：道德素质、价值观、专业知识能力与学习态度缺一不可。亲自主持招聘选人，是林权的一个习惯。他坚信只有严格把控，遵循他的这套标准，才能选拔人才，实现公司的稳定发展。

林权的团队在他的管理之下，呈现出欣欣向荣的发展气象。而学子游项目，也即将迎来一次难得的发展机遇。

借助平台，实现飞跃

2015年对于林权和他的团队而言是非常重要的一年。这一年，他们通过华南师范大学的推荐，参加了第四届“赢在广州”创业大赛。当时林权的公司正急切地寻求融资，同时也急需宣传推广。所以当他们知道自己有资格参与这个集结了全省优秀大学生创业项目和知名投资人的比赛时，林权及团队成员都感到无比兴奋。或许正是印证了“精诚所至，金石为开”这句老话，林权和他的团队一直以来的艰辛付出为他们赢来了评委的青睐，也从中得到了很多专业指导。更重要的是，他们的项目也获得了大批投资人的关注。在比赛结束还不到一个月的时间里，他们就收获了百万元级的天使轮投资。这笔资金的注入也给整个创业项目带来了源源动力。

把握机遇，是能否创业成功的重要因素。林权对此感受颇深。2015年的“五四”青年节，林权非常幸运地在创业分享会上与中央政治局委员、广东省委书记胡春华同志交流自己的创业项目。那时胡春华书记正好来林权的母校华南师范大学考察，其中一个环节是参观学校的创业基地。现场有5支学生创业团队，林权也在其中，位置排得相对靠后。林权本以为位置不好，很难轮到自己发言。但令他又惊又喜的是，胡春华书记在和第一支团队聊完之后，直接来到林权团队的面前，和他们交流了起来。更意外的是，胡春华书记对于大学生旅游，特别是游学这一板块非常感兴趣，不仅询问了林权的创业项目及相关情况，还提出了不少宝贵建议和看法。林权也借此良机，与胡春华书记一起探讨了大学生旅游市场的前景。这次的交谈给林权留下了极为深刻的印象，他至今还把胡春华书记当时的建议牢记在心。尽管现在还达不到那样的高度，但是他一直以此为目标，奋力向前。这次的谈话给林权的创业注入了新的能量，也使得林权团队的项目得到了曝光。他们也以此为契机，接触到了不少创业导师，认识了他们项目后来的投资人。和胡春华书记的这次交谈，对于林权他们而言，是全新的机遇，也是腾飞的踏板。

美旅团队2016年在成都参加“创青春”创业大赛

“大众创业、万众创新”，在这样的政策的鼓舞之下，可以说是迎来了创业的“黄金时代”，各种各样的机遇纷至沓来。各级政府对于大学生的创业项目都大力支持，吸引了不少有着创业梦想的大学生。对此，林权的看法是：“对于大学生创业，我认为要遵循自己内心的真正想法。创业和就业其实都是一样的，都是一种人生职业的选择，并没有高低贵贱之分，所以一定要以平常心去对待。要尊重自己的梦想，根据自己的能力和性格去做决定。如果有想法，同时又有能力和心理准备去承受创业失败的后果，那就勇敢去做。在创业的道路上不断学习和积累，即使项目最后失败了，但我们的人生也是成功的。如果不是真心想创业，更不想承受创业失败的痛苦和经济压力，那就好好找份适合自己的工作，在工作中保证创业的心态，也一样可以创造属于自己的辉煌！”的确，热爱与否很关键，适不适合、能否坚持、有无抗压能力对于创业来说也同样重要。经历了创业艰辛的林权，深知创业的不易，也深深体会到了梦想与现实的差距，但他也用自己的行动向所有人证明了自己的决心，展示了自己的实力！

展望未来，信心满满

2016年起，学子游项目正式升级改名为“美旅旅行”。林权和他的团队不再将顾客局限于学生这一特定群体，他们的目标扩大到16～26岁的年轻人。新的改变也意味着新的挑战，但经历了创业初期的煎熬的林权对未来非常有信心。他们用短短几年的时间，把摇篮中的学子游项目培养成了以“三下乡”“漂流节”“十一徒步活动”为代表的金牌旅游项目中的人气项目，并灵活运用校园代理等时兴模式，举办线上线下活动，建立用户管理系统……这些举措在旅游行业都是富有竞争力的。林权和他的团队也从艰难摸索的新手，成长为了经验丰富的创业者。

不可否认的是，当今的旅游市场竞争非常激烈。而林权对于市场竞争也有自己独到的见解——有竞争才有市场。为了增强核心竞争力，林权在公司定下了一条不成文的规定：要求员工24小时开机，及时解决客户的问题，满足客户的要求。因为对他而言，团队的素质是影响竞争力的关键因素。同时，团队自主研发的监督管理系统也为林权的团队增加了底气。细节之处见真章。正是因为对细节的把控，林权才有信心做到先生存再竞争，成为广州地区的领头羊，再向武汉、北京等城市扩展。认真负责的态度，也是美旅旅行发展的关键所在。作为服务行业，顾客的满意是公司持续稳定发展的重要保障。美旅旅行一直保持着非常低的投诉率。至今只有十来起投诉，而且大多是对于塞车、下雨等不可控因素的抱怨。林权始终要求员工对于顾客的投诉要保持正确的态度，遇到问题一定要耐心解决。遇到要退钱的情况，几千元以内的业务可以由一线业务员自行决定处理。这样负责的态度及高效的工作模式，为美旅的发展打下了稳定的根基，也为林权增加了继续前行的底气。时至今日，美旅旅行依然在向更高的目标攀登：将“美旅”做成品牌，成为青年旅游业的NO.1，三年之内成为全国性的公司，五年之内上市并收购一些旅游企业。路漫漫其修远兮，美旅旅行还有很长的路要走。

谈到对于成功的定义，林权认为企业的成功就是创造社会价值，让员工安居乐业，自己也能实现理想与抱负。作为创业的过来人，林权对后来者提出一些建议："首先，不要轻易选择创业。创业的过程很艰辛，在你的身后有很多的追随者要依靠你去生活。其次，要学会坚持。不要轻言放弃，这不仅是创业者必须坚持的信念，更是个人意志品质的表现。再其次，要善于学习。在创业初期，你必须要身兼数职，成天面对很多你不熟悉的业务，而这些业务通过自身努力都能够习得。再次，要适应孤独。创业需要面对巨大的压力，只有学会释放压力，才能坚持下去。最后，踏踏实实做事，不浮夸，不浮躁。现在人人都想创业，但真正能够成功的，只有为人低调、踏实做事的人。"

当然，林权的未来还充满了各种不确定性。或许恰恰是因为有不确定性的存在，人生才会有如此非凡的意义。无论前方还有怎样的困难与挑战，有理想、有目标、有付出的林权一定能凭借"狼性"拼搏的精神，带领着美旅旅行，走到更远的地方，收获更大的成功！

锲而不舍，圆梦创客

——中山创客空间电子科技有限公司创始人梁智丹

<<< 梁智丹

放弃，只需一念之间；而永不放弃，则需要坚定的信念！面对困难时，选择前者的人是大多数，使自己成为普通而没有棱角的人，而有些人却坚定而倔强地选择后者。中山创客空间电子科技有限公司创始人——梁智丹就选择了后者。

中山创客空间电子科技有限公司致力于打造一个科技+文化的创客服务平台，服务创客由创意到产品，再到品牌形象的建立及推广。中山创客空间的平台会员可在平台上发布分享创意或文章，发布活动，参与活动。创客会员可以通过参与创客项目获得丰厚酬金，企业用户可以根据需求采购平台的企业服务项目。

工作中萌生创业念头

梁智丹，2008年毕业于广东海洋大学，曾就职于世界500强纬创集团（Wistron）的研发中心。纬创集团专注于信息与通信产品，包括笔记本电脑、桌上型电脑系统、服务器和储存设备、信息设备、网络以及通信产品。纬创为客户提供ICT产品设计、生产及服务的全方位支持。梁智丹主要负责DELL服务器的硬件研发设计工作。由于这项工作需要了解产品从设计到量产的全过程，梁智丹在工作中几乎参与了对接客户需求、

团队风采

了解新产品定位、产品设计开发、工厂量产等每个环节，这也使他逐渐了解了一个企业的日常运转及一个企业运转需具备哪些基本要素。时间一长，他慢慢地产生了自己创业的念头。

聚沙成塔，集腋成裘。梁智丹勤于学习、善于思考、善于发现、勤于积累，这使得他对新鲜事物具有较强的敏锐性，时常会有很多灵感闪现，产生很多新颖的想法，而内心也一直希望这些想法能够实现并且创造价值。光想不做只会一事无成，所以他利用业余时间坚持学习企业经营管理、团队建设等方面的知识，并把这部分的知识对应到自己就职的企业中，留心观察企业不同层次的员工的工作状态，不断吸取其他管理人员管理团队的经验，丰富自己在管理方面的知识储备。他渴望通过创业这种方式，把自己的灵感付诸实践、产生价值。但创业并不是一件随随便便的事，失败的案例不胜枚举，特别是当前市场竞争日益激烈，创业风险越来越大。梁智丹还是听从内心的声音，选择了这条高挑战、高风险的创业之路。

机遇往往垂青于有准备的人。恰逢国家号召“大众创业、万众创新”，梁智丹结合自身情况，通过思考分析，毅然而然地于2014年11月创立中山创客公司并组建了团队，一步步着手实现自己的创业之梦。

团结协作明确方向

同其心，一其力，勇者不得独进，怯者不得独退。止如丘山，发如风雨，如此则战无不胜。显然，一滴水只有放进大海里才永远不会干涸，一个人只有当他把自己和集体事业融合在一起的时候才最有力量。团队合作无比重要。梁智丹十分清楚这一点，所以在公司筹备的阶段，他就开始寻找合伙人。创业之初，团队需要技术合伙人、设计合伙人以及运营合伙人，因此，他在身边的朋友和一起工作过的同事中寻找需要的

参加“赢在广州”创业大赛

伙伴。很多人听了他的项目计划后都表达了强烈的参与意愿，梁智丹也因自己的理念和想法被大家认同感到十分欣慰。梁智丹认为，打造一个价值观一致、相互信任和支持、能够同甘共苦的团队是创业最重要的基础。秉承这一原则，梁智丹致力于寻找更多志同道合的创业伙伴加入，在企业不断发展壮大的过程中，逐步完善了团队人员配置。

梁智丹带领团队于2014年11月创办中山创客空间，并于2015年3月成立中山创客空间电子科技有限公司。经过团队反复研究讨论，公司以“帮助创客实现创新想法”为使命，为创客提供创意—产品—品牌形象的全流程服务，是一个提供创业项目、打造新品牌、帮助创业者追梦的平台。目前，创客空间聚集了一批有创造力的创客，搭建线上线下开放式创新社区平台，帮助创客实现创意和交流。2017年5月20日，公司改版上线了创客平台v3.0.1版（www.zsmakerspace.com）。改版后的平台更加优化，创客会员可以发布分享文章、创意、活动，也可以参与平台发起的创客项目赢取高额的项目酬金。平台还积极对接中山市各镇区产业，为传统实体企业提供一站式企业服务。同时，创客空间提供VR虚拟现实技术内容开发制作服务，并设立了子公司——中山不止文化传播有限公司，从事文化产业。从创办创客空间，到成立公司，到创立品牌，再到上线社区平台，从整个过程可以看出，中山创客一路走来都有十分清晰明确的发展方向。这与领头人梁智丹在创业初期就明确了企业发展方向、制定了清晰的企业发展计划是密不可分的。梁智丹也说，选择在这个领域创业并发展，致力于将企业打造成为一家平台型企业，是因为在国家“大众创业、万众创新”的号召以及共享经济发展的驱动下，创客群体会越来越多，创客平台的建立能够吸纳更多技术型创客，为他们提供一个实现新想法、开发新技术的平台，具有非常广阔的市场前景。

度过严寒迎接春天

不能打败自己的必将使自己更加强大，艰难险阻考验着每一个有志者，唯有不畏困难者，方能实现自己的目标。梁智丹也和大众创业者一样碰到许多磨难。他说道，作为一家创业公司的领头人，每天都有很多新状况需要处理，每天都要见不同的人，慢慢地要学会辨识真伪，学会积极面对困境。由于经济下行的大环境，投资人及投资公司对初创项目都相对谨慎，没有任何外界投资的初创项目可以说是举步维艰。创业初期资金是梁智丹倾其所有投入的，但是力量单薄，公司刚起步就面临资金周转的困难，最难的时候连工资都发不出，只能靠面包和方便面填饱肚子，还需要求助于亲戚朋友借钱周转。

除了资金问题，还有团队管理的问题。公司成立初期，团队就有十来个人。由于经验缺乏，梁智丹也面临着不知道怎么管理、不知道怎么推动项目的情况，这也导致了团队内部出现了各种各样的问题，例如订单的丢失、项目推进不理想等。除了资金和管理，他们也遇到技术方面的问题。在建立平台的过程中，他们的核心人员需要构思平台的整个架构，并跟技术团队沟通想法，但由于各人对平台理解的不一致，导致出来的技术方案不够理想，只能反复修改、不断完善。当然，团队也在这些反复磨炼的过程中快速成长起来。

梁智丹印象最深的是盈利问题。一开始盈利模式并不那么明确，一直处在投入亏损状态。此时，国家号召“大众创业、万众创新”，对各类创业者提供了很多政策支持，全社会创业氛围日渐浓厚。这为创客空间提供了极大的发展机遇。在熬过创业前期的迷茫期之后，创客空间逐渐找到盈利模式，平台集聚的创客也越来越多，有很多非常优质的项目逐渐培养了起来。梁智丹说道：“时机在任何时候都是重要的，一个团队的发展，最关键的因素是发现时机并且抓住时机。当然，把握机遇不等于成功，其只是事业的第一步，把事业做强做大还要朝着正确方向坚持不懈地努力。”

尽管创业之初历经各种磨难，但梁智丹带领的创客团队没有丧失发展信心，总是能够积极应对各种困难和挑战，把工作一步一步做好，始终保持着一份笃定和执着。回首过去，梁智丹最大的感悟就是要坚守初心，踏实做事，只有坚信方向是正确的，才能坚定信念，调动团队一切力量，千方百计克服困难，让整个团队团结起来，共同进退，坚守责任。

个人在集体中升华

梁智丹是个充满正能量和充满激情的人。他非常热爱工作，积极肯干，敢于冒险，把工作当作生命中重要的组成部分，不可或缺。他还是一个非常执着的人，只要认定正确的事情，他一定会矢志不渝。因为执着地坚持，他带领公司走出了困境；因为积极肯干，他带领公司赢得了客户的信任，赢得了口碑；因为敢于冒险，他带领小团队勇攀高峰、开拓进取，一步步发展成现在拥有网络订单平台，拥有完善的成员架构，拥有无限发展前景的公司。创客空间从2017年5月20日平台改版上线至今，订单已达300多万元，开展的项目例如招募金额达3万元的“火星特工装备锻造”已经完成，“高颜值沐浴净水器”“航空周边设计”也经过招募阶段，目前处于实施阶段。创客空间近期还筹备在中山市服装产业聚集地沙溪镇和灯饰产业聚集地古镇镇洽谈设立基地。梁智丹坦言，公司终于慢慢步入正轨了。

创业的成败与领头人的理想抱负、个人性格、领导素质和领导能力密不可分。作为团队的领头人，梁智丹在工作中始终坚持以下原则：第一，作为团队的领头人，需要带领大家建立共同的目标，形成强烈的团队意识，并把目标详细分配下去，从而得到员工的认同，成为他们的动力。第二，作为团队的领头人，强大的执行力以及和谐的沟通渠道是十分重要的，要避免团队合作中出现的冲突，就必须沟通，通过沟通协调个人利益和团队利益，从而让成员更好地理解团队的共同目标。

中山创客技术交流沙龙

第三，作为团队的领头人，培养员工们的竞争意识，提高团队成员的责任感非常重要。梁智丹说，如果一个团队内部没有竞争，在开始的时候，团队成员也许会凭着一股激情努力工作，但时间一长，他发现无论是干多干少，干好干坏，结果都一样，那么热情就会减退。因此，要建立健全公司的激励制度，根据个人特长合理分配工作岗位，充分调动团队成员潜在的能力和素质，从而更好地发展团队。

比赛中收获创业“真经”

“赢在广州”比赛是华南地区最重要的创业大赛之一，梁智丹带领创业团队参加了2016年“赢在广州”赛事。他是广东海洋大学毕业五年内的学生，因此与学校指导老师沟通后，代表母校参加“赢在广州”企业组的赛事，并顺利进入前20强。参加比赛之后，梁智丹收获很多。通过听取专家的点评，他认识到自身的不足，也认识到团队的重要性、专利的重要性。因此，在一番深刻反思之后，他修正了公司的发展规划，大力发展公司的核心技术，大力推动公司的凝聚力建设，使公司更好更快地建立自身的商业模式，在发展中改革，在改革中发展。

此外，在比赛过程中，梁智丹接触到了很多创业的同道中人。他们之间共同的特质就是对梦想的那份坚持与执着。梁智丹说道：“选择很重要，有梦想就要去努力实现它。对每个人来说，都要考虑清楚自己究竟想要怎样的人生，自己的追求是什么，实现自己追求有哪几种途径。例如可以选择在公司就职，也可以选择创业，但我们千万不能忘记自己的梦想，同时也要努力实现它，要有勇气去行动，要相信梦想能成真，然后脚踏实地地前进。”是的，人生中经历最多的就是选择，每件事，每条路，都要选择。而选择可能改变自己的一生，也可能令自己后悔一生。所以当自己面临选择的时候，不要犹豫，跟着感觉走，就算错了也没关系，因为这就是自己想要的答案。

在总结中坚定未来发展方向

成功的人善于从失误中吸取教训，寻找方法，不会在同一个地方失误两次。善于总结经验才能更好地前进。梁智丹总结了自己公司一路以来的经验和教训，反思以往，得出了公司的下一步规划。考虑到公司是以“帮助创客实现创新想法”为使命，为创客提供创意—产品—品牌形象的全过程服务。因此，下一步规划是组织技术人员根据市场需求开发新产品及运作授权的专利产品，打造品牌平台，争取获得全球设计大赛“红点”奖项，证明中山创客的创新创造能力。目前，公司正计划组织创客开发创作带有中山元素的文化艺术产品。此外，公司也正在参与构建中山VR数字城市（www.zsvrcity.com），连接VR+游戏、影视、社交、电商、体育、教育、地产等行业。前期工作主要是采集中山区域的VR素材，基于VR技术把中山城市特色开发成相应的VR场景，通过自建的VR平台展示和体验。梁智丹表示，在对公司做下一步规划的时候，情形是和公司刚刚创立的时候差不多的，都是确定大方向，然后补充小细节，一边发展一边不断修改计划，使得公司可以沿着既定的方向稳健有力地发展下去。

每个人都是独一无二的，每个人的梦想更是唯一的、专属于自己的。虽然会有无数潜在的困难，但每个人都有权利书写自己的梦，通过努力去实现自己的梦想。梁智丹用自己圆梦的故事告诉我们，圆梦路上，我们应无惧困难，只顾风雨兼程！

中山创客空间古镇基地设立签约

是商人，但不仅仅是商人

——广州中昇千阳投资有限公司创始人李苏聪

《《 李苏聪

不抚壮而弃秽兮，何不改乎此度？
乘骐骥以驰骋兮，来吾道夫先路！

1995年出生的李苏聪，常常被合作伙伴猜测已到而立之年。当聊起为什么会选择金融科技作为创业的方向时，他开玩笑地说："中国的金融秩序这么落后，如积贫积弱的患儿。总是要有一些不撞南墙不回头的人站出来，尝试着让这些秩序变得更加完善。"随着访谈的深入，他愈发严肃，将创业的历程娓娓道来。最后，他说道："中昇千阳的今天，不是仅凭我一人之力所能创造的。没有这帮兄弟，也就没有这家企业的现在，更没有现在的我。我信命，但我更相信，一群有共同目标的年轻人，只要下功夫，一定可以做出一些成绩来。"

用实力让情怀落地

出生于北方的李苏聪，一见面就能让人感受到那种骨子里的爽朗。然而深深凹陷的眼窝，又让他看起来不那么像一个正统的北方人。

常言道，子承父业。李苏聪的创业经历与他的家庭也有着一定的联系。李苏聪的父母都是西安交通大学的计算机硕士，这个专业在二三十年

中昇千阳公司 LOGO

前就已经非常吃香。一直以来，他父母都在金融企业负责与IT技术相关的工作。这也使得李苏聪接触金融和程序化交易要比同龄人早很多。李苏聪还在内蒙古读幼儿园时，他的父母就考虑到，小地方会约束孩子的阅历和成长，便下定决心前往改革开放发源地——深圳打拼事业。于是，李苏聪跟着父母，来到深圳读小学。那时父母还没有站稳脚跟，清苦拼搏的日子让他们很少有时间能参与到李苏聪的童年和少年阶段。等事业稳定及家庭环境慢慢变好之后，这样生活状况才得到了改善。年少时的经历让李苏聪明白，资本的厚度在一定程度上决定了自由的广度。这也是他创办企业的初衷之一。“起点不高，没关系，路长着呢。这是一场马拉松，又不是百米冲刺。我做这个事业的原因之一，很直白，我想带着这帮兄弟们一起赚钱，站着赚钱。更重要的是，投资者也能赚钱，这才是堂堂正正的金融。”他毫不避讳地说道。

李苏聪不是一个喜欢讲情怀的老板。他说，“用实力让情怀落地”这句广告语，是他最想告诉身边所有创业者的一句话。如他所言，在中国的金融行业中，二级市场一直存在着多种多样的乱象。二级市场本身是相对自由的产业链环节，各类的金融服务企业多如牛毛，比如资产管理、金融培训、介绍经纪商（IB）等。但是，碍于监管的穿透力度，作为整个产业链中离投资者最近一环的二级市场及衍生服务商们，无时无刻不在面对着违规经营所带来的诱惑。李苏聪相信，每一位金融从业者都希望金融行业能够正本清源，然而这是一个多重博弈的问题。一旦有人违背规则来获取不当利益，其他人是选择同流合污，还是坚守底线？李苏聪举了一个非常专业性的例子，这是他从业以来最难忘的一件事情。

四年前，中昇千阳创始人团队聚集在一起创立了这家公司。过了一两年，客户量慢慢增加，不少投资人从客户变成朋友，也会聊到合作以外的许多事情。其中一位投资人讲了一段当年投资国际货币的交易历史。他说，这个标的在国内还不是非常完善，属于新兴标。很多资产管理公司选择这个标的作为资产配置产品的方向，却错误地引导投资者，导致投资者没有获得合理收益。李苏聪说道，国际货币中，交易标的是每两个主权国家货币之间的货币汇率，这些汇率无时不刻不在波动，也就可以产生价差交易，获得利润。同时，这个市场的全球日均交易量是5.1万亿美元，远远高于A股，存在着很多做市商。国际做市商制度本身无可厚非，为市场提供流动性是一件好事情，只要符合对应国家监管机构的规定，就是合法且合理的。然而做市商制度本身的对赌模式使得交易者和做市商间存在天然的利益冲突，一些被利益蒙蔽了双眼的做市商就会采取不正当方式干预投资者的正常交易，使其产生交易亏损。

“当投资人和我说到这些事情时，我的第一反应是，是不是这位投资人错怪了做市商。后来我花了半年的时间从各种入口来了解这件事情的本质，发现我父亲的确没说错，金融行业藏匿了太多肮脏的事情。普通投资者难以分辨一个金融产品本身是否适合自己，是否是‘黑心资管’，他们也难以做出合理的选择。所以我们想做的很简单，做一股清流，对得起投资者，让更多投资者对这个行业重拾信心，这也是我们创办这个公司的初衷之一。”李苏聪说道。

天下熙熙，皆为利来；天下攘攘，皆为利往。“我们常说的是，从商之道，晓之以情、动之以理、诱之以利，则为我所用。利益是驱使商业运作的本质动力。我只是一个商人，这也无可厚非。但我要做的，是一个真正与我的客户双赢的商人。只有这样，企业才能长存，才称得上符合我们的企业价值观。我们才是‘站着’把钱赚了。”李苏聪坚定地说道。

筚路蓝缕，以启山林

中昇千阳自创立起，经历了一段为时不短的摸爬滚打的日子。创业之初，身边一些金融行业的前辈都劝阻过李苏聪，不应该以二级市场作为创业的切入点。二级市场是相对于一级市场而言的一个概念，例如公司上市，就是一级市场，普通投资者在券商交易股票，则是在二级市场，其他的专业投资者如私募基金、投顾，也多是针对二级市场进行的操作。二级市场的特性就是，永远站在承受风险的第一线。这也使得这个领域创造了许多神话的同时，也造就了更多令人唏嘘的故事。

选择程序化资产管理作为起点，一部分是创始人团队和早期成员的能力禀赋所致，更重要的是——他半开玩笑半自嘲地解释说：“现在的创业都要抓这个风口、那个风口，我比较笨，不太理解这些风口，所以我就选择一个永远不会有风口、永远不会有淡季的行业——金融就是这样一个行业，只要有商业运转，就会产生资金流动，就会出现资产盈余，就会让个人或机构产生一定的资本积累，我们所做的无非是帮助这些人，凭借自身的专业技能来打理这些资本。所以我们这个行业不拼风口，拼的就是最纯粹的技术。”

以这样一个行业作为开始，是一件不容易的事情。李苏聪回忆道，最开始的时候，团队成员都有一些交易经验，却没有完善的交易体系，更何谈将手工交易发展为程序化交易？在技术上从零到一，是发展前期最为困难的事情。幸运的是，得益于前辈们的指点，团队逐渐摸索出自己的一套体系，并不断扩充着各种投研、风控、IT等方向的人才，交易技术与服务体系也就日趋完善了。在早期的摸爬滚打中，公司如风雨中的浮萍一般，总体而言不够稳定：在交易上，出现过难以突破的技术瓶颈；在业务上，也曾难以寻找到所期望的高净值客户；在人才上，也发生过核心人才流失的问题。李苏聪笑着说，那时候真的是天天难过天天过、月月难熬月月熬，创始人们关起门来都唉声叹气的，大家都有些迷茫。

然而，李苏聪相信的是，天道酬勤，士气为重。在早期的探索中，创始人将很大一部分精力放在保持整个团队良好的士气和钻研精神上，这也使得公司能够突破最开始的平台期，进入快速上升阶段。对于以技术为核心的企业，工匠精神和精益求精的理念是非常重要的。创业早期，成员素质良莠不齐，缺乏对交易的钻研精神和工作态度。中昇千阳创始人团队在扁平化管理的同时，采取了导师制度，提倡“每个人既是战斗员也是指挥员”，尽快地让符合企业发展需要的企业文化和价值观深入人心，并体现在日常的研究开发与工作上。李苏聪说道：“很多商业案例中讲到，企业越大，企业文化越重要。然而我觉得越早确立正确的企业文化，企业也就能越早做大。这是个归因的问题，没有对错，只有是否适合。”

筚路蓝缕，以启山林。在创业早期阶段，高涨的士气与刻苦钻研的精神是让成员们上下一心的关键。李苏聪强调，目前公司处于快速上升期，依然不能抛弃早期的吃苦精神。年轻人心浮气躁在所难免，要利用企业文化和工作氛围将每一个人的性子磨平，团队才能走得稳、走得远。

专注，坚持——成就事业的基石

聊到中昇千阳的发展现状，李苏聪拿出了公司的许多历史资料来讲述今天的成果。如今，中昇千阳业务范围囊括了国际货币对国内期货和股票的程序化资产管理与配置、程序化交易投顾等业务，拥有延伸于各个行业的个人客户圈以及机构客户群体。目前，公司完成了技术体系的搭建和完善，并建立了策略池模式，以“多策略并发管理”来进行程序化金融交易，其交易效率和胜率以及各项风险指标都获得了优于市场平均水平的成绩。对于未来发展，李苏聪强调，目前公司的技术储备已经完成，未来将上线更多的标的，比如国际期货这一类正在被中国投资者所逐步接受的种类。更加完善的投资标的和服务体系，将使得中昇千阳更好地针对风险耐受性差异化的客户进行定制化的金融服务。在整个行业都在野蛮生长的阶段，拥有技术就拥有话语权，尤其是交易技术。现在，未来，都是核心竞争力的体现。公司目前的国际货币业务最为成熟，在行业中拥有一定口碑，技术实力也得到了广泛的认可，其他标的也在稳步发展，所以他们要把握住这一良好的势头，继续积蓄力量，向“一站式金融管家”的定位不断跃进。

李苏聪说道，金融的本质，是风险与定价。定价更多掌握在一级市场手中，风险配置则更多地产生于二级市场。金融本身就是在配置风险，既定的风险下如何获取收益最大化，或者既定收益下如何使得风险最小化，就是我们所要钻研的方向。很多人觉得金融是个很高大上的行业，实际上在二级市场中，我们这种企业的日常工作是非常枯燥的，需要超乎想象的专注力与耐性，尤其是交易中很多行为都是反人性，比如所谓的“别人贪婪时我要恐惧，别人恐惧时我要贪婪”，都是在刻意打磨金融从业者的性格，使他们更加的 “反人性”。所以金融从业者都有一两个比较刺激的爱好，用来发泄情绪，比如跳伞、射击等，这样才能使工作与生活保持协调。

面对未来的挑战，李苏聪表示，能打硬仗、能打好硬仗，才是合格的金融企业。他提到金融行业的审判论："我们金融从业者，都有一套自己的世界观，其中就有一个东西叫审判论。金融交易者最怕的就是黑天鹅，无论你的技术多么完美，黑天鹅来临时，很多交易者都无法做到完全的规避。究其根本，一个是贪念，总觉得自己会是那个幸运儿，不懂得敬畏市场。在金融世界里，第一条生存守则就是，任何事情都是错误的，只有市场是正确的，所以要学会敬畏，学会恐惧。另一个是黑天鹅的不可预见性。举个例子，比如今夜一点钟美国出一个重要经济数据，我们可以预见的是两点钟时与美元相关的货币会出现大幅波动，但我们无法预见的是这个影响会向哪个方向进行。但实际上这种事件还算不上完全的黑天鹅。无法预测事件的发生且造成巨大的影响，才是严格意义上的黑天鹅。比如前几年的瑞郎风暴，很多家上市公司都没有躲过去。我们将这些黑天鹅都称为金融审判。我们知道审判一定会来，或许是明天，或许是十年后，我们能做的就是不断地强化自己，争取在每次审判中存活下来。说来有些凄惨，但这就是我们这个行业的常态。无数神话崛起，无数神话崩坏，救国者有之，窃国者有之，将金融作为赌博的人有之，将金融作为事业的人有之。这样一个枯燥、坚持、敏感、危险的行业，就是我们的日常生活。身边的朋友如果想开金融公司，我们都会说'狂欢吧！但切记坐的离门口近一些'。"

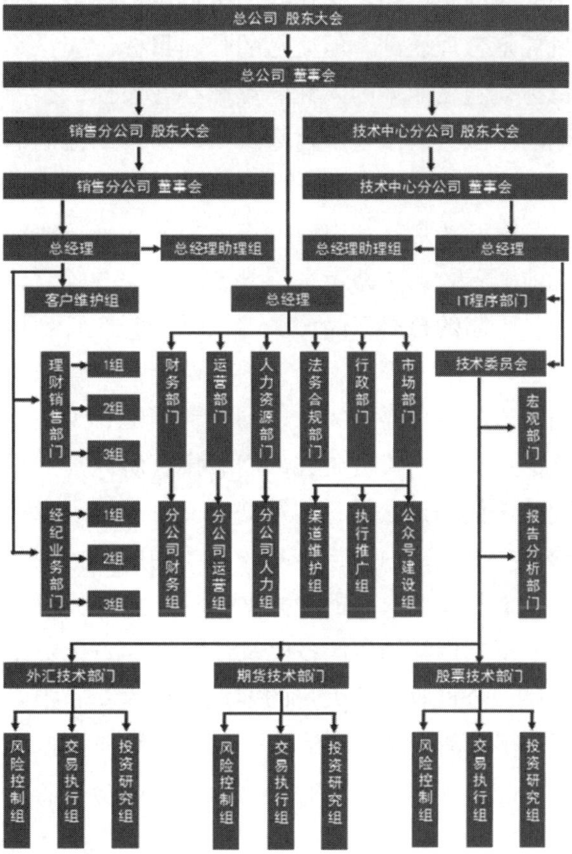

中昇千阳公司架构

岂曰无衣？与子同袍

李苏聪是一名非常重视企业文化的领航者。他说，公司有非常全面的价值守则体系，大到对公司愿景的认同，小到日常工作中的心态，都拥有一套完善的逻辑架构。其中有两条，李苏聪认为是至关重要的。

第一条是："我们用交易来检验世界观的正确性，而非纯粹为了逐利，财富只是交易的副产品，它让我们更自由地理解这个世界。”李苏聪解释道，企业的首要目标是合理盈利，但交易的唯一目标不应该是盈利。一旦将盈利作为了交易的唯一目标，随之而来的人性弱点和心态失控，会彻底摧毁交易者的内心世界。李苏聪和他的团队致力于追求财富自由，并帮助他们的客户追求财富自由。但财富本身没有价值，它的价值只在于能让你更加自由地理解这个世界，这才是交易的本质。

第二条是：“岂曰无衣？与子同袍。在你的身后永远有兄弟们，所以何惧一往无前。”公司一路走来，李苏聪最深的领悟就是，团队的力量才是最大的。以目前中昇千阳的核心产品——“伏羲”资产管理计划为例，这样一个产品能够上线并良好运转，离不开每一个人的精诚合作。首先，销售部门采集客户需求，了解到有相当体量的客户需要一款以国际资产配置为主要方式的稳健型中短期产品，然后将这一信息反馈给投资研究部门；投资研究部门根据需求从策略池中挑选合适的母策略进行迭代和延展，并将策略转交IT部门进行程序化实现；IT部门再将成型的策略交给风控交易部门进行实际操作中的风险控制和干预。一套完整的流程走下来，每一个环节都需要大量的智慧和劳动。比如投研阶段，一套策略的开发需要大量的基础性准备工作和知识储备以及经年累月的交易经验积累。“伏羲”产品的1.0版本出来之后，公司收获了大量的客户，也收获了很好的口碑，同时在这一产品之上衍生出了更多的新产品，满足了更多投资者的需求，这一切都归功于团队的力量。

许多管理者强调制度化管理，而李苏聪认为，从零开始打拼的团队，同事间的

中昇千阳与合作伙伴共同进行产品发布会

情谊也是不能忽视的管理纽带。“所谓的袍泽，那就是一个战壕里的兄弟，所谓的‘岂曰无衣？与子同袍’，说的就是一种团队一心、同甘共苦的理念。在企业现代化管理中，我们强调KPI，强调员工素质培训，强调绩效与述职，但我认为更应该强调并且突出的是成员之间的情谊。一个小组里，大家拥有了深厚的感情，一个人如果事情没有做好，他会羞愧，会觉得自己对不起这些帮助自己成长、替自己分担工作的袍泽们。这种知耻而后勇的动力远比KPI来得大。未来，我们也将施行员工持股等计划，让每一个人都有主人翁意识，让成员间的情谊纽带能成为公司良性管理的桥梁。”

公司一路走来，李苏聪认为需要感谢许多人，而这其中最需要感谢的就是早期的核心成员们。李苏聪笑着说：“香港电影里面常说的一句话是‘做兄弟的，有今生，没来世’。我理解为，既然这辈子有缘能一起打拼，那就把握当下，不留遗憾。带着兄弟们站着赚钱，尽可能地让我们的出现使得这个行业哪怕是变好了一点点，也是值得做的。大陆的金融市场，不管是监管层能力的差异还是市场先天的本土化复杂性，都导致了当下弊端丛生的现状。正如屈原在《离骚》里写到的：‘不抚壮而弃秽兮，何不改乎此度也？’我们这些后辈，也许不自量力，也许是螳臂当车，但我相信我们能够影响一部分人，也能够慢慢影响更多人。‘乘骐骥以驰骋兮，来吾道夫先路！’所谓的创业梦，所谓的金融梦，不过如此。”

袁　霖〉〉〉

缘结山茶　霖创玉田

——广州市玉田山茶生物科技有限公司创始人袁霖

她是追逐理想的实干家，从小就埋在心中的理想，蓦然间已经茂盛得郁郁葱葱；她是巾帼不让须眉的创业者，用专业知识与勤奋努力搭起理想与现实之间的桥梁，沿途开满了她辛勤创业的花朵。在瞬息万变的创业大潮中，她宠辱不惊，不忘初衷，始终保持着自己的一份淡定与执着。一路走来，她不畏艰难险阻，不怕质疑与失败，始终用执着和坚持书写着自己的精彩。她就是广州市玉田山茶生物科技有限公司法人、创始人——袁霖。

园林缘与山茶梦

袁霖人如其名，自出生之日起，就与园林结下了奇妙的“缘分”。她称自己家祖孙三代都和园林打交道，外公是护林员，爸爸是她86级的师兄，所以袁霖的启蒙教育不是背《三字经》，也不是听交响乐，而是学会辨识乡间花草。她还记得每逢清明时节，爸爸都会带着全家人到当地的林科所采艾草。采集艾草的地方有一个非常小而美的温室，里面种植着各种各样的植物。在那里，袁霖认识了很多植物，也使她对这些花花草草愈发感兴趣。兴趣是最好的老师，多年来的耳濡目染使她对植物的喜爱达到了如痴如狂的境界，因此在填高考志愿时，袁霖毫不犹豫地选择了华南农业大学的园林专业，从此正式“入了这个行”。同学们都笑称其为“林三代”。

大学生活丰富多彩，但袁霖并没有忘记自己最初的梦想。她积极研究相关课题，撰写专业文章。一次偶然的机会，袁霖协助导师做了关于国家一级保护植物——金花茶的保育课题。期间，用于进行金花茶繁育和栽培试验的场地——华农经济林试验基地由于土地征用的缘故无法继续使用，园中的金花茶和其他一些珍贵植物需要搬迁撤场。导师便把其中三株金花茶种苗交给了袁霖继续培育，希望她能继续金花茶的保育工作。

如获珍宝般的袁霖将宝贵的种苗带回了老家河源龙川，移植于农村老家的苗圃。对她来说，这三株金花茶既是沉甸甸的责任，也是实现梦想的第一步。因此，她每天悉心照料。经过两年的采枝扦插和嫁接等反复试验，袁霖终于繁育出了第一批金花茶种苗，从此开启了创业第一步。出于喜爱，从培育这小小的三株金茶花开始，袁霖逐渐留意山茶这一传统而又美丽的花卉品种。经过多次外出考察，袁霖的苗圃积累了一百多种的山茶花品种，包括国家一级保护植物金花茶八种，珍贵品种二十余种，且均已在龙川当地引种驯化成功。也正是这些优良的山茶花品种，在后来成了袁霖公司的核心竞争力，抢占了市场的先机。

到了研究生阶段，受导师的启发和鼓励，袁霖在积累山茶花品种的路上变得更加有针对性。她开始专注于收集和驯化具有高观赏价值与高药用价值的山茶品种，并以家乡为据点，逐步建设以山茶科山茶属为主要种质资源的特色茶花专类园。“机会总是留给有准备的人。”袁霖在山茶花培育之路上所做的每一次积累，都成了玉田山茶日后成立的基础和领先广东省业内同行的深厚资本。

创业路与同窗情

有了丰富的山茶品种和核心竞争品牌之后，2015年，袁霖决定成立自己的公司——广州市玉田山茶生物科技有限公司。“玉田”，取自于袁霖外公陈玉田的名字。袁霖的外公从事着种植插花的工作，不仅培养了袁霖对于园林的喜爱，更为玉田公司留下了一些优秀的品种。公司以外公的名字命名，也是对外公的一种崇敬与感恩。同时，“玉田”更包含了“宝贵的土地”这一深层含义，寓意着从土地中生长出来的山茶花是宝贵的，是财富的象征，同时也希望汗水浇灌的土地能够带来收获的喜悦。饱含深意的命名表达着袁霖和园林的缘与梦，可谓情深意切。

成立后的玉田山茶生物科技公司以经营山茶科植物为主，提供丰富、优质的山茶植物种苗、盆栽与山茶种植技术咨询服务。与从字面理解的山茶公司相比，袁霖的公司是一家集生产、销售和研发为一体的综合型公司。通俗地讲，就是玉田山茶生物科技公司是山茶花的“4S店”。公司的核心成员由来自华南农业大学的五名研究生组成，其中袁霖、韦彩丽、周彤彤、陈思宁均来自华南农业大学林学与风景园林学院。虽然这是一支年轻的团队，但她们却充满了斗志与魄力，审时度势，敢想敢做。2015年，在袁霖的带领下，她们放弃了安安稳稳的就业之路，选择租下袁霖家乡龙川均厚村40亩地用以培植山茶苗，利用自己本科和研究生阶段的科研成果，迈出了创业的第一步。2016年上半年，项目初显成效。金花茶等多个品种茶花的成功繁育，证明了他们的技术是行之有效的。这给了袁霖莫大的信心和动力。这时候袁霖及其团队当机立断，在原种植基地附近再租下380亩田地及林地，同时配套投资建设温室大棚、组培苗床等，作为玉田山茶的种植示范基地及展示基地。团队在扩大生产的同时，也在当地积极宣传山茶文化，使得当地村民对于山茶有了更加深入的了解，不少村民更是参与到山茶种植之中。可以说，村民见证了玉田山茶公司的日渐成长。

袁霖团队

跋涉在山茶梦的路上，袁霖深深地感谢自己和团队的付出与执着，也深深地感谢一路上给予自己鼓励、支持和指导的恩师。在华南农业大学山茶植物专家黄永芳教授的带领与团队内部成员的相互协作下，他们获得了极强的专业背景和技术优势，目前已经拥有了一定的科研基础和成果。在组建团队进行创业的路途中，袁霖以及她的团队更是获得了外界的一致好评。正如团队创业指导老师陈永晴所说："如今的创业者应该依托自身的专业技术优势来创业，这样能更好地将高校积累的科研成果转化，这也与国家和学校所倡导的科技创新政策相契合。"这也是刚成立一年的玉田山茶团队一举拿下2016年广东众创杯大学生启航赛暨"赢在广州"第五届大学生创业大赛金奖的重要原因。

扶贫路与故乡情

龙川是袁霖的家乡。据她讲，她最初选择自己家乡作为山茶花的种植基地，除了浓浓的乡情和对山茶的热爱，还因为龙川得天独厚的资源。龙川是全国油茶经济示范县，当地的土壤和气候都非常适合种植山茶科植物，还拥有劳动力成本低、土地价格低且质量好的优势。同时，龙川县还是华农的定点扶贫县，拥有高校作为其坚实的后盾。袁霖发起的玉田山茶项目也响应了国家“精准扶贫”“建设美丽乡村”和“发展立体农业”等政策。她们繁育优质山茶品种种苗提供给当地农户，提供免费技术服务帮助农户种植生产并回收销售——这样不仅公司能实现盈利，还能带动当地农民积极生产、增收致富，可谓一举多得。

可以说，项目带给了农民们看得到的收益。玉田山茶生物科技采用“公司+农户”的经营模式。公司主要负责育苗和品种的开发，将种植这一工作留给农户，最后再对农户生产培育的山茶盆栽进行统一回购，按值论价，解决农户产品的销路问题，给农户带来更大的回报。以种植金花茶为例，农户每亩投资2万元，2年盆栽成型销售，可获得3万元的利润。

“玉田绿，山茶红”，家乡大片的山茶花装饰了荒山荒岭，也装饰了袁霖的园林梦。如今，袁霖每次回到家乡，都会受到村民们的热情招待。一时间，袁霖成了村里的“大红人”。村民们都发自内心地感激她心系家乡，改善了村民生活，改变了村子的现状，为村子带来了繁荣和财富。“袁霖作为当代返乡创业的大学生代

袁霖团队

表，她带领村民们勤劳致富、奔小康的初心和为此付出的行动都是值得我们肯定的。”村民们这样说道。“他们看到年轻人能回乡创业真的很高兴，很支持我们的工作。看到他们收获时的笑脸，我就知道我的决定是正确的，也真真切切地感觉到我回乡创业的梦想正在一步步走向现实。”每每想到这些，袁霖欣慰又自豪。她也感谢这个伟大的时代给予的机会，感谢朴素的村民给予的支持，她更加坚信她的创业之路会越走越好。

而华南农业大学创新创业学院的讲师陈永晴对于袁霖回乡创业的举动同样十分赞同。他说：“目前，农村劳动力严重缺乏，具有专业技术的农业人才更是少之又少，像袁霖这样的回乡创业者显得更为重要。因为他们能够将先进的生产技术、创新的销售渠道和科学的管理模式带到农村，带着农民发财致富奔小康。”

科技支撑与“互联网 +”

科技是第一生产力，一个公司的实际科研水平与创新能力往往决定着这个公司的长远发展。如何提高公司的科技水平和创新能力，是企业要面对的首要问题。作为一家农业科技公司，技术是袁霖团队在市场上进行竞争的坚实后盾，也是她们进一步扩展事业版图的关键所在。当前的竞争优势只是一时的，市场中还有许多竞争者正虎视眈眈。只有不断研发，不断开拓新科技，她们的项目才能拥有光明的前景。袁霖和她的团队也深谙科研的重要性，所以对于未来规划，团队仍选择紧跟时代步伐，不断在原有的基础上进行科研，开发新品种、新项目。据了解，他们已于2016年底注册成立广州市玉田山茶生物科技有限公司，入驻华南农业大学创新创业孵化基地，并将“赢在广州”比赛所获得的奖金及项目扶持金全部投入基地建设，计划在河源市、中山市、阳江市分别设立种植示范基地和山茶种苗园，为产品市场的扩张和科技服务的推广做好准备。

当今社会，电商市场非常广阔，线上购物几乎成了每个人日常生活中不可或缺的一部分。袁霖和她的团队也紧跟时代潮流，结合现在流行的“互联网+”销售模式，将运营范围从传统的线下推广扩展到线上营销。现在她们的团队已经建立了电商平台，将销售对象扩大至全国各地的散户，让山茶花走进更多家庭。为了进一步加强自身的竞争力，她们已经联系了相关技术公司，特地重新定制产品包装，共同解决盆栽植物的运输问题，确保盆栽能安全、健康地送到消费者的手中。这也使得她们的项目更加多元化，更加具有活力。

众人拾柴火焰高。为公司保持技术创新的活力，稳固公司的技术优势，袁霖的团队还与行业领先的相关科研机构，如佛山林科所、中山市农推中心、福建永福茶花研究所等建立了长期的战略合作伙伴关系。这保证了他们能在第一时间了解和掌握技术信息和市场动态，也为团队及其项目的前期成长和长期发展打下了良好的基础。有了外部支持和自身的专业技术知识，玉田的未来光明无限。

感恩昨天与展望明天

一路走来，回忆经历过的风风雨雨，袁霖始终乐观地面对。凡事都不可能一帆风顺，即便在山茶品种方面有着强大的竞争优势，袁霖也常常会遇到资金不足、技术瓶颈、产品营销等难题。在项目发展的初期，正在发展中的团队并没有获得充足的资金援助。但是袁霖她们还是鼓足信心，一心扎在山茶花品种的研发之中，参加各种比赛打响知名度，最终凭借自己的技术与努力获得了投资人的青睐，使公司得到了巨大的发展。就像这样，良好的心态让袁霖团队通过自身的努力一步步攻坚克难。

和很多成功的创业人一样，袁霖乐观豁达，遇事不怕事，遇难不畏难。在面对创业过程中的种种棘手问题时，有她自己思考问题和化解难题的一套方法。在她看来，创业的过程并不是一味地单打独斗，而是一个“聚合力”的过程，所以在创业过程中遇到问题要善于求助于外界的力量。比如自己苦思冥想几个月的问题，其实只要咨询一下有经验的长辈，就能获得指点，化解当前的困境。除此之外，还可以多多和朋友交流沟通。闻道有先后，术业有专攻，专业问题请教专业的朋友，就能迎刃而解了。

一路走来，袁霖一边播种，一边收获，逐渐成长为优秀的创业人。回首往昔，她始终满怀感恩之心，坦言创业过程最大的感触是师长、长辈和乡亲朋友的支持，这对她而言是莫大的支持和动力。展望明天，袁霖自信而乐观。

对园林的热忱让袁霖与山茶结缘，此缘结终身；让山茶开遍中华大地是袁霖的创业梦，此梦圆玉田。在成长过程中收获的点点滴滴，将会如甘霖润泽玉田这一块充满希望的沃土，也会让袁霖的创业之花，开放得更加精彩、绚烂！

赵坤鹏〉〉〉

披荆斩棘，逆流而上

——广州肇晟信息科技有限公司、“学果果教育”APP创始人赵坤鹏

他是一个聪慧睿智的商人，也是一位博学善思的在校学生。他有一颗不安分的心，所以追逐梦想的脚步从未停歇；他有一份超然的心境，所以荆棘遍布也会从容面对。他的经历，坎坷却又充满传奇；他的事业，不起眼却又催人奋进。他的人生之路正如他的名字，大鹏一日同风起，扶摇直上九万里。他就是广州肇晟信息科技有限公司及学果果教育APP创始人——赵坤鹏。

卷土重来未可知——不畏艰苦

日本松下电器创始人松下幸之助曾说，逆境给人宝贵的磨炼机会，只有经得起环境考验的人，才能算真正的强者。逆境，对于懦弱者，是生活的绊脚石，而对于勇者，却是成长的基石。“听从内心的召唤”——这是赵坤鹏在高中时感受最深的一句话。正是凭借这句话，赵坤鹏才度过了读书生涯中最大的坎——三次高考。

备战高考，对于大多数人而言是煎熬的。大部分高三学生都想尽快实现“破茧成蝶”、跃过“龙门”的梦想，尽快逃离这段身心俱疲、不堪重负的光阴。而赵坤鹏却不得不面对高考后复读，又高考，又复读的“死循环”。那段时光对于他而言，是不堪回首的。

第一年参加高考，赵坤鹏成绩接近重本线，但因高考志愿没有填好，滑档了。带着失落与惋惜，他重新拾起心中的那一份坚守。“我的基础扎实，复习一年一定可以考一所更好的大学。”赵坤鹏暗暗鼓励自己。第二年，意气风发的他，主动提出担任班长，协助班主任管理班级事务，分享学习方法，提升班级成绩。青春激扬的岁月里，赵坤鹏不断描摹着梦想的形状，这让他每一天都精神饱满、斗志昂扬。第二年高考成绩确实提升了不少，超过重本线近30分。梦想就在眼前，美好的未来近在咫尺。不料事与愿违，由于填报志愿不当，悲剧再次上演。赵坤鹏又一次与自己心仪的大学擦肩而过。

已经复读了一年，是就此放弃，接受失败，还是忍痛前行，继续拼搏？内心的坚持告诉他，应该继续奋斗！江东子弟多才俊，卷土重来未可知。此时的赵坤鹏将所有的不甘放到心底，带着冲击清华的信心再一次踏上征程。一年的时光过得很快，赵坤鹏的成绩和状态也很好。眼看着自己的名校梦即将实现，谁曾料想命运多舛？高考前，鼻炎发作扰乱了赵坤鹏的平稳心态，头痛、发烧，加上失眠，使他第二天考试出现严重的失误，最后成绩竟然比平时模拟考少了五十多分。赵坤鹏最终被河南师范大学录取。这所院校不是赵坤鹏理想的大学，但三年的高考压力，已压得这个年轻人身心疲惫、筋疲力尽。最后他选择从容接受。

三年的高考经历让赵坤鹏开始重新审视自己的生活，调整自己的理想。他原本希望能够考上名校，走学术道路，以后当一名高校老师。而现在自己学校的平台，与清华、北大、复旦的同学比起来，相差甚远。好胜心强的赵坤鹏开始选择其他领域，重新超越。

无限风光正追寻——选择创业

第三年高考结束后的那个暑假，赵坤鹏闭门在家不断反省。就这样认输吗？仅仅因为报考失误，就错失名牌大学？如何让更多的人，不在填报志愿上再吃亏？经过长时间的反复思索，赵坤鹏决定自主创业，并涉足教育行业。

2011年9月，赵坤鹏还是刚入校的大学新生，就立即着手自己的计划。他应聘去了一家外语辅导机构做助教，负责招生工作。通过不断摸索，赵坤鹏后来成了这家教育机构的招生负责人。得益于这段经历，赵坤鹏全面了解了教育机构运行的管理模式。2012年5月，赵坤鹏离开了原来的教育机构。他拉了几位曾经得过市高考状元的同学，用自己的生活费和向同学借的钱，合伙开办了一个教育培训机构。赵坤鹏的创业之路由此开启。

第一年，为了带动团队成员，赵坤鹏在主导公司业务的同时，还任教一门数学课程。他成天忙碌奔波于招生、宣传及公司其他各项业务，还要每天抽空备课，仿佛有千斤的担子压在肩上。但是看着自己收获满满，赵坤鹏的内心也觉得踏实和充满了成就感。

赵坤鹏的公司办得有声有色。他们严格把关师资力量，尽量控制收费标准，同时辅以素质教育的环节，显得别具一格。在课余时间，赵坤鹏还通过集体诵读文学经典、组织小组讨论等方法，提升学生们的文学素养。这些用心的教育方法广受好评。赵坤鹏的第一次创业取得了阶段性的收获，赢得了不错的口碑。凭借良好的师资以及负责任的态度，赵坤鹏公司第二年招收的学员数量实现了三倍增长，还兼并了另外一家教育机构。

转眼间，三年过去了。此时的赵坤鹏又一次站在人生的十字路口。是考研深造，还是继续创业？他曾坦言，教育行业并非自己创业的初衷，尽管培训班收益不错，但是他认为把教育培训作为事业还是有局限的。也许是出于对此前三次高考失利的不甘心，也许是那些曾经让他梦寐以求的名校再次召唤着他，经过内心激烈的争斗，赵坤鹏最终选择了考研。就这样，赵坤鹏把教育机构转让给了其他合伙人，全身心投入考研。第一次创业在梦想的召唤下完美落幕。

经过半年全身心投入的备考时光，赵坤鹏仿佛重回高三，做事多了几分稳重，思考问题也更加周全。考研结束之后，他耐不住“手痒”，抓住毕业季的商机，又做起了生意——针对高校学生的专业服装租赁。“质量与价格共优，诚信与服务共存。”这是赵坤鹏服务理念。他迅速在毕业季打开了市场。为了拍摄与众不同的毕业照，前来租服装的学生络绎不绝。随后，赵坤鹏进一步扩展团队规模，增加舞台服饰租赁等业务。利用网络上已有的虚拟试衣技术，顾客可以把身高、体重和头像

广州肇晟信息科技有限公司成立（2016 年 8 月）

照片上传至平台，进行多种款式的搭配。赵坤鹏的服装租赁最后走出校园，向着更大的市场一步步迈进。

深思熟虑总归心——重回教育

赵坤鹏最终考上了被称为“创业者的摇篮”的广东名校，成为一名硕士研究生。虽然赵坤鹏报考的第一志愿不是这所学校，但最后还是阴差阳错地来到了这里。“一切都是最好的安排，来这里读研对我而言，无异于一次新生。”赵坤鹏感慨地说道。学校氛围自由而充满朝气，地理位置又位于广州这个充满商业气息的沃土。赵坤鹏血液中流淌的创业基因再次迸发。基于本科时的创业经历，赵坤鹏选择进入学校创业班，接受关于创业各方面理论和实践的系统性培训。一次次创业想法的孵化，创业企划书的制定，校内老师和校外企业人士的授课，学员之间的讨论和分享，学校政策的鼓励和支持，都让赵坤鹏汲取到更多创业的灵感。在学校创业孵化基地中，他和团队的其他成员把曾经在本科学校的创业项目——服装租赁与互联网结合起来，形成线上线下共同推广的项目，并设计了“大学E柜”APP，获得了老师和同学们的一致好评，并荣获校内创业比赛创意组一等奖。创业班的经历于赵坤鹏而言，不仅是能力的提升，更重要的是经验的积累以及与志同道合的伙伴们的集聚。也正是这次创业班的经历让赵坤鹏看到了“互联网+”的力量。虽然赵坤鹏的服装租赁项目做得有点眉目，但在他内心深处，依然对高考失利的经历难以释怀。一次偶然的机会，赵坤鹏接触到了在线教育，这让他那颗不安分的心立马又“燃”了起来。不堪回首的三年高三生活，给他留下了不可磨灭的记忆。正是因为对志愿填报的把握度不够，赵坤鹏才会走了那么多“弯路”。这是他一直难以释怀的症结，也是他一直想要征服的事业，这个机会终于来了。

读研以后，赵坤鹏也开始深入思考自己走过的路，无数次地问自己为什么高中这么努力，却没有得到相应的回报，而是一次次与理想的大学失之交臂。赵坤鹏发现，以前不少成绩很好的同学，读的学校却很一般，很多同学上了大学之后才发现对所学专业不感兴趣，有些同学甚至在大学四年里浑浑噩噩，毕业后也是昏昏然地生活。相反，少数同学在高中期间就找到自己感兴趣的方向，并为之努力，他们最后往往能成为大家常说的“人生赢家”。“能不能为高中生做些什么，让他们不再走自己走过的弯路？”赵坤鹏一次次扪心自问，一次次探寻着答案。

念念不忘，必有回响。赵坤鹏在听完做高考报考项目的创业公司的路演之后，当即决定加入这个创业项目，并全身心投入其中。但是在后来的工作之中，他逐渐认识到产品开发与运营的局限性，同时感觉这个项目与自己的想法有出入，这使得赵坤鹏开始重新审视自己的选择。一番思考之后，他决定离开该项目，重新按照自己的想法去努力实践。于是在2016年8月，赵坤鹏注册了广州肇晟信息科技有限公司。“肇晟”寓意了初生和兴盛。

广州肇晟信息科技有限公司河南分公司成立（2017 年 6 月）

公司成立后，赵坤鹏经过一段时间的市场调查，结合自己的亲身经历，对产品的定位越来越清晰。他将自己的“未来在线教育”定位于多元化功能应用，并从高考志愿填报的咨询业务开始着手。过去的个人经历让赵坤鹏深刻地体会到志愿填报的重要性，所以他认为市场上急需这样一款填报成功率高的产品，为高中学生提供指导。在填报志愿之前，学生可以通过平台进行在线咨询，也可以通过线下“一对一”专家面对面的形式，享受直接的填报志愿指导服务。公司聘请了具有专业规划师资质的相关人员，通过逐个个案分析，给学生进行高考志愿填报指导，乃至生涯规划。

赵坤鹏在做咨询业务的过程中也在不断思索。志愿填报的主要依据以及考生被录取的决定性因素，是高考成绩。如果高考成绩得以提高，那么考生自然也就多了一份把握。于是，赵坤鹏决定进一步延伸自己的业务。基于从前做过教育培训的经验和积累的资源，他开始筹备做在线教育培训课程，丰富自己的在线平台。

赵坤鹏不断开发在线教育平台新模块。鉴于目前国内存在教育资源不均衡的现象，他和团队整合全国优秀师资力量，全力打造名师课堂，让远在二三线城市，甚至农村的孩子都能享受优质的高中教育资源。赵坤鹏希望构建一个相对公平的教育环境，弥补课堂学习的不足，打破时间和地域的限制，实现互联网共享，同时也为老师减轻负担。他深刻地认识到，授人以鱼，不如授人以渔。很多学生不是不聪明、不努力，而是学习方法不对，导致努力白费。针对这些情况，赵坤鹏又全力打造状元方法系列课程，让高中考生们掌握更好的学习方法，尽早摆脱题海战术，减轻学习负担，营造宽松的学习环境。经过了三次艰难高考的赵坤鹏也深深体会到，良好的心理状态对于高考现场发挥的重要性。处于成长阶段的高中生心理素质尚不健全，需要积极引导和鼓励。针对这些问题，他又开发了励志故事和心理辅导版块，让考生们学习调节压力的方法，通过各种形式鼓励他们拥有一个健康积极的心态。

旗下品牌——学果果教育升学规划系列讲座之一

赵坤鹏在创业过程中遇到的最大困难和阻碍应该是名师课堂的筹划工作——名师不好请。虽然困难重重，团队还是决定严格把关。为保证老师的教学水平，一定要请经验丰富的一线老师，或曾奋斗在一线的优秀高中教师。以这样的高标准为前提，赵坤鹏利用之前做教育培训时积累的资源，经过多方联络，最终找到了一批优秀的老师。从为名师们做好前期准备，到课程视频的每一帧剪辑，再到在线平台的搭建与完善，赵坤鹏和他的团队丝毫不懈怠。同时，他们根据在线平台的版块，同步开发了一款在线学习手机应用——学果果教育APP。“既然要做，就要做最好的。”经过赵坤鹏团队的精心打造，学果果教育APP逐步完善，全面面向市场后，受到了广泛好评。赵坤鹏说，明年要通过学果果教育APP着手申请高新技术企业。

赵坤鹏的广州肇晟信息科技有限公司开始把学果果教育APP当作重点培育的教育品牌。这个品牌致力于打造高考一站式解决方案，全心全意贴心呵护每一位高中学子，让他们健康快乐地成长。赵坤鹏希望公司能够持续为国家，为社会做点事情。同时，他也把这一理念贯彻给公司的每位员工。“我们做教育的，不那么看重钱，所以产品收费比较平民化，我们希望每一个高中学子都能用上我们的产品。”赵坤鹏说。如今的公司已经一步步地走上了正轨，公司前景也吸引了不少投资人。

历经百态终有成——创业感悟

长风破浪会有时，直挂云帆济沧海。历经数年，赵坤鹏在梦想的指引下走出了坚实的一步。即使经历过数次高考的挫败，赵坤鹏也始终保持一个乐观向上的积极心态，勇敢面对各种挑战。可以说，他是一个非常不安分的学生，但他也是一名敢于尝试和挑战自我的创业者。也许读了三年的高三，对于赵坤鹏来说，是走了一个大大的“弯路”。但是，正是这三年的磨砺，让赵坤鹏变得更加坚韧，让他的内心变得无比强大，同时给了他办好肇晟公司的无限动力。

从高考结束至今，赵坤鹏尝试了各种创业项目，最终他找到了实现个人价值的方向，并将坚定地一路走下去。访谈中，赵坤鹏谈了三点感悟。首先，要有敢想敢做的魄力。灵感往往来自生活，来自所见所闻，来自你的经历。灵感来了一定要有敢于把它付诸实践的执行力。其次，要做有把握的事情。至少要有七八成的把握，才能真正选择去做。创业并不适合所有人，也不适用于所有情况。一定要分析形势，把握市场，充分调研，完善计划，才能最后实施。最后，也是最重要的，就是要坚持。人生没有一帆风顺，创业更是如此。遇到困难要想办法克服，坚持到筋疲力尽了，撞了南墙了，还要回头看看有没有其他办法。

在这个瞬息万变、飞速发展的时代里，是顺势而为，还是逆流而上？志存高远的赵坤鹏毅然选择了后者。今天的赵坤鹏，在学生和创业者的两种身份中灵活转换，为了内心的呼唤，不畏困难，执着前行。

为听障人士打造智能眼镜

——“音书”智能眼镜创造者石城川

《《石城川

古人云：“故天将降大任于斯人也，必先苦其心志，劳其筋骨，饿其体肤，空乏其身，行拂乱其所为。”唯有经过苦难的洗礼，才能铸就不凡的业绩；唯有经过痛苦的磨炼，才能探寻出“千淘万漉虽辛苦，吹尽狂沙始得金”的至理。当生命中出现始料未及的打击时，他没有选择逃避、退缩，而是以自己永不言弃的精神，努力向前，让生命之蛹化作华丽的彩蝶曼妙起舞。他就是造福千万聋哑人的智能眼镜音书的创造者——石城川。

遭遇病魔，不改求学热情

如果没有那场突如其来的大病，石城川也会和世界上其他普通人一样，欣赏大自然的美妙乐章，聆听生活中的欢声笑语。然而，天有不测风云，人有旦夕祸福。石城川11岁那年，因脑膜炎用药不当导致听力严重受损，从此不能通过自然声音符号进行交流和沟通。

这个突如其来的打击使原本温顺、幽默的石城川变得易怒、暴躁。他对身边的人充满怨怼，甚至对家人大吼大叫，但他的家人从不计较，总是给予他无微不至的关怀和鼓励。这让石城川慢慢接受现实，逐渐走出阴霾。他没有认命，而是将“逆境并不恐怖，可怕的是你将它看成终局，而不是进程”作为自己成长的座右铭。相信自己能克服听力上的障碍的他，拒绝了去聋哑学校就读，而是选择和普通同学坐在一起继续完成学业。为便于照顾石城川，他的弟弟向学校提出申请，希望校方能够把哥哥和自己安排在同一个宿舍。弟弟无微不至的照顾，使得石城川备受感动，这不仅令他渐渐走出了听障的阴影，也有了乐观生活的动力。不能听课的石城川，通过“看课”的方式，理解课本的内容。对课本上的知识勤加练习，再加上刻苦专注的学习态度，即便有着听力上的障碍，他的成绩依然能够名列前茅。小学一至五年级，石城川始终担任班长一职，一直是全班第一名。凭借聪颖的天资与不倦的努力，石城川积淀了扎实的学科基础，磨炼出比普通人还要强大的领悟能力，甚至在养病休学的半年里，他依然努力学习，没有落下半点功课。石城川的乐观与勤勉不仅仅体现在学习方面。在人际交往上，他热情、开朗、反应敏捷，很容易让身边的人忘记他是一个听障患者。而且他还是一种榜样般的存在，激励、感染着身边的同龄人。

一径求学长途，从乡镇小学到省重点中学，再到以超重本线41分的成绩考入暨南大学信息科学技术学院数学与应用数学专业，勤苦耕耘的石城川终于圆了自己的大学梦。对于这个成就，他打趣道：可能因为失聪使得自己更容易专注，所以学习成绩甚至比失聪之前还要好。上帝为他关上了一扇门，他却靠着自己的毅力，硬是在门上凿开了一个洞。正是如此倔强的石城川，始终相信艰难困苦、玉汝于成，坚信梦想之花一定会开在辛勤浇灌的午后。他的创业之梦悄然地走在路上……

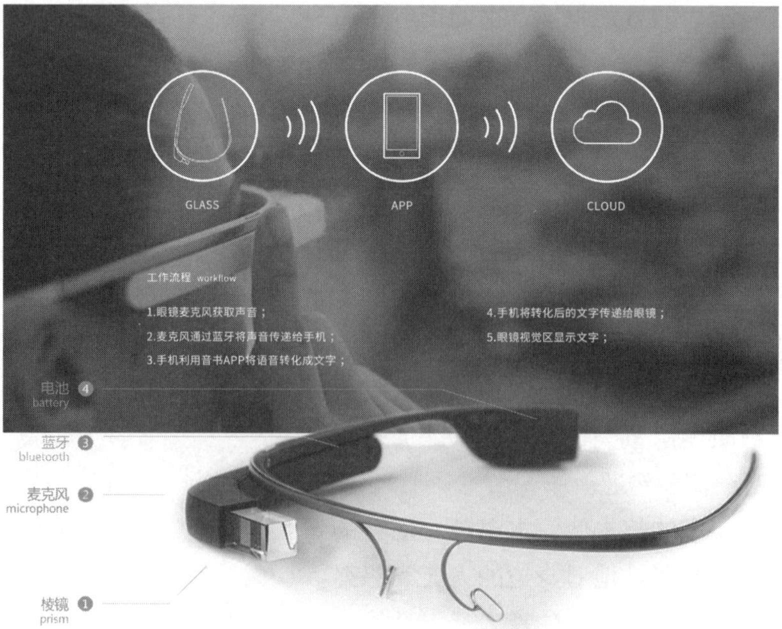

听镜

不认天命，开启创业之路

由于听说的不便，石城川只能通过在本子上写字来与外界交流。时间长了，写过的本子也就越来越多，每一本本子上都清楚记录了每次谈话的内容。虽然本子上的字迹已变得斑驳不清，早已无法辨认当时的谈话内容以及聊天的心情，但是依然能够真切地感受到这种交流方式所带来的极大不便。由于对听障人士与正常人在生活和学习上的沟通不便有着切身的体会，石城川渐渐萌生了为听障人士做些什么的念头。

他说，早在大学期间，自己内心就装着一个创业的梦想，这个梦想从他大三开始。那时谷歌眼镜刚问世，他受到谷歌眼镜的启发，突发奇想：如果可以在眼镜前方的虚拟屏幕上面显示文字，像电影字幕一样把对话显示出来，就可以帮助听障人士加快交流沟通的速度，提高学习工作效率，进而提升生活质量。他似乎看到了重新开启沟通之门的钥匙。但是受限于当时知识和认知水平，那时的他还不敢单凭自己的力量出来创业。

有了梦想就有目标。梦想与现实的差距让石城川认识到自身知识和技能的匮乏。要为未来的创业夯实基础，除了认真完成本专业的课程外，喜爱编程的石城川还选修了很多计算机方面的课程。尽管学习这些课程需要时间和做大量的实验，石城川始终咬牙坚持，努力克服重重障碍。最后他不仅取得了优异成绩，还锻炼出了过人的动手能力。2015年本科毕业后，他以乐观自信的人生态度和扎实深厚的专业基础在激烈的就业竞争中脱颖而出，获得一家跨国公司的工程师职位。在工作中，他接触到了更多的专业技术，对语音识别和AR技术（增强现实技术）等也有了更深入的了解。石城川认为，这些技术已经非常成熟，遗憾的是却没有应用于帮助听障人士沟通的方面。为了追逐梦想，他辞掉工作，四处奔波想寻得一个大公司来开发这个项目。尽管有一些公司认可这个项目的意义和创意，但由于种种原因，没有一家公司愿意开发。

团队合照

梦想握在手上，岂能轻言放弃？不甘心的石城川决定敲开创业的大门，靠自己的努力，研发出这款眼镜。因为他知道，他的项目不只是为了创业，更是为了帮助更多的听障人士重新找回流畅沟通的可能。带着使命感的他，开始了艰苦的创业生活。

锲而不舍，组建“音书舰队”

石城川首先找到了正在华南理工大学软件学院就读硕士研究生的好友陈国强，并说明了自己的想法。两人一拍即合，说干就干，马上深入市场，开始进行调研工作。为了兼顾到使用者的特性，研发团队面向听障人士群体发放了调查问卷。2500份的问卷中，超过88%的听障人士期待购买这种眼镜。对于听障人士来说，最大的愿望莫过于能同别人正常交流，但是受科技、医疗、经济条件限制，失聪后能够恢复听力的人寥寥无几。有了这些数据的支持，石城川和他的团队更加坚定了“帮助听障人士做些什么”的信念。于是，他确定了公司成立的初衷：帮助中国乃至全世界的听障人士实现与健全者流畅沟通的梦想。2016年4月，石城川的项目入驻了华南理工大学创业孵化基地。

好的团队是成功的关键。创业梦想转化为现实的下一步是组建团队，而这个过程并没有想象中的那么一帆风顺。音书团队主要带头人是石城川和陈国强。团队刚成立时，他们一边研发软件一边找人，同时参加了一些比赛。当时，他们只想着立马把眼镜做出来，但没想到这个思路在当时并不容易实现。石城川在去母校暨大信息学院找老师推荐学生加入团队时，学院的老师给出的意见是：这个项目由于所需技术太高端，没有接口，在当时不可能实现。一次又一次的挫折并没有打消他们要让“音书”眼镜成为现实的念头。

通过多方努力，石城川团队逐渐挖掘到电子信息、软件、自动化类的专业技术人才。在技术实力上，石城川他们离梦想实现又近了一步。目前“音书”团队的成员构成已基本成型，除创始成员石城川、陈国强以及彭驷庆之外，另外还有两名软件工程师以及来自广东地区高校的15位实习生。有了如此优秀的团队，音书的发展终于踏上了正轨。

迎难而上，积极面对挑战

集结了团队，接下来需要做的，就是将梦想中的产品变为现实。由于目前音书的产品在国内没什么对标的产品，竞争对手不多，而且是在一个相对新颖的创业领域，所以一旦开发成功，市场前景将会异常广阔。

创业者普遍要面对两个问题：一是缺人手，二是缺资金。现在石城川已经拥有了自己的团队，接下来的问题就是如何筹集资金。由于他们把眼镜的硬件开发作为创业的最终目标，接下来要做的推向市场、工业设计、材料购买和供应链流通，都需要一大笔资金。他们不得不开始艰难的融资之路。有几家投资机构表示对他们的项目感兴趣，最后却不愿投资。这让石城川他们倍感创业的艰辛。

从几次失败的融资经历中，团队逐渐总结经验：对于主打硬件的项目，投资人大多非常谨慎，实业行业的不景气使得2016年成为资本寒冬，同时他们团队还没有实实在在的成效。于是，团队决定改变经营策略，将开发语音转换眼镜这一技术上暂时难以实现的产品作为公司的长远目标。他们决定先开发音书软件，等积累了一定用户和口碑后，再反过来推动开发硬件。这样，可以增加投资人对他们项目的信心，提前吸引投资。

除了筹资问题，如何应对市场用户也是发展产品过程中一个重大挑战。由于前期对于产品开发的经验不够丰富，音书软件产品的内测刚开始做得不是很好。虽然在当时已经得到了不少用户的支持，但同时也收到了一些负面评价。客户的反响远远没能达到团队的预期。部分用户在使用过程中出现了手机不兼容、闪退的问题；还有用户反馈，音书不具备他们所想要的一些功能，比如语言训练。这些用户的评价为音书的进一步发展指明了方向。石城川团队积极听取客户的反馈意见，同时增加内测人员，使产品更加贴近市场，贴近消费者。在产品研发规划方面，团队也加强了统一管理，对于研发进度也有了更清晰的指导，这使得产品的研发能够在一个相对稳定的轨道中运行。

如何建设好一个团队是每一个创业者都必须面对的问题，石城川也不例外。起初，音书团队对见习人员并没有制定严格的规定，因为觉得在初创时期设置条条框框不利于团队建立，自由化办公的环境更能激发大家的创造力。但后来出现了部分见习人员因自身职业规划方向改变而临时退出的情况，使得部分研究项目烂尾，严重影响了项目的进度安排，这给音书团队造成了极大的困扰。为了团队能够更加稳定地运行，他们吸取教训，逐步建立健全工作制度和规范，团队建设和管理得到了极大改善。

乘风破浪，“音书”崭露头角

就这样，在石城川和其团队的共同努力下，“音书”APP终于问世了。这款手机软件实现了语音与文字之间的高效转换，可以帮助听障人士与他人进行沟通交流，还可以帮助他们进行语音训练，让他们重新掌握说话的技能。

音书团队不断扩展市场，深入调研用户的反馈意见，近距离了解用户的需要，并致力于产品功能的升级更新，逐步提高用户的满意度，给越来越多的听障人士带来福音。如今项目产品已走向成熟，用户数量也逐渐增多。公司自注册创立以来，一年的时间，已经有接近5万的用户量，99%是听障人士，用户的满意度也在不断提高。在2016年的全国移动终端设计应用大赛中，音书团队荣获第一名。音书团队同时得到国家和广东省聋人协会的大力支持和鼓励，接下来将与他们合作进行一些线下推广的尝试。项目造福听障人士的公益性质还吸引了一些知名媒体的关注，比如

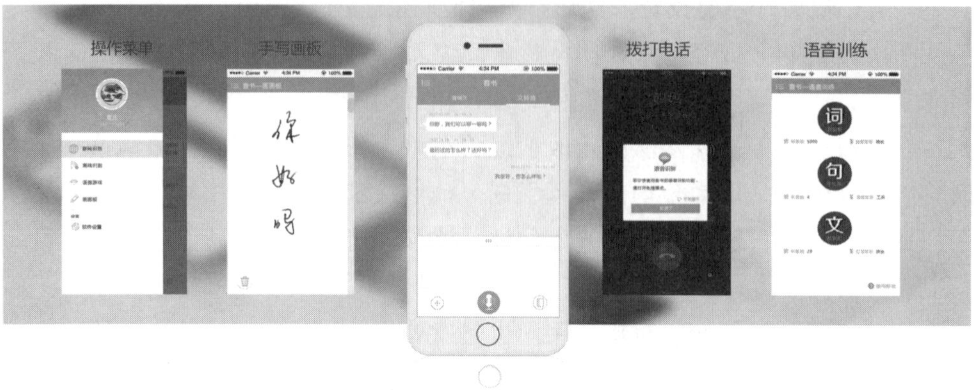

音书 APP

《南方都市报》就对他们进行了报道。现阶段取得的成果进一步扩大了音书的知名度和影响力，为以后的发展铺垫了道路。

音书APP的问世，使石城川自己也受益颇多。他说道，虽然自己在失聪之前已经有语言基础，但在失聪以后，由于听不到别人说话，他的语言能力一直在退化。到大学毕业的时候，对于他说的话，陌生人只能听懂一半左右。但是创业以来，石城川一方面在用音书APP进行语音训练，一方面因为平时工作需要大量的沟通，现在他的语言表达能力已经有了不小的进步。2017年7月，石城川带着项目去参加中国创新创业大赛。现场展示阶段，他选择挑战自我，完成人生第一次上台演讲。在演讲的前一天晚上，团队的每个成员都自发地陪他一起排练到了晚上12点。大家不厌其烦、一字一句地纠正他发音上的错误，直到他说准每一个字为止。通过石城川不懈的努力以及团队成员的共同支持，第二天石城川的演讲发挥得很好，也感动了评委，收获了第一名的好成绩。这次经历给石城川留下了难以磨灭的回忆，同时也更坚定了自己创业的初衷。

“长风破浪会有时，直挂云帆济沧海。”这句话激励着石城川一路向前，乘风破浪。他用他的行动来证实这句话，用他的行动来阐释这句话。相信在未来，乘着梦想的船、挂着坚毅的帆的同时，他会以更乐观积极的姿态，在人生的浩瀚海洋中遨游，驶向更光明的目的地。

中　篇

坚定决心，创业路上大鹏展翅

——广州市派客朴食信息科技有限责任公司
负责人陈晓鹏

‹‹‹ 陈晓鹏

初见陈晓鹏，他穿着白色T恤，戴着一副黑框眼镜，神采奕奕，温文尔雅，说话不疾不徐，娓娓道来。2017年，陈晓鹏刚刚本科毕业，在创业的同时，还以年级第一名的成绩保送本校硕士研究生，修读企业管理。名字明明是“小”鹏，但是公司同事都亲切地称呼他为“大鹏”。

敢想敢做，为创业积蓄力量

生于一个经商家庭，因耳濡目染，陈晓鹏有着极强的商业敏感度，加之家庭环境较宽松，从小就自立自由，敢想敢做，决心要像父母一样创业经商，打拼出属于自己的一片天地。

陈晓鹏曾就读于汕头市澄海区最好的一所高中，接受着良好的教育。在高考结束时，当众人都沉浸在“解放”了的轻松状态时，他却想，高考刚结束的他处于思维最活跃、知识掌握最牢固、应考经验最丰富的阶段，时间充裕，满腔热情。而自己的家乡溪南镇的学校师资力量相对较弱，资源相对较少，即将跨入高三的学子们正紧锣密鼓地准备高考，希望能在千军万马中考上自己理想的大学。那为何不利用暑假将自己的知识经验传授给镇上的学生呢？这也许可以让他们少走弯路。说干就干，陈晓鹏迅速拉起了溪南义教的大旗。一根筷子很容易被折断，但一把筷子就不一样了。陈晓鹏发动高中同学一起免费为溪南镇的准高三学子进行课业辅导，传授考试经验。令陈晓鹏欣喜的是，活动受到了镇上师生的高度认可。就这样，义教的活动延续了下来，至今每年都在开展，溪南镇的重本率也有所提高。

在大学期间，课余时间较多，很多时候都无所事事，在和朋友的一次闲聊中，陈晓鹏得到启发：如果能让众多“无聊”的人聚在一起进行主题交流，那既有思想的碰撞，又能让更多人走出宿舍，交到志同道合的朋友，是件百利而无一害的事情。再好的想法缺乏实际的行动都毫无价值。于是陈晓鹏发起了一场场草地座谈会，取名“V-talk”，“V”表示事物的两面，支持与反对，表扬与批评，让参与座谈的人员说出自己做了的或者将要做出的某个决定或选择，让其他人来评判，只是想法的交流，无关对错，也没有胜负。陈晓鹏更是邀请了老师来把握方向和节奏。老师的作用不在于评论观点，而在于引导大家平等地表达，让草地上的思想得以充分的碰撞交融。该活动的反响是极好的，众多参与者不仅在活动中吸收到了各种思想，拓展了思维，也在座谈会中认识了很多朋友。

陈晓鹏对需求敏锐的捕捉能力及迅速的行动能力就像无心埋下的种子，经过土壤的滋养，时间的酝酿，东风一吹，就会破土而出。

乘势而为，将创业付诸实践

大一暑假，陈晓鹏选择了留校。酷热的天气让出门吃午饭成为一件令人烦恼的事情。“当时我就在想，为什么别的外卖可以送到宿舍楼下而学校食堂却不行？”陈晓鹏说。这个一闪而过的埋怨似的念头让自己如梦初醒，陈晓鹏知道这就是他的

参加广东大学生创业座谈会

方向。随后，他开始从消费者的角度去思考饭堂一系列的“不愉快”体验：饭菜不合口味、排队时间长、食物不能外送、寒暑假不能正常营业……如何解决这些传统饭堂中根深蒂固的问题？陈晓鹏给出的答案是：互联网和技术。适逢李克强总理号召“大众创业、万众创新”，国家、政府、学校对大学生创业都给予了很多的优惠政策和创业指点。乘着鼓励创业的东风，陈晓鹏也迅速开始了自己的创业生活。

参加全国挑战杯获得银奖

既然要做，那就要做好，每一步都很关键。创业伊始，怀着为同学们提供一种健康便捷的饮食方式的目标，陈晓鹏找到了华南师范大学大学城校区楠园饭堂的赵经理，并将他想做食堂外卖的初衷告诉经理，希望赢得食堂方面的支持。但在当时，一个大二的学生，没有相关创业经历，如果要与食堂谈合作，可能会给人一种“小孩子过家家”的不靠谱感觉。要怎么赢得饭堂方面的信任，激发对方的合作意向？陈晓鹏想到了这样的方法：穿上正装，系好领带，擦亮皮鞋，剃干净胡子，一本正经地见了赵经理。“赵经理可能就觉得这个人仪表堂堂，看上去靠谱，就有想和我谈的动力了吧。”功夫不负有心人，陈晓鹏将自己的创业计划和方案与楠园食堂的赵经理进行商讨之后，赵经理同意了合作。

与食堂确定合作之后，时任学校实践部部长的陈晓鹏就拉上部门成员创立了“校园Packer”团队。Packer即背包客，陈晓鹏带领着一群进取、坚持、勇于冒险的“背包客”正式踏上了创业的漫漫征程。他们打造食堂外卖平台，创建了“我校食堂”公众号，大力进行宣传推广。凭借食堂饭菜相对的安全健康、团队成员作为学生可以送达宿舍的优势，推广得到了良好的效果。“当时一天都有两百多单。”陈晓鹏介绍道。来自文学院的学生用户小卢表示：“订餐还是很方便的，因为会直接送到宿舍门口，速度也很快。而且食材来源是饭堂，感觉比较卫生和安全，和其他外卖公司比起来更放心吧。价格还算合理，没有太高，学生还是可以接受的。”2015年4月，Packer团队成立了广州市派客朴食信息科技有限责任公司（以下简称“朴食科技”），一群朴实的创业学生跌跌撞撞，终于走上了正规发展之路。

项目刚起步时，Packer也遭受了不少质疑，但团队成员的信念却从未动摇。陈晓鹏带领团队不断摸索，很快就将领地扩张到了整个大学城，将客户从学生扩展到了公司员工，帮助更多人实现了“足不出舍，轻松享受食堂的健康与美味”的“梦想”。但扩张之路并不顺利，派传单、摆地摊、发早报、运营公众号……为了让更多人吃到健康的食堂外卖，陈晓鹏和团队成员竭尽全力，更将食堂餐食拉到地铁站、公司楼下去叫卖。期间，他们状况百出，不是碰上城管，就是客户质疑，还常常遇到下雨天。遇到客户质疑时，他们爽快地送出两份免费外卖，并且连送3天。“后来我们陆续接到了来自该公司的几百份订单。”“大学城的雨说下就下。我们都没带伞，也来不及收摊，常常被淋成了落汤鸡。”陈晓鹏回忆道。创业路上难免有风雨，充满酸甜苦辣，个中滋味也只有成员们自己才能切身体味。

随着创业项目不断发展，出现了团队人才需求增长与招人难的矛盾，而且有不少在团队成立初期加入的成员因为个人追求的不同而选择退出。面对招不到人的情况，项目负责人陈晓鹏向创业学院的黄楷胤院长求教。“他说你招什么人啊，你们现在是小团队、小公司，你们跟大公司是拼不过的，你要去‘挖’人，这是一个方向性的问题。”黄院长的提点让当时面向社会公开招聘却招不到想要的人才的陈晓鹏茅塞顿开。目前的项目合伙人也是陈晓鹏通过各种途径“挖”过来的。“挖”人的标准就是志同道合，有共同的创业理念：科技，让饮食回归质朴。“运营负责人是我在南区那边过马路的时候遇到的，觉得挺对眼的，就‘挖’过来了；合伙人之一的赵晓红，是朋友的朋友，我是在某个夏日的夜晚去贝岗买宵夜时遇到他的，闲聊了几句，一拍即合，有种相见恨晚的感觉。”陈晓鹏说当时一回到寝室他就联系赵晓红，希望将其拉入团队。赵晓红当时运营着一个很成功的公众号，收入颇丰，所以犹豫不决。但是陈晓鹏不愿意放弃这位“对上眼”的朋友，于是使出了“缓兵之计”，提出让赵晓红先从兼职开始尝试。面对陈晓鹏的拳拳诚意，赵晓红应允了，没想到，这一试就留到了现在。

团队合照

战略转移，使创业永葆生机

外卖市场竞争十分激烈，每家外卖平台做到一定程度势必都会遇到发展的瓶颈，Packer团队也不例外。“如果一直做外卖，我们团队和项目可能存活不了。”可是传统的食堂能有什么发展的空间呢？陈晓鹏陷入了沉思。陈晓鹏召集了成员讨论发展方向，头脑风暴出五花八门的思路。秉持着“科技，让饮食回归质朴”的创业理念，陈晓鹏坚定决心要做食堂的生意。结合时代背景，“互联网+”的狂潮席卷全国，人工智能趋势显著，因此陈晓鹏和成员立足食堂，应势而谋，决心转变发展方向，由外卖平台转移到传统食堂的信息化改造，由互联网平台迈向人工智能，打造真正的智慧食堂。

Packer团队自主研发了自动存取餐机等智慧化硬件，以解决同学们排长队的问题。“现在很多人喜欢打包回宿舍吃，但是在食堂就餐的人又很多，来不及排队，我们就希望通过一些智慧化的硬件来解决这些问题。学生可以在课间的时候就订餐，然后下课就可以去扫码取餐。”现在朴食科技的产品涵盖了从前端的智能库存系统到终端的取餐系统，这一整套系统是很受欢迎的“全家桶”。至此，朴食科技的产品方向实现了华丽的转身，但这破茧成蝶的过程也几经波折。

在发展方向的确定上，另一合伙人曾和陈晓鹏意见相左，两人争得面红耳赤，对方甚至拍桌子说不干了。但依然没能改变陈晓鹏的决定，因为他相信自己的判断是正确的，所以他会坚定地去实施。在守卫自己观点的道路上，他毫不退让。后来在实施过程中，陈晓鹏遇到了问题，失败了，发现之前坚持的看法是错的。敢错敢认的他很诚恳地去向之前反对他的合伙人认错，并对自己的行为做了深刻的反省。正是由于他的爽直，合伙人也谅解了他，没有真正辞职。

“当你下定决心要去做一件事的时候，那就义无反顾去做，创业也好，工作也罢，也许会失败，但失败其实是缤纷人生中不可或缺的部分，不仅不需要害怕，相反的，我们应该主动去拥抱失败。当你坚定了往往却不会失败，还会有意想不到的收获。”不仅是这样想的，陈晓鹏也是这样实践的。为了宣传公司及项目，也为了找寻公司深层的问题，陈晓鹏不仅向学校老师求助，还通过参加各种比赛获得提升。Packer团队的“智慧食堂”项目在各大赛事中一路过关斩将，获得多种奖项及奖金，也收获了专业的评委老师的提升建议。陈晓鹏至今都记得参加“赢在广州”这个比赛的时候，黄辉老师对“智慧食堂”中肯的点评和建议。当时陈晓鹏团队在生产智能取餐机这个产品，黄辉老师提问取餐机怎么赚钱。陈晓鹏则回答通过智能取餐机，在用户下单取餐时，可以拥有海量的用户数据，有了数据就能实现盈利。黄老师则询问他们有没有实现的方法，怎么用收集到的数据赚钱。这个问题让他们哑口无言，因为他们并没有思考过如何利用这些数据获得收入，只是坚信肯定有商机。有的时候只顾望着远方，将未来的结果想得太美好，就会忘记脚踏实地的工作。陈晓鹏后来调整心态，转换思路，注重实现的方法，稳打稳扎，让公司稳步发展。

“当我下定决心要创业的那一刻起，我就做好了解决一切问题的准备。”信息技术解决方案做出来之后，客户却不愿购买。销售问题在眼前，陈晓鹏通过电访、邮件、面谈，千方百计地与客户进行沟通，坚持不懈地向客户介绍产品，甚至一路跟随着客户到北京参加了为期五天的会议。在那五天中，他或婉转或直白地劝说客户先试用他们的产品。精诚所至，金石为开。客户接受了他的提议，试用了产品，进而购买了产品。陈晓鹏成功地签出了第一份订单，有了第一个客户，后面的订单就顺利多了，客户反馈也很好。目前公司业务覆盖超过60家食堂，年销售额达300万。

稳步提升，让创业持久绵长

一路走来，陈晓鹏知道没有最大的困难，只有更大的困难，但再大的困难都会被坚定的决心和实在的行动给克服。对于每次的产品改进和突破、每次的比赛获奖，陈晓鹏也都淡然视之，因为这些都是公司自然而然发展进步的过程，是一个正常的平稳的状态，不用大悲大喜。不得不说，陈晓鹏凭借敏锐的商业嗅觉，为自己选择了一个极佳的细分市场。朴食科技所在行业目前竞争者很少，为传统食堂提供技术解决方案的公司凤毛麟角，Packer团队得以在自由稳定的环境下专注于产品提升。目前朴食科技在提升食物自动识别技术，打造健康管家，获得用户基础健康数据的基础上，通过大数据对用餐者进行饮食观察，根据用户的健康目的提供具体的饮食建议。在公司管理上，陈晓鹏倡导轻松自由的工作环境，倡导平等对话，没有层级观念，充分发挥员工的创造力。

随着公司的日益发展壮大，学材料物理出身的陈晓鹏遇到的企业管理问题也越来越多。他深知，既然下定决心要在创业的道路上走下去，既然想要公司有更好的发展，那就要厉兵秣马，让自己成为更锋利的刀刃，才能在竞争激烈的商业社会中披荆斩棘，享受寒冬中的梅花香。因此他选择了保研本校，继续深造，修读企业管理。

创业已然成为陈晓鹏的生活，一种争论不休最终求同存异的生活，一种日理万机却也井然有序的生活，一种呕心沥血却也满载而归的生活，是他热爱的生活。不积跬步，无以至千里；不积小流，无以成江海。陈晓鹏及其团队以最认真最坚定的态度对待自己选择的生活，正一步步慢慢前进，一天天悄然蜕变。陈晓鹏微笑着说：“我们希望将朴食科技打造成一家谷歌式的公司，用强大的科技贯彻我们最初的创业理念，让饮食回归质朴。”相信奋斗的青春岁月，定会回馈给陈晓鹏以苍劲的羽翼，祝愿蓄势待发的朴食科技，终有一日，得以从“小鹏”成长为“大鹏”，振翅高飞，搏击长空。

不问世间浮沉事，一心只为“稻粱”谋

——广州崧源农业科技有限公司创办人吴俊松

《《吴俊松

“富的地方越富，贫的地方越贫。扶贫了这么多年，还没扶起来，到底是哪里出了问题？”一个刚毕业的大学生，在求职大军热闹前行的时候急流勇退，冷静地思考这个和他没有切实关系的问题。大学生创业、农民、扶贫，吴俊松巧妙地组合这三个元素，把年轻人吸引回农村，把农业带到城市；把生机带回农村，也把健康回馈给城市。他在城乡间奔波，只为解决贫困农民的现状。

城和乡始终是不能割裂的整体，既然城市进步了，为什么不将电商、农业科技、生态理念这些先进的方方面面带到农村，让农村也增添一点活力？吴俊松始终相信，农村并不是一个只输入不输出的帮扶对象，只要好好利用，仔细挖掘，就一定能看到农村闪光的地方。生态、健康、自然，这些都是每一个现代人无比向往的。所以，吴俊松一心扎进“互联网+精准扶贫”的事业之中，聚合整体资源，做平台式的精准营销。他创立了广州崧源农业科技有限公司并自建网站——绿稻人网，集众人之力，助农民脱贫。

从城市回归农村，本来就不是一个容易做出的选择。心无杂念，只为扶贫，更是不可多得的专注。说服农民参与电商经营，教导农民新的种植技术，每一步，吴俊松都走得艰难却又踏实。他用自己的行动诠释了年轻人应该到社会最需要的地方去努力的担当；他也用事实说明，脱下西装，回归农田，也能拼出自己的一片天地。

创业之行，有梦有情怀

当初为什么会萌生扶贫联盟的创业想法？吴俊松觉得应该是源于自己内心对贫困地区的情怀和责任。大学生都是有梦想的人，都有希望自己能为社会做点什么的大丈夫情怀。当时走在粤北山区泥泞的小道上，吴俊松看着这些地方的贫穷落后，年轻人内心的那股情怀和担当驱使他想为这些地方做点什么，想把生机和财富带给这些贫困的人们，让他们的生活变得更好。但是，单凭一己之力，扶贫谈何容易？没有金钱，没有渠道，甚至连农民也不相信这样一个普通的大学生能做出什么事业。吴俊松满腔热血，却无从下手，颇为焦虑。尽管现实束缚住了他的手脚，但是他并没有放弃为农村扶贫事业做贡献的梦想。一个偶然的机会，吴俊松从老师口中了解到了“扶贫点”这个概念，也慢慢地了解到这些地方虽然穷，却也是资源丰富，享受国家政策最多的地方。直觉告诉吴俊松，“扶贫点”将会是扶贫事业有力的切入点。

为了进一步确定这个想法的可行性，吴俊松认真地研究各种传统的扶贫方式。原来，城市越加发达、农村便越加贫困是由大量农村劳动力外流而造成的。年轻人都外出打工了，不愿意留在老家。没有劳动力，又何来的生产力呢？这些扶贫点的马路都修好了，水库电站也修好了，年轻人还是觉得外出打工比较有前途，外面的世界资源多。即便资源充足了，机会提供了，农村还是一样的荒芜。现在最大的问题，不是农村没资源，而是人们没有意识到农村

采摘辣椒

资源的价值。因为这样，农村与城市的差距愈发大了。于是吴俊松开始思考，能否带着社会资源去农村挖掘新资源，让年轻人觉得回老家是有前途的，愿意回家去发展？任何一个地方，只要有了年轻人的活力，就会跟着充满活力，就能慢慢地富裕起来。尽管，一开始可能很累很苦，赚的钱不一定能比在城市里赚的多。但是经过一段时间，整个村会因为有了年轻的力量与干劲而富起来。也只有这样，才能实现真正的脱贫。

所以，吴俊松想带着他们已经拥有的农业资源与社会资源去帮助农户生产，并帮他们销售农产品。先从现在的农民入手，创造财富，让更多的年轻人看到农村、农业是有希望的、有前途的，这样才会有更多的人愿意回到这片可亲的土地来奋斗。在华南农业大学就读的吴俊松接触了很多新兴的农业科技，生产上的问题自然是不难解决的。但是，如何帮助农民销售农产品则成为重中之重的问题。吴俊松认为在现在这个互联网时代，如果仍然使用传统的农产品销售手段，将会出现订单数量难以预测、经营成本高等问题。所以，吴俊松决定以“互联网+农业”的形式为农民谋生路。因此，“绿稻人网”，一个连接农村与城市的区域化农产品电商平台应运而生。

现实之中，有苦有艰辛

基地留影

有了好的想法，就要将其付诸实践。但是当吴俊松开始筹划农业电商的各种事情的时候，才发现理想很丰满，现实很骨感，农村工作真的不容易。就像所有的创业者一样，吴俊松在创业开始时就面临了巨大的困难。第一次与农民见面的时候，吴俊松一行人背着重重的投影仪，走过长长的田间小路，来到了“扶贫点”的村委会。为了给农民们一个详细易懂的介绍和实用的培训，吴俊松花了很多心思和时间准备各种各样的介绍和讲解方式。原本以为无懈可击的吴俊松就在这幢破旧的办公楼里面，对着二十多个农民开始大谈农业电商的趋势。但是农民们对吴俊松所说的内容并不感兴趣甚至有点糊涂。农业电商的发展趋势对这些一心只为柴米油盐的农民来说，太遥远了。他们并不知道这个新生名词和他们的生计有什么关系。农民们唯一能给的反应，就是离开。那一次尴尬的经历对吴俊松来说还历历在目："我每讲一段就有几个人离开。越讲，台下的人越稀少。当我全部讲完，就只剩三四个人了。而愿意支持我们工作的只有两个人。"很可惜，第一次的工作宣告失败。

吴俊松第一次认识到说话者和听众之间的差距，也看到了创业者对自己评价过高的现实。"我们创业者，每当发现一个想法，总是很兴奋，以为万无一失，结果现实总会给予我们最沉重的打击。"吴俊松反思那一段经历的问题所在，明白了用户的需求才是王道。不管想法多好，如果用户不需要，那就都是白日梦。吴俊松深刻地意识到，扶贫事业要想成功，首先得抓住用户的需求，不能像传统的扶贫方式一样站在自己的角度思考用户的需求。单一的输入并不能改变农民贫困的现状。从农民的需求入手，激发他们自立自强的积极性才是吴俊松的扶贫工作的意义所在。

"农民不懂，没有关系，我们可以带着他们一步一步地走。只要我们能坚持，这个项目肯定会实现。"折戟而归的吴俊松和成员们在回来的路上显得非常沉默。但是，他们并不是被失败的忧伤淹没了，而是在思考如何调整扶贫的战略，怎样才能让农民相信他们，跟他们一起创业。经过谨慎的思考和团队长时间的讨论，他们认为农民并不了解销售。在他们的世界里，五谷丰登才是最重要的。丰收过后，农民自然会对产品销售产生需求。这时候，吴俊松的扶贫联盟就可以派上用场了。但是，农业丰收，没有技术支持谈何容易？所以，吴俊松第一时间想到母校强大的农业科研实力。于是，他们成了华南农业大学第一个去找校长谈项目的学生团队。校长非常欣喜地看到这群有志向、有能力的年轻人，心怀贫困地区，不怕艰难困苦，决定给他们提供全方位的技术支持。因此，相比起下乡的经历，与学校合作显得非常顺利。"当校长给我们竖起大拇指时，那一刻的心情澎湃真的难以言喻。"说起这段经历，吴俊松一直都非常感激。带着农业技术的支持，吴俊松再次回到扶贫点，给农民介绍这种比较先进的种植技术。吴俊松不再强求农民去了解那些陌生

央视采访

的销售模式，而是一心一意地帮助农民改善种植情况。看到这群可爱的大学生如此关心贫困村的发展，农民们也非常感动，开始接纳、信任他们。农村工作也逐渐顺利起来。终于，皇天不负有心人，第一批收成的大米丰收了！

但是，丰收只是初步的成功。大米一天没有分销出去，一天没有转化成真正的收益，就不算真正的成功。不过，电商销售农产品，谈何容易呢？吴俊松做的既不是天猫，也不是超市，哪里有这么多的客源呢？正当吴俊松惆怅之时，他从学校了解到，政府给每一个扶贫点都安排了一个对口扶贫单位负责分销农产品。广东两千多个扶贫点，就有一千多个对口扶贫单位。吴俊松灵机一动，既然已经有这么多分销单位存在了，自己就没有必要再插一脚。但是，分散性的分销因为相互之间缺乏联系，导致滞销地区的农产品没有办法转移到畅销地区去，因此农产品无法转化成农民的财富。所以，吴俊松的农产品电商平台要做的就是整合这一千多个分销点，做真正意义上的扶贫联盟。一个地方卖不动，另外一千个地方肯定有能卖出去的。通过联动各个地区的销售情况，吴俊松成功地为农民销出了第一批大米，提高了农产品分销的效率和利润。忙碌了这么久，吴俊松终于看到了事业的第一次收获！

吴俊松扶贫模式的成功很快受到了社会的广泛关注，各路媒体争相报道。但是，做事业不是做明星，过多的曝光反而是一种干扰。被媒体盯上的吴俊松也开始意识到了这个问题。“从前总以为能上个电视上个报纸是多么牛的一件事情，开始也真的会有兴奋感。可是久而久之，我们却为此感到了苦恼。”频繁的媒体采访打乱了他们本来的工作计划，项目进行得非常缓慢，甚至一度停止。奔波于各个镜头下的吴俊松每天都要应对形形色色的媒体，将同样的访谈内容重复一遍又一遍。甚至，有些媒体为博眼球而故意夸大的事实也让创业团队在一定程度上受到了外界的质疑。吴俊松反思自己不能再受困于镜头之下，而是应该沉下心来回归原本淳朴的扶贫事业，做真正有意义的事情。因为对创业项目过早的曝光，吴俊松在分享的时候也没有意识到要对其经营模式有所保留，扶贫联盟的模式很快遭到了别人的模仿。对于没钱没资源没人脉光有想法与冲劲的吴俊松来说，这无疑是个冲击。意识到市场竞争的严峻和农民脱贫的紧迫后，吴俊松重新投入到工作中去。

随着项目的不断深入，吴俊松和团队成员也遇到越来越多的困难。农产品电商化并不容易，这更是一个烧钱的活儿。“最后一公里，最初一万单”是要在这个行业中生存就必须跨过的鸿沟。但是，开始的前几个月，除却偶有几单，近乎零流量零点击率的网站让创业团队十分无奈。有些成员开始动摇了，离开了。为了保持运转，团队只能另外招揽人才。留下来的伙伴和吴俊松一起商量对策，离开的伙伴让他不断反思团队的建设，新加入的伙伴也提供了许多值得思考的思路。

绿稻人团队在不断的磨合中，一边学习一边成长。面对各种困难，兵来将挡水来土掩。没有资金烧，只能拼营销。他们积极参加宣讲活动，通过移动互联网进行快速传播。终于，一个“为 ta 做一次有玫瑰花香的米饭”的活动让绿稻人策划的大米品牌小有名气。面对磕磕碰碰，吴俊松咬紧牙关，坚持了下来。半年多的积累终于得到了回报，有“谷东”（绿稻人的客户都叫“谷东”）因为之前偶然通过电商下单，吃了他们的大米，感觉非常好，赶在春节前又下了几十万的订单。客户的反馈让吴俊松明白，是金子总会发光，好的品质才能打动用户。从线上连接线下，扶贫电商在2015年来临前，帮助了一批辛苦种水稻的农民，也让自己找到了方向。

前行的路，有泪更有笑

可是在那时候公司还不能算度过了生存期。最困难的时候，公司只剩两个人，另外一个成员问吴俊松：“还坚持吗？”吴俊松没有丝毫迟疑，说：“就算剩我一个人，也想继续坚持下去，直到不能坚持下去为止。”吴俊松的坚持感动了她，这位成员也选择留下来继续与吴俊松并肩作战。于是，两人破釜沉舟，把一个人当好几个人用。经过长时间的坚持，绿稻人的生意慢慢地好了起来。2016年10月，吴俊松突然感觉公司有点不一样了。在操作百万级别的项目的时候，吴俊松惊喜地发现他们已经可以纯熟稳重地操盘了，而且逐渐开始操作千万级别的了。看着自己身上可喜的变化，吴俊松有种无法言喻的喜悦。尽管项目难度更高了，但这不正是对自己能力的认可吗？阳光总在风雨后，坚持不懈的吴俊松终于看到人生的回报。2017年，绿稻人率先在揭阳、清远、云浮、阳江等地级市落地扶贫项目，同时也是这些城市在新一轮扶贫中的产业帮扶项目。公司再次得到了扶贫圈的热捧。能在扶贫的圈子里沉下心来做上四年的人真的不多，吴俊松用诚意、智慧和坚守感染了身边的人，帮助了农民，给农村带去了更多年轻的活力。成功来之不易，但吴俊松绝对值得拥有这份成功。

在三年多的摸索中，吴俊松逐步确定了公司商业模式。在扶贫农村与城市之间形成餐桌特供体系（F2C），将电商平台从销售平台转变为服务平台（S2B），将最好的资源带到农村，将最好的产品与服务提供给消费者。帮助农民挖掘更多的财富，也将最健康的品质生活辐射力所能及的城市。“秉持天地粮心，定制绿色生活”，吴俊松终于兑现了自己的承诺。

“2015年3月，我们开始策划组建扶贫联盟，我不敢说自己的这套模式有多创新，只是把过去一年多的积累转化为我们的优势。当年五月，这套模式帮助梅州市五华县的两个村销售出了四万株灵芝活体。九月，帮梅州大埔县村民销售了40多吨蜜柚……在2017年的今天，我们自营与合作的农场基地超过了5000余亩，涵盖种植、加工、销售。我们希望将‘技术、标准、销路’等服务打包带到更多农村。”说起这一路的成就，吴俊松依旧保持谦卑的姿态，把农民的需求和消费者的健康放在第一位。从扶贫电商到扶贫联盟，在新一轮的扶贫工作中，吴俊松积极地配合各个帮扶单位进行帮扶活动。绿稻人也开始从线上走到线下，越来越多的扶贫单位与公司加入他们，发挥各自的优势，一起去为扶贫农村策划、销售农产品。

吴俊松心怀农民，关注农业，不问世间浮沉事，一心只为“稻粱”谋。他以为

组织农户进行农业培训

城市消费者提供健康绿色的农产品为使命，坚守产品安全、产地溯源的阵线，带着农民走出了一条别样的创业路。扶贫电商联盟还会一直走下去，真正走出一条属于自己的有效扶贫模式。这不仅是响应国家政策大力发展农业，更是对社会的一份关心与责任。未来的挑战还有很多，但是吴俊松有农民的期盼，有同伴的坚持，还有各界力量的帮助，这条扶贫之路必能通往致富的康庄大道。

程　豪〉〉〉

努力当下，回头看来一切都是最好的安排

——程视科技创始人程豪

程视科技，是一家专注于产品三维动画制作的公司。公司创立至今不过短短4年，已多次与美的、奔驰等世界500强企业合作，短期内便快速发展成为国内知名的3D动画制作公司，引领了中国运用新媒体科技进行工业产品宣传营销的风潮，一跃成为国内“新视觉运动”的推动者。

“感性与理性交织的完美主义者”，程视科技创始人——程豪如此形容自己。当被问到自己对于过往创业经历的一些想法时，程豪坦言：努力做好当下，回过头再看，大约就会明白，其实一切都是最好的安排。

年少之志，兴趣是最好的导师

“其实，创业这个事情，并不是我早早规划好的，换句话说，我的家人甚至是我自己，从来都没有想过我会走上创业这条道路。”程豪在接受采访时这样说。他坦言，如果真要给自己的创业之路加上标签，那大概就是兴趣，兴趣是这条路上最好的导师。

程豪说，自己从小就对机械感兴趣。当他还是个小男孩时，家中的玩具基本都是机械汽车类的。随着年龄的增长，自己这方面的兴趣并未像其他男孩子一样减少反而日益浓烈。但学生的见识终究有限，程豪在高考结束后，关于专业及学校的选择，让他经历了一段彷徨与迷茫的时期。

回忆起高考的那段时光，程豪至今记忆犹新。那时候，他与父亲花了将近一年的时间来研究学校和专业，最终选择了遵循自己内心最真实的想法——他要学机械设计！那时候的程豪很清楚，只要心中还存有对机械的那份热爱，遑论对错，他做出的这一选择，至少不会让自己后悔。

“机会从来都是留给有准备的人。”程豪的经历再次印证了这点。优异的高考成绩，让程豪顺利以浙江报考生源第一的身份被华南理工大学录取。这无疑为他的梦想又增加了一块垫脚石。进入高等学府后，程豪在一群优秀学子当中，依旧是自带聚光灯的那一个。大学期间，程豪接连收获了众多荣誉，如：华南理工大学新生奖学金，美国艾利丹尼森发明创新奖学金和连续三年国家奖学金，多项专业竞赛全国一等奖，一项实用新型专利，等等。

太多的光环反而会成为一种约束。在那个时候，几乎所有人都理所当然地认为，程豪毕业后会选择直接进入名企，开始他的职业经理人的生涯，又或者是接受学校的保研邀请，继续专业深造……

然而，现实却并未向其他人想象中的那般发展。作为名校优秀毕业生的程豪，放弃了原本平坦而光明的就业之路，开始了他的看似前途未卜的创业生涯。在他人看来，这种转变太过于不可思议。对此程豪的看法是，自己选择创业是偶然，其实也是必然。正如钱钟书先生所说：“天下没有偶然，偶然不过是化了妆的必然罢了。”

程豪坦言，这里面的偶然主要来自于自己大学的经历。早在大一的时候，他就已经和创业结下了最初的一段缘分。作为优秀新生之一的他，有幸在大一下学期就能享受如研究生一般的待遇——有资格选择一名导师，并追随导师参与一些研究项目。而他最终选择的就是他们的班主任，也是当时学院最年轻的博导教授——王清辉。

王清辉教授曾经是新加坡Autodesk公司的高级研究员，主要研究方向是计算机图像技术、虚拟现实技术，作为广东省的引进人才直接被特聘为华南理工大学的教授。程豪当时在制图课程上表现出的优秀的空间想象能

程视
CHANCE3D

程视 LOGO

力，令王教授印象十分深刻，之后便一直带着他从事三维图像技术的研究。如此，程豪与CG（计算机图形技术）便有了最初的一段缘分。

有了王教授的指导，程豪如鱼得水，在短期内便自学完成了许多专业知识课程，随后参与了各种研究课题及各类专业竞赛。而他在三维图像技术上表现出的惊人的天赋，也让他一路上收获了诸多荣誉，自身的能力与见识得到了近乎飞跃式的提升。

而这一切，似乎就在冥冥之中为程豪之后的创业之路埋下了伏笔。

他开始学习用CG动画的方式来展示设计作品，而这种新颖又大胆的尝试也得到了来自教授、评委及企业高管的一致好评。慢慢地，程豪就意识到，利用CG技术展示设计作品似乎在商业广告领域有着非常广阔的应用前景。这样的想法一产生，便在他脑中发酵。但程豪当时也十分清楚，想法终究只是想法，若是没有落到实处，那么一切便毫无意义可言。

程豪现在回过头来看，发现冥冥之中推动着他走上创业之路的，可能就是那一份发自心底对专业的热爱，以及年少时想要成就自己的那一股拼劲。这也恰恰印证了程豪之前所讲的——兴趣就是他人生路上最好的导师，也是那一盏没有指明方向，却终会引领他走向目的地的指明灯。

在港创业起航，苦与甜相伴而行

在香港求学的那些日子，是程豪创业之路的起点，也是他人生中重要的转折点。

公司员工出游合影

在学校里，程豪结识了许多在各个领域都十分优秀的同学，还得到了来自国际顶尖教授的指点，这让他在思想上对公司经营有了更加全面而深刻的认识。

随后，程豪就自行注册了一个公司，并建立好了公司的官方网站。

那时的程豪并不着急。他的想法是，把这一切暂且只当作尝试，尽自己最大努力让公司发展得更为长远就是他的目标，而不去管公司未来成败与否。

当时他是那么想的，便也那么干了。为了让公司慢慢成长起来，他开始在各大论坛网站推广自己的业务。但刚开始的时候总是艰难的，经常是他花费大力气宣传，成效却始终微乎其微。不过好在，他一如既往的不懈坚持终于换来了回报——公司终于迎来了自己的第一个客户。凭着自身优越的技术，程豪顺利完成了人生中的第一单，并得到了客户高度的评价。慢慢地，公司的业务越来越多，而一些志同道合的人也加入进来同他一起奋斗。

白天忙公司的业务、做课程作业，晚上上课，凌晨赶客户的项目。这便是程豪那段日子的常态。大多数时候他会选择通过电话或网络和客户沟通，但也有很多时候需要在白天飞回内地，直接和客户面对面交流，晚上又赶回香港上课。那段边求学边创业的日子，对程豪来说，无疑是充实而高压的。忙得晕头转向的时候，他会选择喝一杯茶，调整自己的状态，然后思考如何让时间被利用得更有效率一些。这种高压快节奏的生活模式锻炼了程豪对时间的把握能力，也大大提升了他的抗压能力。

程豪说，那段日子的煎熬，大概只有亲身经历过的人才会有共鸣。但也不得不承认，在香港创业的日子，虽然艰难，但收获了阅历。正是这次创业的实践，使得程豪对课堂上学到的理论知识有了更深的理解与体会，反过来，学到的理论知识又进一步帮助他解决了许多在实际创业中才会遇到的困难与问题。在不到两年的日子里，程豪以最低的成本试水了创业，积累了一小批客户，并成功赚取了自己的第一桶金。同时这也为程豪之后回内地全职创业奠定了最初的基础。

“程视”创立，千里马终遇伯乐

“程视，用程序创造视界。”这是程视科技的宣传标语，也是程豪创立程视的初衷。

从香港毕业后，程豪带着先前创业积累的第一桶金回到广州，同之前认识的几个志同道合的朋友一起创办了程视。他给程视的定位就是——用科技改变视界，让3D技术颠覆人们的视觉体验。因而，最初程视只是专门为家电电子、3C数码及科技工业行业提供CG创意视觉制作服务。有了之前的创业经验做铺垫，程视的创立过程较为轻松。寻找场地、办理执照、装修公司、招聘人员等，各项工作都有条不紊地进行着。再加上程豪前期已经积累了不少客户，而公司的整体服务也十分优秀，业内口碑很快便好了起来，程视开始稳步发展。

在程视的第二个年头，也就是2015年，全球突然掀起了VR（虚拟现实）技术的热潮，而这恰好是程豪在本科期间跟随王清辉教授研究的课题方向，同时与程视的CG创意视觉方向相关性非常高，于是程视很快便成了资本市场关注的热点。借助这千年一遇的机会，程豪开始让公司尝试在VR虚拟现实业务上的拓展，同时开始涉足一些有价值的行业会议，密切关注行业动态。

而一个戏剧性的转折，就在一次看似再平常不过的行业分享会上发生了。

那是一次在深圳举行的虚拟现实行业分享交流会，程豪和他的合作伙伴作为普通听众参加了此次活动。会议休息时间，程豪像往常一样，在大厅里和其他业内人士交流行业技术及创业心得。就在那时，一位陌生人径直走向程豪，在简单和他攀谈几句之后，便直接向程豪表明他想投资程视的意愿。而这人便是程豪创业路上遇见的第一位贵人——集素投资的叶波。这种情形在生意场上并不罕见，程豪最初以为这不过是几句客套话，没承想，在双方进一步沟通了一周后，这笔天使投资便真真实实地确定了下来！

程豪那时无论如何都想不到，仅仅几分钟的谈话，会成为程视发展的一个重要转折点。直到现在，程豪对当时的印象还十分深刻。这一切也更让他坚信那句话：是千里马就终会遇见伯乐。

祸福相依，折骨般的角色转型

“祸兮福之所倚，福兮祸之所伏。”天使投资的加入，无疑加快了程视发展的

团队主要成员

步伐。然而就在程豪以为程视未来的发展前景一片光明之时，上天给他开了个玩笑。

那笔天使投资给公司带来了巨额的资金，再加之政府的奖励及扶持，程视加快了发展速度——团队成员扩展为30多人，并同时在佛山、深圳、杭州等地增设了分公司。而这看似光明顺利的背后，实则隐藏了巨大的危机。

程视当时的发展过于迅猛而忽略了公司本身的实际情况，这种“大跃进”式的扩张实际上给程视埋下了一颗颗地雷。在公司取得了表面光鲜的成绩之后，整个团队开始膨胀，浮躁的气息在公司内部逐步弥散开来。慢慢地，团队里许多成员都觉得自己已经成功了。然而事实却并非如此。

程豪回忆说，当时他自己并没有很快地从一个单纯的执行者角色转换到一个全局的管理者角色，加之团队大部分成员都比较年轻，缺乏管理经验，所以当团队人数发展到一定规模的时候，问题就产生了。

公司当时的人员管理存在很大的纰漏，一是缺乏有能力的管理人员，二是成员内部职责分配不均衡，结果就导致一部分人工作异常繁忙，而一部分人却无事可做的乱象。而公司在项目业务上也问题频出，客户满意度直线下降，公司收益随之逐步下滑。渐渐地，负面情绪很快在公司内部传播开来。雪上加霜的是，就在程豪忙于解决各种项目问题之时，一位他非常信任的VR技术合伙人由于不满利益分配，私底下在团队内部煽风点火，企图分裂公司，最后还带走了几位重要客户……这对公司来说，无疑是如同折骨般的打击。

也正是以上种种不顺给正处于火热扩张活动中的程豪泼了一盆巨大的冷水，让他逐渐冷静下来，开始反思公司的战略，盘点公司的团队，深刻地理解人性，并开始狂补企业管理的知识……在痛苦地挣扎了几个月之后，程豪慢慢理清了头绪，在逆境中逐渐找到了突破口。

凤凰涅槃，浴火重生

在公司四面楚歌的情况下，程豪始终坚信：“那些不能杀死你的，终将使你更加强大。”程豪知道，要想改变当时的局面，自己就必须拿出破釜沉舟般的勇气来整顿公司。

首先要做的就是与核心骨干成员一对一的深入谈话，澄清事实真相；然后砍掉与公司价值观不符的合伙人的部门；同时规范公司的各项管理制度，重新梳理业务流程，并重申公司价值观，始终以客户满意度为导向；在人员管理方面，鼓励适当的人员流动，引进更加优秀的人才，淘汰不适应公司发展的人员，使得团队更加精英化；而针对此前公司成员由于利益分配不均衡引发矛盾的问题，重点在于加强公司内部的沟通机制，建立顺畅的双向反馈通道，从而实现信息的及时反馈与应答……

在以上措施开始落地之后，程视便经历了长达半年的整顿期。在这半年里团队非常脆弱，好像一经触碰就会散架，因而那段时期程豪一直处于高度紧张的状态。唯一值得安慰的是，在公司发展最困难的时候，反而涌现出了很多成长迅速又有担当的人才，帮助公司更快地度过难关。

程豪坦言，现在公司已经回到了正常的上升通道，而自己创业至今也有5年，公司的规模虽不像在新闻中常见的独角兽公司，每年市值几倍甚至几十倍地增长，但也拥有了一个体面舒服的办公室和一支优秀有理想的年轻团队。平日里为客户制作CG创意商业广告，每年也能获得近千万元的营收。

而对于过往创业经历的感悟，程豪总结道，这一路上他学到最多的就是“谦和谨信，行胜于言”这八个字。对于创业者来说，始终要明白的就是“人外有人，天外有天”。因而无论何时，都需要保持一种谦卑的态度，好好努力，不断让自己进步，这样公司未来无论面临何种风险，都有办法应对。

程豪也说，自己十分赞同乔布斯的一句话——“你不能事先把点点滴滴串在一起，只有回头看的时候才知道点点滴滴是如何串在一起的。”过去那一切看似无关的事情，如今看来，就似命中注定的一环紧扣一环。譬如程视在成长过程中遇见的种种机遇与挑战，都不是能主观预测的，但却也是因为它们，才造就了程视现在的样子。

“努力当下，回头再看，可能一切就是最好的安排吧！”程豪最后这样说道。

创业三载，携手缔造罗马帝国的荣耀

——广州新窗记网络科技有限公司 CEO 杨鸿

‹‹‹杨 鸿

杨鸿从来就不是一个安于现状的人，喜欢挑战，喜欢不断尝试新事物。创业就是其中的一个。与大多数埋头学习的学生不同，“创业”二字对于杨鸿来说并不陌生。父母经商已久，商人的头脑与热情似乎从一开始就融于他的血液之中。在学校里，当同学们还在与学业和社交周旋时，他已经开始经营小本生意，处处寻觅商机。卖袜子、卖水晶，甚至开旅馆……从大一到大三，杨鸿在保证学习成绩的同时，不断地尝试、探索。“合抱之木，生于毫末。”大概就在那个时候，一次次的实践经历已经在潜移默化中锻炼了他的商业能力。

懵懂青春年少时

2014年，“大众创业、万众创新”的浪潮刚刚涌动，许多扶持政策为创业的种子提供了温暖湿润的土壤。此时，已经是大三学生的杨鸿也摩拳擦掌，想趁这股东风实现自己的创业梦。于是，杨鸿与几个志同道合的好朋友商量着开始尝试互联网创业。“渴望实现价值，希望自我改变”是当代大学生的精神主旋律，大学生希望能在校园里找到志同道合之人一起实现梦想，而校园文化则是联结他们的好工具。但是，社会上尚

窗记团队照

缺少针对校园的文化传播机构，杨鸿便萌生了和同龄人一起创业，做校园文艺社交的想法。如果把校园比作花园，那么学生便是其中绽放的花朵：花朵是花园的主角，学生是校园的主人。可无论是文化理念的引导和形成，还是校园商铺的经营，大多数都是“非学生”在操控。缺乏学生的参与，校园文化如何能在广大学子心中生根发芽呢？所以，校园文化的建设亟须改变。杨鸿相信“改变”才是阿喀琉斯的脚踵。倘若学校有学生自己的文化工作室，那么学生的技能便不再只停留于课本上。学生可以将从书本上学到的知识用于经营他们学习生活的环境。在这个过程中，学生可以体验到创业的振奋与不易，最后选择自己的职业生涯。学校这个大花园也会因为花朵的竞相盛开而更加夺目。在多次的讨论策划后，他们决定开发一款大学生文艺社交软件，为大学生以及校园文艺爱好者提供原创作品的展示平台和社交平台——“窗记校园”APP诞生了。

杨鸿带着不到10人的小团队，从此奔上了无怨无悔的创业之路。团队成员来自不同的系别和专业，有着不同的特长和优点，却又有着一样的坚定与激情。这群年轻人的壮志给刚刚进入初夏的珠海又加了一次温，正如那岸边盛开的花朵，活力四射。凭借着初生牛犊不怕虎的自信和热情，杨鸿一行人一头扎进产品的推广运营，孜孜不倦地研究着、实践着。“窗记校园”的客户群体是年轻人。年轻的力量总是强大的，而产品推广正好可以运用这股力量。杨鸿意识到，要想让大学生迅速了解校园信息，肯定离不开年轻人熟悉的互联网世界。所以通过APP的推广运营，网站的搭建以及贴吧、微博和微信的投入使用，“窗记校园”迅速聚集了许多有同样兴趣爱好的年轻人。运营不到半年的时间，新平台上就拥有了5万多的注册用户，300多个经常投稿的原创作者。问起当初为什么会选择“窗记”二字，杨鸿表示：“我们都是不甘安于现状的年轻人，‘改变’是我们的追求，而改变的英文是change。”于是杨鸿根据这个英文单词的发音，创造了新的名字——“窗记”，意味着“校园文化的窗口，青春追梦的印记”。就像这个名字的含义一样，杨鸿和团队在追梦的路上，留下了第一个成功的印记。

不止步于小小的成功，杨鸿看到“窗记校园”聚拢年轻用户的潜力，便开始带着窗记校园团队到处融资，以求更好地成长。杨鸿手上的业务很快就覆盖了文学推广、策划交流、广告设计等和文化传播密切相关的各个方面。“窗记校园”利用互联网的张力得到了迅速传播，而这种新型的传播途径也很快得到了大学生的响应。除了学生的积极参与，学校也对杨鸿的创业团队提供了全面的支持。“创意丰富但耐心不足一直都是我们的通病，这对创业团队来说的确是一个很大阻碍。因为可能一旦出现了小挫折，我们就坚持不下去了。所幸的是有了学校和国家的支持，我们一路走来尽管遇到过困难，但是也有很多人帮助我们解决问题。有了这些帮助，创业不再是空想，创意一定能实现。所以我们要做，我们还要做到最好。”杨鸿的眼睛里闪烁着自信的光芒。从杨鸿的自信中，我们看到的不仅是创业者的坚持，更是对这个项目十足的把握。凭借着这股冲劲与拼搏劲，杨鸿即便在暑假也潜心工作，牺牲了许多休息的时间。他穿梭于各大网站汲取创业经验，牺牲暑假时光和许多大型企业进行洽谈，只为给自己的团队带来合作的曙光。杨鸿就像一个得到新玩具的小孩子，满怀好奇与激动地琢磨着“窗记”这个新玩意。但是不同于小孩子的是，杨鸿对“窗记”还多了一份坚持与热爱。所以杨鸿还想为“窗记”做更多：改善APP后台运营，让自己的工作室被更多人喜爱；搭建一个新的网站；注册公司，把这个项目真正地做成一个健康的企业……在追梦的路上，杨鸿也一直在做梦，做更大更美的梦，激励自己不断向上爬，成为更好的自己，成就更好的企业。

窗记校园 APP 开机启动页

一个月后，当大家打开电脑，点开百度百科的时候，一个全新的“窗记校园”图标呈现在电脑屏幕之上。之后各大主流应用市场如360手机助手、豌豆荚、小米应用商店、机锋市场、乐商店、腾讯应用宝、91手机助手等都能搜索下载窗记校园。杨鸿辛苦奔波一个月，终于收获了第一阶段的成果。这是个阶段性的胜利，是美梦的第一个小高潮，也是杨鸿日夜奋斗的结果。

尽管现实送来了暂时的甜蜜，但创业总归是不容易的，困难还是一个接一个地到来。“窗记校园”做起来了，但是要想继续走下去，团队还需要更多的资金。杨鸿手上的业绩并未能说服投资者。“窗记校园”的数据并不漂亮，而且创业根据地并非是在广州大学城等高校集中的地方，因此少了很多相关的支持。迟迟等不来投资者的青睐，杨鸿觉得他们需要另辟蹊径来获取资金的支持。面对资金短缺的困难，杨鸿这颗年轻的心依旧满腔热血，没有被拒绝和冷落打败。团队成员积极地参加各种各样的比赛。国家级大学生创业项目、广东省攀登计划重点项目、挑战杯粤港澳APP设计比赛二等奖、“赢在广州”优秀创业项目奖等荣誉纷纷被收入囊中。就像《梦想》里唱的那样：“他们说面向太阳就会是希望，他们说勇敢成长就是种锋芒，我相信梦想就是最好的信仰，指引我们向前，不会彷徨……”世界上没有白走的路，每一步都算数。辉煌的成绩丰富了“窗记校园”的履历，为它带来了更多的资金支持。更重要的是，在这个过程中，这群年轻人可以一起面对困难，迎难而上。校园创业的经历在团队成员的人生画布上抹下了绚丽的一笔。大家一起为同一个目标而努力的过程，成为了杨鸿最难以忘却的珍贵回忆。

创业的路上有笑有泪，大学生的梦想美丽单纯，但人总是渴望更大的成功。团队成员终于还是耐不住现实的考验，逐渐离开团队。随着大多数团队成员的离去，这个尚未成熟的APP平台暂停了运营。尽管后来“窗记校园”又重新突围而出，但在那时，这个优秀项目的无奈搁浅也的确让人感到心酸。虽然如今的“窗记校园”成员早已不是当年并肩作战的朋友，但是直到今天，杨鸿还是会偶尔想起那段年轻气盛、无所畏惧的日子。那股创业的勇气、坚持仍然像晴天里的雪花，像包藏火焰的大雾，旋转，升腾，激励着自己继续往前奔跑。

梦想很丰满，现实很骨感

项目的暂停让杨鸿回归平凡的实习生活，继续在求职大军中寻找自己的方向。但是因祸得福，在经历暂时的失败和各种各样的实习后，杨鸿终于慢慢意识到项目盈利的重要性。创业不是以梦为马便能飞翔的美梦，而是需要利润奠基的长征路。杨鸿意识到自己以前并没有给“窗记校园”找到合适的盈利模式，最终才造成了项目的搁浅。他重新分析了当时的商业环境以及自己本身已有的资源和能力，决定东山再起，重新追求这个理想。杨鸿再次找回了有热情、有志向的伙伴，也吸纳了很多新生的力量。“窗记校园”项目的团队成员重振旗鼓，升级为“窗记科技”团队，一起商讨对策，决定从事企业的技术开发外包服务。“一旦项目的商业模式清晰，可以盈利，团队不但能够保证温饱，解决生存问题，还能看到‘事业有成’的曙光，也就不会那么容易分崩离析了。”杨鸿拨开创业路上的迷雾，再次确定方向重新上路。

梦想很丰满，现实很骨感。业务一开始，问题就随之出现。客户洽谈时间太长，回款时间长，团队的现金流出现问题……创业团队每天都要面对井喷式的问题，再加上大家都缺乏经验，管理不到位，大大小小的各种限制搅得大家心烦意乱，彻夜难眠。“最困难的时候，我们连续三个月发不出工资。身为创始人以及带头人的我，口袋里也只剩下那么几百元的‘存款’。”说起这段经历，杨鸿也非常后怕，害怕这刚刚重新起航的“窗记校园”，在大风大浪中折桨断桅，害怕这艘命运多舛的小舟，会再一次消失在这惊涛骇浪中。

看着自己一手创办的小公司，杨鸿陷入了沉思。身边朋友、亲人反对的声音，和自己一起奋斗操劳的战友们的身影，就像锤子一样，狠狠地砸在他心上。他失落、内疚、痛苦，但更不甘心。如果说自我剖析与反省是一个撕裂的痛苦的过程，那么此刻的杨鸿就是一名勇士。他静静地坐在办公室里，一点一点地梳理一路遇到的问题以及该如何破解。既然团队的现金流是主要问题，而技术开发又存在重重困难，那么是否可以调整对项目的选择？杨鸿开始深刻地意识到优质项目的重要性，一个大胆的想法闯入他的脑子里。他迅速调整策略，不再“全盘接收”，而是主动拒绝回款时间长的项目，把精力投入到那些回款期短、成本低的小项目。这是一次转变，更是一次摸着石头过河的尝试。放弃项目意味着损失了原本就非常需要的收入，但这真的是企业所需要的吗？杨鸿经过深思熟虑，终于决定要做“有利可图”的生意。微商城成了杨鸿的首选，团队成员研发了一整套微信三级分销商城的系统，直接将功能复杂的微商城模板化，开发费用也从动辄几万降到了几千块钱，而且客户需要一次性付清款项才能开展项目。走到这里，“窗记科技”的方向和盈利模式都已经非常清楚了，这一次定能凯旋。

杨鸿坚定的信念让团队成员也充满了希望。美国最伟大的总统之一林肯不也是经历了十一次失败才成功当选的吗？团队经历的这一点挫折，算得了什么？大家调整心态，迅速投入到新的工作中。此时的微商城，本来已经有了一套模板，团队的开发时间果然从半个多月降到了几个工作日。而团队的细心与专业也得到了客户的认可。他们不仅为客户提供软件开发服务，帮助客户规划互联网产品，遇到优质的产品时，还会采取技术入股的形式与客户进行合作。有客户甚至这样赞许道：“别的技术开发公司是在做我们让他们做的，你们不单单做我们让你们做的，还能为我们解决问题，思考产品的逻辑，当作自己的产品来做，这一点值得让你们做我们永久的技术合作商。”漫漫长夜，他们那一双双因疲倦而布满红血丝的眼睛里，却闪烁着星星。从那时候起，“窗记科技”创业公司，终于扭转亏损的局面，达到收支平衡。

别人笑我太疯癫，我笑他人看不穿

2017年，是杨鸿创立“窗记科技”的第三年。仰头只见斗转星移，俯首长叹白驹过隙，身边的人来来往往，而这位年轻人却一直都在坚守。团队的成员一直在改变，杨鸿却依然坚持着这份他倾注了无数心血的事业。尽管“窗记科技”并没有给他带来丰厚的利润，但却留给他一件珍贵的礼物——情怀。别人笑我太疯癫，我笑他人看不穿。或许每一位创业者，内心深处都有这样一颗文艺的心。“帮客户解决了不少的问题，帮公司小伙伴生活得更好，想想这些就觉得是我的动力！”杨鸿创业并非为了生计，也不是为了名利，只是为了自己的“梦”及帮助别人解决问题，帮助每一个人过上更好的生活。这种努力所回馈的满足感便是给杨鸿最好的礼物。

同时，“窗记科技”也逐渐成长强壮起来。同时拥有珠海、广州、深圳三大办事处与分公司，设立了“窗记科技”淘宝企业店铺，为更多的企业提供优质的互联网服务。其合作的客户不仅有“育娃娃”此类国产小品牌，还包括“艾蜜塔”之类的国际名牌；不单涉及“卓霸贸易”“杉木药业”等中小企业，还有“美年大健康”“广汽集团”等上市公司。在技术外包开发的业务基础上，“窗记科技”甚至推出了子品牌“公司包”。“公司包”致力于为企业客户提供从技术咨询、技术开发到网络推广、电商推广等一系列企业互联网综合服务。

三年的创业历程，杨鸿体验了自己企业的成功和失败，艰难与幸运。他也越来越明白，商业的本质，不仅仅是赚钱这么简单，还要在为自己赚取物质的保障的同时，为社会创造价值。这种创造价值的自我成就感，就像在骄阳下奔跑后的大汗淋漓般真实，被依赖所带来的幸福，是物质远远不能企及的。“窗记科技”在自己的成长之路上，帮助了很多一心追梦的创业公司，为不计其数的企业提供了令人满意的服务。杨鸿和“窗记科技”一路跌跌撞撞，也终于交出了一份令人满意的答卷。

无论是回首过去，还是眺望未来，杨鸿一直坚守着这句“攀高贵在持久时”。机会只留给有准备的人，远处的风景只青睐努力攀登的人。“无论前头有多少困难，我也愿意与我的小伙伴们一起携手缔造‘罗马帝国的荣耀’。”

感谢杨鸿和他的帝国，还有无数个像他一样在创业这片土地默默耕耘奉献的勇士。正因为他们的存在和付出，才让今天的华夏大地绽放出奋斗的花朵，飘满丰收的喜悦。

创业要“接地气”，要愿意去做别人不屑做的事

——五六点教育创始人、CEO 王浩兵

《《王浩兵

尝试过成功的甜头，也品味过失败的苦涩，但始终不变的是坚持，坚持自己最初的梦想：做成一项事业，打拼出一家伟大的公司。

——题记

少有抱负，立志创业

毕业两年的王浩兵清晰地记得六年前的自己。那时的他，坐了21个小时的火车，拎着行李来到广州，环顾四周，“一个人都不认识”。站在学校正门，看着川流不息的人群，他心想，决不能平平淡淡度过大学四年。就是在那个时候，他告诉自己，四年后要骄傲自信地离开，十年后要让这座城市接纳自己，并因为他的存在而骄傲。就这样，他满怀憧憬地走进了大学校园，毫无畏惧地开始了他的追梦之旅。

2011年9月，王浩兵正式入读广州大学。但令人惊讶的是，2011年10月，王浩兵就在珠江河畔组建了创业团队，他的伙伴中，一名是在军训的时候认识的，一名是在学生会面试的时候认识的，都是经过不断地沟通和了解然后吸收进创业团队的，后来扩充为8个人。虽然都只是大一新生，但是因为一个共同的信念，他们开始踏上未

知之路。王浩兵将团队取名为“中国梦之队”，希望“用自己的努力带领年轻人找到心中的梦想，并找到为之奋斗的动力”。

面对周围同学的质疑和不理解，王浩兵没有动摇。他始终坚定地认为：“在最后变为现实的所有梦想，一开始都是在人们的不看好和不理解中开始的，但他们会以大家所看轻的痴狂和努力去行动，最后收获别人报以艳羡的辉煌和成功。”很多人以为王浩兵只是一时兴起，但其实创业这个想法在他脑海里早已根深蒂固，只是没有遇到好的机遇和平台。在进入大学之后，他就遇到一个比较好的平台，而且大学的氛围比较开放，学校的资源也很丰富，加上学生和老师都很支持，王浩兵觉得这是一个很好的机遇，创业的想法就更加坚定了。

王浩兵喜欢演讲，刚进大学就想组建一个团队到中学去演讲，“搭建一个在校大学生与中学生的交流平台”。他觉得大学生经历过高考，有各种不同的感悟，可以将自己的成长经历和感受通过各种方式分享给中学生，鼓舞他们，让他们更好地度过高中时光。王浩兵觉得这是一个有前景的、值得去努力的创业项目。此后，王浩兵和团队成员们为了这个创业项目开始走向街头人群，走向学校教师，走向学生家长，向他们了解如何更好地进行大学生和中学生之间的交流，去收集中学生成长里遇到的难题。因为要想做好这个创业项目，前期的资料收集是必不可少的。

一鼓作气，初露锋芒

王浩兵满怀着创业的希望，追梦的路上却很难一帆风顺。王浩兵很想去中学做演讲，但作为一名大一新生，并没有那么容易实现。为了获得哪怕只有一次的演讲机会，他几乎走遍了学校周围的中学。虽然屡屡遭拒，但他依然执着前行。为了获得在番禺区石楼中学做励志演讲的机会，他和团队先后3次登门拜访。从大学城骑车过去，每次来回近70里路。几次被门卫阻拦，王浩兵仍不罢休。“当时正好有一辆车从门口开进来，后来才知道是母校高三的学长。”他立马拦下了那辆车，从口袋里掏出12张证件，“是每个人的身份证和学生证”。也许是被他的诚恳打动，学校的领导同意先让团队进去做调查问卷。两周之后，王浩兵和另一名成员再次来到石楼中学，交上自己手写的5000字针对中学生所遇问题的调查报告。学校领导在这些年轻人的脸上看到了坚持和真诚，态度也从当初的拒绝变成了支持，同意让他们在石楼中学进行演讲。随后，团队成员为学生们组织了以“梦想”为主题的演讲，并拍摄高考励志视频和感恩视频，举办夏令营、冬令营等活动……他们的表现不仅获得了学校的信任，还赢得了学生和家长的支持，为他们后来的创业积累了相当丰富的人脉和资源。

2013年暑假，团队连续在4个学校举办夏令营活动。有的学校环境很差，只有一张空床板。“当时团队的18位成员买了18张席子，自己背着去学校，活动结束后再背回大学城。”现在重新看回当时的照片，王浩兵还是会很感慨：原来我们是这样走过来的……

一步一个脚印，王浩兵带着团队获得了去更多学校演讲的机会。2013年，他们走进了广州市协和中学、广州市增城中学、广州市从化一中、河南郑州外国语学校、河北霸州一中、新疆喀什中学等4个省7个市30多所学校，开展了100多场励志活动。“活动积累了五万多分钟视频，八万多张照片。”回想起在学校的第一次创业，王浩兵脸上带着骄傲和自豪。这不仅让他们赚到了人生的第一桶金，团队也从当初的8个人，变成了18个人，又发展成此后的48人。

欲求突破，屡败屡战

除了做演讲，王浩兵和团队还举办素质拓展、夏令营、冬令营等活动。这些都得到了老师和家长的一致认可，尤其是在萝岗区（现已并入黄埔区）。“我们在萝岗区举行的活动是最多的，影响力也是最大的。”这也引起了萝岗教育局的关注。2013年12月，团队在团萝岗区委的支持下，成立了“广州市萝岗区新青年素质拓展协会”，“变身”为一个有组织的社会公益团体。创业者就是要不断创新。王浩兵的第一次创业无疑是成功的，但他依然在考虑哪个发展方向更好，于是就有了接下来的三次创业。

第二次创业算是第一次创业的延续。首次创业的项目得到教育局的支持后，他们开始寻求新的突破。“当时移动互联网发展得正热，我们想搭建一个平台让更多大学生和中学生能在平台上进行互动交流。”王浩兵萌生了做校园社交软件的想法。由于团队全是文科出身，一个技术人员都没有，于是他们又用了半年时间去组织技术团队。“虽然也吸引了一笔天使投资，但等产品做出来后，我们发现早已变

五六点教育荣获“创青春”全国大学生创业大赛全国金奖

天了。”王浩兵笑道。同质化的社交软件已经太多了。“这事不靠谱，而且是烧钱的事，所以就撤出来了。其实现在放眼望去，大学生创业能够把互联网平台做好的几乎是没有的。”

方向不对没关系，王浩兵和团队反思之前的失败从而调整方向。第三次创业，他们想做一个家教平台，将优秀的大学生资源集中到平台上，家长们可以在上面找家教老师。“但后来发现这不是刚需，家长还是更依赖于线下找老师的方式。这次创业也就没了下文，持续时间不到3个月，不过这些都是有意义的，为我们第四次创业修正了方向。”

2014年9月，王浩兵经过不断地思索与调整，终于设定了一个新的创业方向，那就是创办专业现代化托管机构。“很多事情都是很偶然的。”因为老师杨恒平教授的关系，王浩兵发现如今双职工家庭的比例越来越大，孩子的托管成了一个麻烦的问题。作为一个行动派，他与杨恒平教授探讨了这个项目的可行性之后，得到了老师的支持。很快，王浩兵召集团队在天河、越秀、荔湾和萝岗等区进行调研。“四区内相关的托管机构近2000多家，但正式注册的仅有7家。”同时，他们还采访了100多位家长，针对托管相关问题进行交流，获得了真实有效的数据，这也让王浩兵看到自己所做的事情是靠谱的。

柳暗花明，更上层楼

一直以来，托管行业都非常混乱：门槛低、无行业标准、不像其他培训机构有自己的品牌。“大部分从业者是专科毕业的大学生或退休的老教师、幼儿园老师或者是下岗的阿姨……”看到这种状况，王浩兵就想将托管行业的品牌做起来。这件事的利润比较低，还很辛苦。“大学生团队要去跟别人比拼，就要去干别人不愿意做的事。”王浩兵看到了一个契机，他觉得别人不愿意去做的事，就由他们大学生来做。吃得苦中苦，方为人上人。就是怀着这样的信念，2014年11月，广州五六点教育咨询有限公司注册成立，这是王浩兵和团队在萝岗首开的第一家门店。

为更扎实地走好创业道路，王浩兵没少下“血本”，在师资建设上从不“偷工减料”，请来的老师基本都是本科及以上的学历。“大学生会比较有活力，跟小学生的相处也比较融洽。”为了提高老师们的素质，公司还请来了广州大学的教授给他们进行培训。得益于母校的支持，王浩兵的计划迅速铺展开来。公司还请优秀的中小学校长跟公司老师进行交流，让老师们学习在实操上应该如何管理学生。

王浩兵说，他们的目标是“用O2O商业模式打造现代化托管门店”，“为每一个家庭建立一所学校”。“学校”并非传统意义上的学校，王浩兵解释道：“而是在你家附近，除了公立、私立学校以外的另一个有学校概念的组织。”他们会配以校车接送、准备营养晚餐，并安排老师指导孩子做作业。同时，互联网技术也可以将孩子在托管学校的情况以图文的形式记录在APP上，既方便家长观察孩子的实时情况，也能让公司形成一套标准化、服务化的工作流程。“我们在做好这几个服务的基础上，还会有‘素质托管’。除了满足基本需求外，还会满足学生的素质教育需求。”王浩兵说。为了提升学生的素质，他们团队还专门设置了5个特色课程：智商、情商、财商、创客、瑜伽。“每天晚上做完作业后，会为他们开设30分钟的素质课，保证学生的整体素质得到提升。”而这些课程全部都是嵌入到托管业务里的。他们寒暑假还会举行夏令营、冬令营等活动，这不仅让孩子快乐成长，也加强了家长与孩子之间的交流。

千沟万壑，贵在坚持

创业的路上从来都不会是一帆风顺的，王浩兵的创业路亦然。因为坚持要做质量、造品牌的想法，王浩兵在师资建设上投入了大量的资源，而这也意味着成本的大量增加。整个托管行业缺乏行业标准，太低的门槛也催生了许多滥竽充数的“竞争者”。他们压低价格来恶性竞争，而这给“五六点教育”带来了巨大的冲击。看着公司面临的危难，王浩兵百感交集。但是他觉得，作为一个创业者，要有不达目的不罢休的精神。因为创业本来就是一个未知的历程，可能鲜花遍地，也可能荆棘丛生，永远不知道下一秒会发生什么。如果意志不够坚定，一个小小的困难都有可能会将你打垮。很多公司不是死在困难上，而是死于感觉不到希望。只有不断为团队注入希望，才会有超强的执行力，想法才有可能实现。就是抱着这样坚定的信念，在公司面临巨大冲击时，王浩兵没有倒下，反而实现了更大的发展。

其他托管机构通过降低质量的形式压低价格，王浩兵看出了其中的端倪，但他要做的不是“鹦鹉学舌”，而是通过提高质量赢得家长信任来占领市场份额。就这样，王浩兵带领他的团队再次实现了成功升级，有效扭转了局面。当他回头看曾经的这些困难，他更加坚定了脚下的步伐，不断地实现，不断地靠近他最初的梦想。

的确，经历这么多的困难，他和他的团队都没有选择放弃，而是继续往前行进。这不仅是对他，也是对团队成员的品行和人格的一个塑造和提升。在创业过程中肯定会遇到很多的困难，这些困难都在促使王浩兵去思考如何解决、如何超越。在无数次的解决、超越之后，王浩兵变得更加坚定，对创业有了更加深刻的认知，对他的梦想有了更加深刻的思考。

如火如荼，永不止步

“我们的想法是要做一个很大的公司，而不仅是开几家店。”从2014年创立以来，“五六点”颇具朝阳气息：店面从1家扩张到5家；营业额也从年50万元提升至150万元；盈利率从15%~20%提升至30%。“预计到2017年是15家店，2018年有百店计划。”王浩兵有着自己的拓展计划，而他也正在践行着。但在2015年3月到2016年

4月期间，他们没有开任何一家新门店。那时，王浩兵发现原有的商业模式走不通。“我们要做连锁，要能把这个公司做到上市。”他解释道，而这不是开3家店或者5家店的问题。所以他们一直在转变和调整商业模式的构建，在对整个行业进行一个更深入的摸索。

王浩兵团队参加“赢在广州”创业大赛

下一步，王浩兵说他们会采用平台共享的方式，将素质课程和互联网工具共享给其他托管机构，让他们来加盟这个品牌，一起提高托管服务的行业水平。“还要进一步冲击IPO上市。之后再将部分资金回笼成立投资公司，去投资教育领域创业的大学生。”“我的人生梦想就是做一个伟大的公司，自己做成以后再以演讲的方式将感受分享给其他创业者。”王浩兵说他现在就是为了这个梦想和愿景在努力。

在谈及要给正在创业的大学生一些建议时，王浩兵毫不犹豫地把自己创业道路上的经验之谈分享了出来。“我觉得大学生创业还是要‘接地气’，要是自己能够掌控得了的，在创业过程中慢慢培养自己敏锐的嗅觉、积累经验以及自己的人脉资源，找到一个合适的时机再去跳跃。其实我不太建议大学生创业一开始就拔很高，比如说做一个互联网平台，然后快速融资之类的，这些都是虚的。我们大学生创业一定要做一些非常接地气的，尽量多的选择垂直的领域，那些还没有被企业‘大佬们’所占领的领域，比较垂直、比较细分的领域，然后在细小的领域里精雕细琢，一点点地去打磨产品和完善自己的商业模式，我觉得这样才有可能成功。因为大学生创业其实很艰难。第一，没有人脉；第二，没有资源；第三，对商业化的判断完全是不清晰的。综合这些因素，假如我们是选择了一个很大的概念的话，很容易失败，所以我选择了做一个教育领域内很垂直、很细分、别人不屑于去做的托管机构。而且我们在前几次的创业中积累了对教育行业的判断和经验，这对我的托管机构的成功有一定的经验借鉴。”

梦想从来不会轻而易举地实现。在实现梦想的征途上，要面对的挑战越难，越要坚定地前行，而这正是梦想的诱惑。王浩兵和他的团队怀揣着一颗颗紧紧相连的勇敢的心，必将逆水行舟，实现这个与更多人关联的梦想。长风破浪会有时，直挂云帆济沧海！五六点教育，一直在路上。

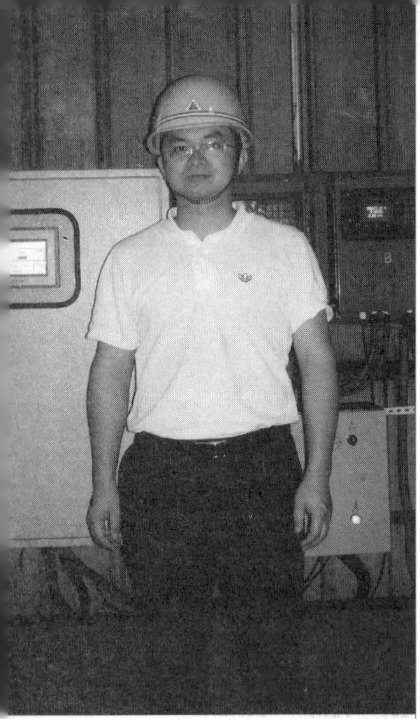

胡大为〉〉〉

八载奋斗磨一剑，迎得春来共芬芳

——广州市芬芳环保科技有限公司总经理胡大为

从出色的学者到杰出的创业家，胡大为的创业成功若有十分，那其中定有三分的天时，两分的天赋，还有五分毋庸置疑的努力。他总说自己是幸运的，但大家都明白，一个聪明又努力的人一旦有了运气，成功也就是囊中之物了。

努力铸成宝剑，时势造就英雄

如果说，每个人的生命都有一个所谓的命运转折点，那么对于胡大为而言，他的转折点就降临在了2009年7月6日这一天。

在这一天，时任中共中央政治局委员、广东省委书记汪洋到华南理工大学进行调研，并与师生代表就开展社会实践活动进行专题座谈。当时年仅25岁的胡大为作为华南理工大学一名出色的博士生代表，向汪洋书记介绍了其带领团队所发明的高效煤炭催化剂。胡大为团队所研制的高效煤炭催化剂应用了化学干预煤炭催化节煤的技术，能够达到节煤5%～30%的效果。在煤价不断攀升且国家更加重视节能环保的背景下，其经济效益、环保效益皆不容小觑。听完胡大为的汇报，汪洋书记高度肯定了他们的研究成果。

就在座谈会之后，胡大为和他的团队很快组建了一家科技公司，名为广州市芬芳环保科技有限公司，注册于华南理工大学国家大学科技园内，经营环保节能技术的研发、应用，并推广催化节煤剂的应用。自此，他们便开始了创业的峥嵘岁月。

如今，已拼搏八年的胡大为，身兼广州市芬芳环保科技有限公司总经理、广州市芬芳陶瓷有限公司董事长以及湖南电力耐磨金属制品有限公司董事长三职，掌管的三家公司的年产值可达五千万元以上。

“过程简直顺利得让我们无法想象，完全没想到国家如此重视创新、创业。”即使在八年之后的今天，胡大为回想起初次创业的过程依然会感慨不已。项目因为受到了政府和学校的高度重视和大力支持，从获得启动资金到办好各项手续等过程都得以在一个月内完成。“如果没有政府和学校的支持，就不会有芬芳环保科技有限公司。”事实也是如此。广东省政府为了支持其创业所提供的启动资金使团队可以专心于研发生产而免于为财务问题奔波，学校为其提供宽松的科研环境和完备的科研设备也大大助力了团队在技术上取得的突破，使科研成果得以转化成最终产品。乘着国家政策的东风，胡大为和他的团队迎来了生机盎然的春天。

胡大为一直强调自己是个很幸运的人，幸运地赶上了汪洋书记到华工调研的好时机，幸运地碰上了国家大力倡导节能减排的历史性机遇，仿佛自己所取得的成就只关乎运气。事实上，机会从来都是留给有准备的人的。胡大为之所以能抓住这样的机遇，与他多年刻苦努力的学习、科研经历是息息相关的。

2002年，胡大为考入了华南理工大学工业装备与控制工程学院（现为“机械与汽车工程学院”）攻读过程装备与控制工程专业。2005年，他提前一年完成了本科阶段的学习，获得学士学位，并在同年考取研究生，在华南理工大学材料学院攻读材料加工过程专业硕士学位。2007年，凭借着自身的天赋和超乎常人的努力，他再一次提前一年完成了研究生阶段的学习，以23岁的年龄考取同校的材料学博士继续深造，主要研究高新无机材料。2010年，胡大为获得了博士学位。

在求学期间，胡大为一直带着“天才小子”的光环，除了两次“跳级”，他对于科研的兴趣与天赋使他在学术方面也颇有成果。由于优异的表现，他从大二便得以如研究生一般出入导师的实验室，并参与了从军事科研项目引申的催化剂降低煤炭的着火点与煤炭燃烧内耗从而减少污染的课题。刚开始他只是给导师打下手，帮忙做些无关紧要的事情，但很快，他就成了该课题的核心人物。“之前也有很多人研究煤炭催化剂，但催化剂耗量大、成本高。我们要做的是研究出一种既便宜又有效的催化剂。而且，市场上的助燃型节煤剂大部分都是粉末状的，它们对保存和运输有更高的要求，一旦受潮就很容易结成块，使用不方便，所以我们从一开始就决定不做粉末型的，而做液体型。”为此，之后的三年间，胡大为做了大大小小3000多次实验，与导师及其他团队成员一起试验了成百上千种材料。经过无数次现场测试的失败之后，他从家乡的一种高热量的植物果实中获取灵感，才最终研制出煤炭燃烧的催化剂。

2008年10月，胡大为的发明获得了中华环保基金委员会2008绿动未来创意类优胜奖。2010年5月“化学干预煤炭催化燃烧节煤技术”荣获第38届日内瓦国际发明展奖。2010年5月获得广东大学生科技学术节之第七届“挑战杯”广东大学生创业计划竞赛优质创业素质奖。本科至研究生阶段，胡大为共发表论文27篇，申请实用新型专利2项（2项均已授权），申请发明专利4项。论文被三大索引收录7篇。其中他提出的分弹理论处理混凝土回弹数据的方法、高分子链人工干预产生位错挂接纳米材料方法、表面活性剂分子自组装包裹功能纳米材料技术和化学干预煤炭催化燃烧技术，在建筑、建材、生产加工业有着广泛的应用，为国家的科学研究做出了突出贡献。

谁的成功都不可能只凭运气。不可否认，胡大为遇上了好的时机、好的环境、好的团队，但是他自己几十年如一日的不懈努力和在求学之路上磨炼出的吃苦耐劳的品质，以及他在科研苦旅中积攒的累累硕果，才是最终使他能在天时地利人和之际厚积薄发、水到渠成的至关重要的因素。

行之苟有恒，久久自芬芳

胡大为将自己创立的两家公司都取名为“芬芳”也别有一番深意。

“芬芳”二字取自西汉崔瑗的《座右铭》：行之苟有恒，久久自芬芳。“我们希望以此告诫团队要坚持下去，只有坚持，才能把事情做好。创业也一样。”胡大为笑着说道。

显然，不论是从时间还是从成果来看，胡大为和他的团队都践行了“坚持”二字。从2009年创立芬芳环保科技有限公司（下称“芬芳环保”）以来，胡大为始终与最初的团队一起坚持化学干预煤炭燃烧技术及产品的研究与开发，以及环保材料、储能材料等节能、环保产品的研究与开发。目前，公司产品已在湖南、江西、河南、吉林等地推广应用。芬芳环保所开发的产品和项目得到了科技部、广东省科技厅、广州市科信局和华南理工大学的大力支持。其中“化学干预煤炭燃烧节能”获得了日内瓦国际专利博览会奖励，研究成果被《广州日报》《南方都市报》《科学时报》《信息时报》等主流媒体广泛报道。芬芳环保的发展，也得到了国务院副总理汪洋、广东省委书记胡春华、人力资源与社会保障部部长尹蔚民、广东省副省长肖志恒、广东省教育厅厅长罗伟其，以及华南理工大学校长王迎军院士、吉林大学校长李元元院士等领导的关心和支持，获其亲临指导工作。芬芳环保曾获得科技型中小企业创新基金，荣获“科技创新小巨人”的荣誉。创始人胡大为也被广东省科技创新委员会评为“广州市珠江科技新星”。

在此基础上，胡大为进行了拓宽商业版图的新尝试。始终关注环保行业的他在2015年又创立了广州市芬芳陶瓷有限公司，主营业务是开发室内空气净化瓷砖。由于雾霾现象日益严重，危害人体健康，胡大为从中嗅到了商机。为顺应形势，满足市场需求，他开始研发室内空气净化瓷砖。这种室内空气净化瓷砖能有效抵抗30%

以上的细菌、清除室内PM2.5、持续有效分解甲醛、长期释放负离子，达到家与自然同呼吸的效果。创立后的一年内，芬芳陶瓷先后取得了通过ISO9000质量管理体系和ISO14000环境管理体系双认证、在业内率先获得“国际优秀绿色环保产品”认证、被中国室内装饰协会装饰材料用品专业委员会授予“2016中国陶瓷卫浴行业健康陶瓷十大品牌”称号等耀眼成绩。

胡大为

2015年10月，胡大为又收购了湖南电力耐磨金属制品有限公司。该公司的主营业务涉及燃煤节能、环保陶瓷、耐磨材料等。

如果要试着去探究胡大为得以在布满荆棘的创业之路上坚持下来并且摘得硕果的原因，这两组关键词就显得尤为重要：术业有专攻、以客户为导向。

当被问到创业伊始遇到过的最大困难是什么，胡大为坦言是销售。“刚创业的时候，我们都是在大学里就读的学生，平日里都是埋头在实验室里搞研究的，两耳不闻窗外事。研发和生产是我们擅长的，但是要怎么才能把产品卖出去，我们真的不太懂。”身为名牌大学博士、高端科研人才的他们，在面对中国市场销售的五花八门的门道规矩时也着实是碰了一鼻子灰。但是，胡大为很快便意识到他们应当明确自己的定位，扬长避短：既然不擅长营销，勉强去做只会费力不讨好，倒不如专注于自己的强项而把营销交给专门的人才去做。因此，他们选择与经销商合作的方式将营销工作转移出去，自己专注打造生产、技术服务和管理团队。事实证明，这种清晰取舍的确能帮助他们走得更远。胡大为向我们介绍，与他同时期创业的伙伴中，也有公司坚持将生产、销售、售后一把抓，但往往都没能够走远。

对外如此，对内亦然。在企业内部的管理中，胡大为也坚持术业有专攻的理念。在目前公司已经建立起成熟的技术服务团队的前提下，他已经很少到现场进行研发工作，而是将重心转移至公司的日常管理上。但他认为这只是目前公司还没有寻找到合适的职业经理人的权宜之计。“我不是专业的管理人才，我的专长在于研发。如果能找到优秀的管理人才，当然要让专业的人来管理。”的确，各司其职，各尽其责，方能人尽其才，才尽其用。

而以客户为导向的理念，则是胡大为在回顾自己近十年的创业历程后所总结出来的宝贵经验，也是他对于众多摩拳擦掌的创业者的忠告——“不管你想要搞什么，传统行业也好，互联网行业也好，首先就要想到客户在哪里。创业之初或许你可以从父母那里获得启动资金，但毕竟这不是长久之计。如何选择客户，如何抓到足够多的客户，并将其转换成真正的利润才是创业公司的生存之道。”在进军陶瓷行业时，胡大为首先想到的就是顾客。“这跟大家都有关系，现在所有人装修时都考虑甲醛等，我们就弄出了一种释放负离子的陶瓷，你贴在地板、墙上，包括工艺品，你家里可以达到森林负离子的级别，自然而然空气里的污染指数就降下来了。”近些年来，中国的雾霾问题非常严重，直接影响到人们的身体健康和生活质量。而随着消费者生活水平的提高，他们越来越重视与自己息息相关的环保问题，因此主打抵抗细菌、清除室内PM2.5、分解甲醛、释放负离子的室内空气净化瓷砖是符合消费者需求、有市场潜力的。有了需求，才会有顾客；有了顾客，才有了企业赖以生存的空气和土壤。

在谈到如何才能抓住客户这个问题上，胡大为强调创业者一定要用逆向思维，要学会“反过来”思考。他强调现在有些创业者往往会陷入一些思维误区，一味追求品牌，希望以打造品牌的方式来吸引客户。他希望创业者能更理智地思考两者的关系：“永远都是先有‘很大’才有所谓的‘品牌’，而非先有了‘品牌’才有‘很大’。在思考品牌和顾客的关系时，我们不应本末倒置。不应是有了品牌就会有大的客户群，而应是先累计足够多的客户才能形成品牌。”

回首从前路，启蒙后来人

和胡大为博士一样，现在也有许多年轻的大学生希望可以通过自己的研究或者发明来创业。胡大为坦言当下的大学生在创业时会面临更加困难的境地。“事实上，大学生创业面临的最大困难在于资本与技术上的壁垒。”他认为在一些传统行业中，先入者在资金和技术上有绝对明显的优势，大学生创业者作为后入者进入这样的行业会举步维艰。因此，他认为对于大学生创业者而言，成功与否取决于是否能够做出明智的行业选择。

而在这个选择上，他个人的建议是选择一些创业者能够掌握核心技术的行业。尤其是对于希望通过技术发明来创业的年轻人来说，他认为，首先就要掌握最核心的技术，“现在行业竞争激烈，没有看家本领很难发展”。

事实上，这也恰恰是胡大为和他的团队的切身体会。创业初期他们在做市场推广时就有过这样的经历：当时云南有家水泥企业希望进行节煤改造，因此邀请了三四家做节煤产品的企业来进行比赛。在芬芳环保之前的几家企业都在一直不停地努力试验并且改进产品，但由于最终制成的产品节煤效果不稳定，丧失了继续下去的动力。而芬芳环保正是这家水泥企业找到的最后一家公司，在一次次的失败之后，水泥企业对于芬芳环保其实也没有寄予太大的希望。无巧不成书的是，芬芳环保正是掌握了这一技术的企业，他们的产品完全可以达到水泥企业预想的效果，也就此抓住了他们抛出的橄榄枝，获得了与之长期合作的机会。

此外，除了掌握行业的核心技术，大学生创业者还应当考虑到初始资本的大小。“通过发明创业，起步投资也不能太多，否则很难迅速发展。”胡大为说。作为科技人员创业，一般来说自身的资金积累不会很多，因此如果一开始就要求他们投资很大很先进的设备是不可能的。那些初始投入大而且回收期长的行业对于科技人员而言，创业门槛就会比较高，风险也大，绝非上乘之选。

谈到具体的行业，胡大为认为自己所处的化工行业还有较大的创业空间。化工行业相较于其他行业，有比较明显的不透明的、技术性的进入壁垒。“外行人理解不了的，才有搞的可能性。”而目前处在风口上的互联网企业在他看来并不是大学生创业的一个良机。“在互联网行业中，凡是你能想得到的，其实就很容易被超越。而行业中的佼佼者们，如BAT（百度、阿里巴巴、腾讯）的先入优势太强，后进入者缺乏优势，也烧不起钱。”

对于未来，胡大为仍有许多尚待实现的雄心壮志：将芬芳陶瓷上市、外聘专业人员打造直销团队、进一步实现上下游行业的相关多元化……公司的核心人员将于下个月全部迁至佛山智慧新城，他们在那里租下了宽敞的办公室和展厅，希望可以让公司的发展迈入一个新的阶段。

相信若能以坚持不懈的精神向前，岁月自会回赠他们成功的甘甜。就如他们曾经走过的八年，一路荆棘，一路风雨，一朝花开，芬芳满怀。

林意通 〉〉〉

给非物质文化遗产插上翅膀

——“土先生”创始人林意通

当毕业学子走上社会，开始工作，奋斗自己的人生，奔波于社会各个角落，为生计辛勤忙碌时，他却怀揣家乡情怀，奔走各地。一个土生土长的客家青年，因为对家乡的炽爱，对家乡特产的热忱，他放弃稳定的职位，决心要为梦想做些事情，一些有意义的事情。他就是“第四届广州青年创新创业大赛”花都区一等奖获得者，“土先生”的创始人林意通，生于“中国青花瓷之乡”梅州市大埔县。他在最美的年华里，决定用行动为梦想买单，努力追寻内心的梦想。

缘起乡情，立创业初心

林意通是土生土长的梅州客家人，大学四年几乎走遍广州，只为了能吃上一碗客家腌面、一份客家盐焗鸡、一杯客家黄酒，能品尝到那心心念念的客家味道。可惜，客家小吃并不像沙县小吃、兰州拉面那样，在外面的城市遍地开花，他想尝到儿时的味道并不容易。站在陌生的城市街道，他苦苦思索，如何才能让家乡的味道“香飘四海”。就这样，林意通走上了寻“味”之路。他希望有一个地方，可以让客家人找到家的感觉，可以让客家人与“家乡”相遇并觉得幸福与自豪。因为他始终觉得“寻找美食是体验生活的

“土先生”团队

鲜度，寻找家乡的美食是体验生命的归宿”。然而，淳朴的老一辈客家人的品牌意识很薄弱，只管生产而不管影响，造成了“酒香也怕巷子深”的局面。

因此，作为土生土养的客家儿女，出于对家乡的一种情怀，对家乡食物的留恋，2015年6月林意通注册了“土先生”的商标，希望通过年轻人的思维改变腌面、盐焗、黄酒等传统客家食品的销售情况，依靠互联网的力量帮助农户销售产品，把客家的“土”味道带出家门。在最美的年华里，林意通决定用行动为梦想买单。也在这时，他遇到了志同道合的伙伴，因为对家乡味道的同样想念与执着，他们决定共同创立“土先生”。“能够聚在一起完全是因为家乡情。”当问及为何会有创业冲动时，“土先生”创业团队异口同声答道。

“土先生”的三位合伙人，除了都兼职过销售类工作之外，还都是客家人，有着共同的念想。因为不愿家乡味道“酒香巷深”，他们走到了一起，以一篇微信推送文章《最美的年华，我们选择回家卖特产》为起点，拉开了他们的创业序幕；也因为“浓浓的客家情”，他们无论在创业的哪个时期，总是怕对方太累，总是自己争着多做一点事情。他们常说，合伙人之间最重要的就是“共鸣”，就是需要懂对方，体谅对方。

梦想启航，传黄酒文化

客家黄酒是客家文化的一个核心代表，作为人类宝贵的文化遗产，已有千年历史，在历史沉淀、文化价值上都有不可替代的地位。得益于创始成员都有客家黄酒酿造传承的家族背景，黄酒成了林意通创业团队心中最有代表性的一种家乡特色产品，自然也成了他们打开市场的代表性产品。

客家人酿制黄酒的传统已经流传了千百年，除了酿酒师傅丰富的酿酒经验和高超技艺以外，还有两个重要的因素决定了客家黄酒优秀的品质。首先是当地纯净清澈的山泉水，其次是优质的酿酒饼。客家黄酒酒精含量不高，口感香醇，余味悠长。当地人在接待客人时常常以客家黄酒代替茶水，是既解渴又营养的健康饮品。

林意通说："很多人都不知道，黄酒是中国的国酒。它源于中国，且唯中国有之，与啤酒、葡萄酒并称世界三大古酒。'土先生'要做的不仅是黄酒的简单销售，更重要的是打造客家黄酒文化品牌。"为了这一份使命和情怀，"土先生"团队以"挖掘客家黄酒文化，推广'非遗'项目"为己任，积聚全身力量，为梦想勇敢前行。客家黄酒，孕育了多少代人，但在工业化的今天，传统火炙酿酒已非常难觅，袅袅升起的烟火即将绝迹，但林意通他们相信，一定能为此做些什么，至少让飘起的烟火不再无力，让沉睡的美酒不再寂寞，让坚守的匠人不再孤单。为了兑现自己打造非物质文化遗产的承诺，林意通在黄酒上下了一番"功夫"，将黄酒和柴火烧陶工艺这两项非遗结合，让这些技艺有一个更好的延续渠道，也让更多人关注到其文化内涵。林意通在介绍黄酒时，显得很是风轻云淡，但具体的操作技艺却并不简单。实际上，不论是黄酒酿造过程中火炙这一环节，还是柴火烧陶这项技艺，其效率及成本与工业批量生产黄酒是没法比的。"如果用瓷做酒瓶，一个的成本在15元左右，但如果选陶可能就要升到30甚至40元。"林意通说。但即便如此，他却从未想过要用机械或是更为便捷的方式代替这两项传统工艺。"无关乎钱，更多的

"土先生"创始团队

是一份责任和使命。”

为更好地践行心中的信念与使命，林意通从“土先生”成立之日起就没有停下来过。创业之初，他们白天当老板，晚上睡地板。林意通和他的团队成员在梅州一个小阁楼里办公，累了就在地上打地铺，醒了就爬起来继续工作。创业之时，林意通和团队走访梅州、惠州、河源、韶关等地。这一路，“土先生”团队以吃为名，用双脚丈量道路，砥砺前行，前后拜访113家客家盐焗商和酿酒厂，寻找想要的盐焗工艺者和黄酒酿造者。最后在他们的家乡，世界“客都”——梅州找到了他们想要的黄酒酿造工艺传承者——李小兰。林意通把目光落在了这样一位和他有着同样客家情怀的阿姨身上。

“土先生”酿酒师

李阿姨是土生土长的客家人，30年来始终奔波在酿酒的第一线，秉承着“用心酿，酿最好喝的酒”的信念，被称为中国南派黄酒坚守者、火炙造酒继承人。李阿姨为传承客家火炙黄酒的工艺，奉献了她全部的青春，投入了她全部的感情，林意通知道自己找到“志同道合”的合作伙伴了，更肯定客家黄酒将走向更远的未来。在经过与李阿姨的愉快洽谈之后，林意通精挑他们酿造的499瓶酒带回了“土先生”。当他们知道这一批酿的酒会被销售到中国的每一个角落时，不禁乐开了花。此次出售的酒，都是陈酿1800天的酒，他们说要把最好的酒带出去……

到今天，全球已经有9500万客家人。李小兰守住客家黄酒这一方净土，感恩出发，谦卑做起。现在，“土先生”团队以李阿姨的方式，带给大家客家味。有一种味道，无论你走得多远，始终萦绕心间；无论你吃过多少次，百吃不厌。它，就是家乡的味道。它是孩提时代的记忆，是学生时代的牵挂峥嵘，也是晚年生活的留恋，最后幻化在所有人的口舌之间。每个人都是城市的异乡客，但心中总有一道美食，它不一定是最好吃的，但它是属于游子特别的记忆，属于对远方的想念。无论你身处地球的哪一个角落，你的胃会告诉你哪里才是你的故乡。家乡的味道就是“土先生”想要寻找的，想要呈现给在快节奏生活中的客家游子的。“土先生”通过不断探索，寻找最真切的家乡美食，寻味那记忆深处的家乡情感，用味觉慰藉情感背后的秘密。

笑看风雨，踏人生荆棘

创业是一种激情，更是一次艰难的白手起家。当他们迈出创业第一步的时候，注册公司并真正开始经营自己的事业时，接下来必将经历一段节衣缩食的日子，为如何节省创业成本而大伤脑筋。林意通说，2015年底最拮据的时候，他们甚至一度用各自的信用卡去维系公司的运转。员工离职、食品安全、恶意竞争等问题，“土先生”初创时都曾经历过。面对公司的困难，他们也曾愤怒、彷徨，但是每当想起创业初衷，就又坚定了前行的心。就这样靠着内心的热血去维系身体的热量，风霜雨雪，砥砺前行。“资金链断了不止一次，从来不敢跟员工说这些，什么事都由几个创始人担着。”“土先生”联合创始人杨彦说道：“都说创业维艰，今时今日回想，做企业，做品牌，实属不易。”

在创业这条满含艰辛的路上，有的人选择放弃，有的人在这个过程中得以成长。林意通属于后者。但创业是一条不归路，互联网的竞争尤为激烈，生存周期1年以上的互联网团队不足10%。这也是“土先生”用心做产品、用良心做品质的原因所在。经历过这些起伏，林意通觉得，自己现在的心态比之前平和了许多，能够比较坦然地看待得失成败，“凡事都是暂时的，要学会看得淡一点，因为一切都会过去。会有失败有挫折，但既然是自己选择的道路，就要坚强地走下去；会有成功有收获，但你要知道后续还有更多的挑战，一时的成绩不算什么。坦然看待得失，这样就可以始终保持一种很平和的心境，减少外界的影响，从而理智思考和决策。成功和辛勤的汗水是分不开的，有了付出才会有收获。就算前方有猛虎，也要朝着目标努力奋斗。每个人在面临成功时，都会喜悦；而在面临失败时，会很沮丧。挫折能让人成长。只要你在失败之后，学会吸取经验教训，把事情做得更加完美妥善，那你就是一个成功者！”经历挫折的林意通以及团队对于公司的定位越来越清晰。他们不断总结与思考，试图剖析“土先生”的过去，正视遇到的所有问题，找到答案，从头再来，重新调整方向，进行转型升级。

在“土先生”成立一周年的时候，他们遇到了瓶颈期——“土先生”的销售停滞。站在公司发展的十字路口，他们没有选择放弃而是让自己慢下来，分析自己的弊端。在那一段时间里，他们没有做进一步的品牌发展变革，而是去参加比赛，让自己去见识更多，开阔自己的视野，认识更多创业路上的伙伴。在比赛中，他们认识到了自己的不足，看到了竞争对手的长处。从梅州再回广州，从倒卖特产到做特色品牌梅州盐焗食品、客家卤水、蜜柚，再到一度宣布下架相关产品后只专注客家黄酒的品牌打造，500多天的创业路走得不可谓不辛苦。“土先生”从初创期到成长期的过程中，主打产品随着发展形势的转变而变化。他们通过创业比赛的打磨和对市场实际情况的调研，重新调整了方向，“交了一年的学费”，才找到创业的正确方向。

2016年10月的“赢在广州”大学生创业大赛上，创业导师指出，“土先生”如今销售额停滞不前，就是因为没有一个代表性的产品，感觉“土先生”什么都卖，与别的特产销售商没有什么不同。听到创业导师针对性的建议，“土先生”创业团队如同醍醐灌顶。也就是在这个时候起，“土先生”从最初售卖各种客家土特产，到如今只销售客家黄酒。

“土先生”认为，他们不仅仅是为了“赚钱”，还应该做文化。既然做的是文化，就要做得深，做得透，专情一种代表性的产品，专注传承文化和推广非遗文化。2017年11月16日，“土先生”微信号推送了一条消息，宣布将在7个工作日内全面下架“土先生”现有的产品，未来重心将会全部放在客家黄酒的经营与开拓中。这是林意通和团队思考很久的结果。在他看来，客家黄酒不再只有商品属性。“它所承载的文化内涵，是我们想去对外推广的东西。”全情投入的身心状态，促成销售平台和分销商的增多以及政府重视程度和客户粉丝关注度的提高，使得“土先生”能够在短时间内如撕裂般地快速成长。

“土先生”团队

坚定方向，稳发展道路

通过积极汲取外界有益建议和团队的不懈努力，林意通不断修正自己的不足之处。冰冻三尺，非一日之寒。无论做什么事都不会随随便便成功，当遇到挫折时，唯有像梅花一样巍然矗立在寒冬中，坚持到底，才能战胜挫折，赢得胜利。“土先生”在2015年7月正式上线运营，现今已实现盈利，项目现处发展上升期。其产品结合创始人家族200年的技术传承及生产优势，也通过互联网渠道被充分挖掘利用，开展线上线下销售，其中包含了“土先生”自有平台、电子商务平台、产品众筹、第三方代销等互联网工具。“土先生”品牌建立两年多来，在经历了种种困难与挫折之后，从售卖各种客家土产品到今天只销售客家黄酒，已经完成了一次转型升级。而在不断的转型升级中，“土先生”也不断得到社会各界的认可。从2015年11月获得“广东青年涉农创业领头雁”称号到2016年10月获得“赢在广州”大学生创业大赛银奖，从2017年1月获得“中国最具潜力农电商品牌”称号到2017年5月斩获广州青年创业大赛暨花都创业大赛一等奖，“土先生”的发展之路越走越顺。而通过创业比赛的曝光，投资人陆续上门找“土先生”洽谈融资意向，但是他们都委婉地拒绝，因为担心融资之后，只顾迅速发展而模糊既定方向。现在的“土先生”快不得，要在思路更坚定、行动更踏实的时候，再考虑扩张。意志坚定，淡定而行。

的确，参加创业比赛是“土先生”创业上升之路的催化剂与助推器，让他们更有信心地勇敢前行。他们也在各类比赛的创业导师建议下、在不断调整中发展。以参加“赢在广州”为例，它让“土先生”站在更大的平台上经历更多的锻炼，接触更多的人和事，接受更加专业的点评和指导。实干创造未来，坚信专注会让“土先生”更有力量。客家黄酒所承载的文化内涵是他们最希望对外推广的事物，将火炙黄酒和柴火烧陶两项非遗工艺有机结合起来，让这些传统的技艺有一个崭新的延续渠道，也让更多人关注到客家黄酒的文化内涵。就如同林意通创立“土先生”品牌的初衷一样，让每一个在外打拼的客家游子对故乡的思念有所寄托，能在他乡吃到那记忆中最柔软的家乡味。

勇者迎难，智者借势

——珠海市乐壳科技有限公司负责人颜一帆

《《颜一帆

2017年2月，冬天的寒意还未完全褪去，而来自北京理工大学珠海学院的颜一帆和他的5个小伙伴却给准妈妈们带来了别样的温暖。他们带着新改进的LeeKee孕妇汽车安全带强势登场，在试卖的100天里通过线上线下零售端共售出了超过700条孕妇汽车安全带，成功占据国内孕妇汽车安全带高端市场一半以上的市场份额。如此小的一个团队，却有如此强劲的攻势，这背后又有哪些不为人知的故事？提到这个问题，颜一帆将他的成功归结于擅于“借势”。

创业梦从心生，创业行从小起

这是最好的时代，也是最坏的时代。在这个鼓励“大众创业、万众创新”的时代，对于有心创业的年轻人来说，这无疑是最好的时代。国家政策的扶持、社会创业氛围的感染，这些条件为颜一帆提供了坚实的后盾。他知道，只要他有别出心裁而切实可行的想法，他就可以凭借这个时代提供的优厚条件将它变为现实。和许多为生活所迫而被动创业的人不同，颜一帆注定能在这个鼓励创业的时代分一杯羹。

颜一帆的父母都是成功的生意人，他们不仅为他提供了较为宽松的家庭环境，而且遗传给他

颜一帆参加"赢在广州"创业大赛

商人的基因。在商业的环境里耳濡目染，颜一帆从小就有做生意的想法。早在学业繁重的高中时代，当其他同学都埋头学习，或一心一意享受为高考奋斗的乐趣，或是被高考压得透不过气的时候，颜一帆就萌生了创业的想法，并做过很多尝试。

和大多数成功的创业者相似，他也有着一双擅于从身边小事中发现大商机的敏锐眼睛。有一次，还在读高中的他看到怀孕的表姐在开车前系安全带时十分犹豫，系上后又解开，不系安全得不到保障，系上不仅不舒服还担心勒到肚子里的宝宝。他看着面露难色的表姐，一边为她担心，一边在想：我为什么不能做一款专为孕妇准备的安全带呢？有了这个想法，他就开始着手进行调研。很不巧的是，他发现国际市场上已经有了类似的产品。当时毕竟是个高中生，专业知识还不充足，他无法判断出已有产品的设计和质量是否真的已经满足了市场要求。由此，这一想法被暂时搁置。这一次的创业想法虽然没能实现，但却让他打开了创业这个新世界的大门，并在那以后的学习和生活中不断尝试。有创意的脑子总是天马行空，嫌传统鼠标携带不便，操作麻烦，他就想研发一款戴在手指上的戒指鼠标；懒得下楼取快递，他就想做一个可以取快递的无人机来帮忙取……理想总是丰满的，而现实却很骨感。由于没有专业人员和技术的支持，这些想法显得不切实际，均以失败告终。然而这些经历却对他产生了非常大的影响，这让他明白创业项目的高大上或接地气，并不能成为选择它的理由，要更多考虑的是它是否在自己资源和能力覆盖的领域。很多项目表面上披着高科技的外壳，新颖又诱人，而实际上却远超自己的能力范围。

而他自身特有的资源就是一颗装满了千奇百怪的想法的大脑。从小主意就多的他在创业团队中成了当之无愧的军师。他不仅负责自己团队几乎所有方向的决策，在其他创业团队有需要的时候甚至也会帮他们想点子，在团队陷入困境时也总是他第一个想到合适的解决方法。这种看似独裁的领导方法却是有理论依据，和经济学中市场的形成原因有些相似：每个人都做自己最拿手的事，才能使收益最大化。颜一帆最擅长的就是出点子，而他也坦言“我的执行力相对于团队其他人不是很高”，这一点正好由团队里的其他成员补上，从而达到最高效率。之所以说他是天生的创业者，另一个重要的原因就是他懂得顺势而为，不执着于没有把握的项目。他曾经尝试过很多创业项目，虽然没有成功，但他能够及时抽身，不至于因为害怕他人的眼光而陷入进退维谷之地。他深知，过分地卖弄情怀无异于作茧自缚。若是每做一个创业项目，就给自己贴上一个标签，告诉世人非它不可，那结果将会像故事《狼来了》的结局一样，失去信誉。比起做一个对一项事业有着执着追求的、有情怀的人，他更愿意把自己当作一个精明的商人。比起对某一件事的执着，他更愿意顺应整个时代的趋势。只要在他的能力范围之内，什么项目可行，他就去做什么。用他自己的话来说，那就是：“做什么不重要，但一定要跟着社会趋势走，借势比努力更重要。”这样一个明智的创业者的姿态，也不难让人相信，即便孕妇安全带这个项目没有成功，将来也会有另一个合适的项目带他走向成功。

旧想法焕新机，老同学成盟友

2015年6月，在高中毕业后，好不容易有近三个月假期的颜一帆不甘于仅仅用它来旅游、放松，他要搞一件大事情。因为自身对汽车非常感兴趣，他报考了北京理工大学珠海学院的车辆工程专业，这也间接地使得曾经被搁置的孕妇汽车安全带设

乐壳团队

想被重新提上日程。

他打开电脑，又一次输入“孕妇汽车安全带”这几个熟悉的文字，在页面打开的那0.1秒，期待和害怕同时出现在他的脑子里，记忆仿佛又回到高中时代第一次搜索这个词条的那一天。那时的他，为自己能想出如此有新意有价值的想法而暗自欢喜，也想象着自己将来做出产品，占领市场，走上人生巅峰的场景。但在看到跳出来的产品广告的那一瞬间，他从幻想坠回现实。正如网上一句话说的，小时候有过的最大的独立发现，即凡是自己能发现的东西，肯定都被别人发现过了。失望是难免的，但他也不是个固执的人，转而又去想别的点子了。这时的他，经过一年多时间的学习和沉淀，心态变得更成熟，看待问题的方式有了很大改变。更明确地说是不再把创新、创业局限于研究一些看上去高大上的并且从来都没有出现过的东西，而是接受了更广泛的定义，即更新、创造、改变，在已有产品的基础上加以改进，这也是创新的一种。

页面跳出来，和上次的相差不大。这次颜一帆没有失望，而是点开网页仔仔细细地翻看那些已有的产品，从前人的研发理念，到客户对产品的评价。在这个过程中，他对孕妇安全带有了进一步的了解。他发现，市面上现有的产品销量并不乐观，这个市场还是一片蓝海。客户的不满意主要集中在产品体积庞大，使用繁琐，外观设计也循规蹈矩，缺乏新意。他心中隐隐地感觉到，这款产品还有很大的改进空间。他心中创业的火焰又慢慢地燃了起来。

夜晚总是会赐予人们白天所没有的勇气。那一夜，满怀心事的颜一帆躺在床上，辗转反侧，心中异常激动。回想起白天的那个大胆的想法，他感到实现这个想法的愿望变得愈加迫切，脑海里也逐渐浮现出产品方方面面可以改进的地方……

第二天，他找到了一个非常好的朋友，也是他的初中同学兼邻居——张晋睿。张晋睿也是一个不甘于现状的少年，早在高中时他们就在一起尝试过一些创业的点子，一起买美股，一起买黄金。听到这个主意后，两人一拍即合，成立了最初的两人创业小分队，并开始对国内外的产品进行详细的分析。

时间一转眼进入2015年11月，也是他们进入大学的第三个月，他们的项目通过了学校的审核，正式进入北京理工大学珠海学院的创业工场。他们的团队也由两人发展到6人。大学里的一个舍友和学长在颜一帆的影响下选择加入他们的团队，一个在纽约大学金融系的小学同学也加入了这个团队并为他们提供了一部分的运作资金。

创业计划逐渐步入正轨，新的问题也逐渐呈现在他们眼前。由于团队的成员大多都是刚步入大学校门的学生，尽管他们为这个项目查阅了大量资料，翻看了大量相关书籍，甚至拜访了学校一些相关专业的老师，可专业知识的匮乏仍然是挡在他们前进道路上的一块巨大的绊脚石，也是一座很可能将他们打倒并将项目摧垮的大山。

项目始逢瓶颈，他乡巧遇贵人

2016年4月，这个项目进行的第10个月，他们进入了瓶颈期。在之前的10个月里，他们已经对当时市场各款较优秀的产品做了深入的研究，并掌握了它们各自的优缺点，项目本应进入到正式研发改进阶段。但创新不是将几个产品的优点直接相加这样简单，这里面涉及的力学和材料学等各方面的知识让他们无从下手。幸而这时远在美国弗吉尼亚理工大学的张晋睿想到了他交通专业的导师Ahmadion教授，他们猜想教授在这方面应该能给他们一些专业的建议，于是他们找到了他。无巧不成书，这位老师恰好在10年前为福特公司做过孕妇乘车安全的研究，他丰富的经验以及当时的研究成果都给了他们非常大的启发，这让这几个陷入困境毫无头绪的年轻人欣喜若狂。随后，在Ahmadion教授的帮助下，他们选择了澳洲的一款产品进行优化，在兼顾其性能的同时，主要着力于其便捷性的提升。研究很快有了结果，顺利地进入了测试阶段。先是弗吉尼亚理工大学为他们提供了免费的安全测试，随后北京理工大学珠海学院也为他们提供了产品拉力测试。测试结果表明，他们的努力得到了认可，他们的产品比国外竞品更加优秀。他们成功申请到了国家专利，珠海市乐壳科技有限责任公司也在同一时间注册成功。事后，颜一帆提到这位导师，他的感激之情也是溢于言表。他说："我们特别要感谢的就是这位导师，他的出现直接决定了我们这个项目的成败，如果没有他的帮助，我们现在可能就是在做别的创业项目。"

能够借助前辈的研究成果，这个团队无疑是幸运的。而创业之路正是这样难以预测。下一秒遇到的可能是千载难逢的贵人，也可能是突如其来的打击。而对于真正有实力有存在价值的团队来说，两者起到的作用更像是化学中的正负催化剂而不是新的反应物。即便没有得到贵人相助，他们依旧可以到达应有的终点，只是没有了惊人的速度；同样，即便是不幸遭遇了无妄之灾，他们成功的脚步只会放缓而不是停滞不前。

团队齐心协力，产品初上正道

2016年11月，在经过6个多月的产品测试和材料选择之后，乐壳的孕妇汽车安全带正式投入生产。在这看似十分顺利的过程背后，创业者们的艰辛和不易显而易见。在大一的时候，刚刚从高考的压力下解脱出来，身边的同学都忙着打游戏，参加学校的活动，加入各种各样的社团。而颜一帆他们不仅要以新的思维迎接大学的学业，而且在参加这些活动的时候也要考虑创业需要占用的时间，不得不在爱好中做一些割舍。对于其他同学来说是理所应当的活动有时对他们甚至会成为一种奢侈，对于颜一帆来说，他印象最深刻的是一个星期六的下午，连续下了三天秋雨的珠海终于晴了，天上的云很漂亮，窗外的树叶也沙沙作响，这一切仿佛都在诱惑他们出去走走。很不巧，他们刚好在第二天约了一个材料测试，他们需要赶之前由于考试而落下的前期准备。他说那个时候很难过，明明是自己选择的事业，在那一刻却更像是在逼自己做。

2017年2月，他们的产业正式和客户见面。考虑到推出新产品可能出现的风险，他们选择先在内地和香港小规模试售。怀着忐忑又迫不及待的心情，他们等来了令人欣喜的结果。在短短的100天内，他们售出了超过700条孕妇汽车安全带，得到了消费者的高度认可。截至2017年7月，他们已经占领国内孕妇汽车安全带高端市场一半以上的市场份额。这个6人的创业团队逐渐走上正轨。

第一款孕妇安全带取得小规模的成功之后，他们把注意力放在了与他们公司名称更贴合的汽车产品上。乐壳，意在让人们快快乐乐安安心心地享受他们提供的保护壳。他们发现，目前市面上的汽车枕用于肩部和颈部支撑的居多，但却没有一款真正适合支撑头部的头枕。于是他们又开始着手和专业团队合作研发汽车缓冲头枕。有了第一次的经验，这次的研发更为顺利，乐壳汽车头枕预计在当年9月份就能进入市场。在第一款产品的销售过程中，他们发现了新的问题。现阶段国内市场鱼龙混杂，大打价格战，这对优质高价的产品产生了很不利的影响。他们自然是不愿意也不可能抛弃产品“高安全性”的特色去加入这场混战。

擅于借势的颜一帆脑子里又冒出一个想法，优秀的产品已经有了，何不借用一些平台加大宣传力度？有了这个想法后，他们报名参加了“赢在广州”创业大赛。在增强团队协作能力的同时，他们也得到了专业评委的建议：增加销售渠道，考虑和线下零售商合作。这也为公司下一步的发展提供了一些参考方向。2017年8月，该项目将正式登上美国最大的众筹网站Kickstarter，为进一步发展筹集资金。

颜一帆的创业故事到这里就将告一段落，但是显而易见，他的创业之路不会在这里停步，而是将越走越远。比起很多年轻的创业者，颜一帆的创业之路算不上荆棘满布，唯一遇到过的大瓶颈也在贵人的帮助下被打破，但是与其将他的成功归结于运气好，倒不如说是他擅于“借势”的优点帮助了他。从一开始借时代之势，坚定创业的梦想；到借团队之势，弥补自己的不足；再到借贵人之势，打破瓶颈；最后是借平台之势，收获宣传产品的建议。颜一帆的借势创业之路不可谓不巧妙。如今，20岁的他拥有了自己的小公司，时常思考着同龄人不该想的小问题。若有人问起，他也会说：“我不是大神，只是在做自己喜欢的事。”他的创业之路才刚刚开始，接下来面临的是未知的世界，但依旧有理由相信这个天生的创业者能再次凭借着他擅于借势的优点化险为夷，扶摇直上九万里。

田园牧歌不是梦

——广州神农田园农业有限公司负责人李卫鹏

《《《 李卫鹏

神农田园农业有限公司的“众协模式”巧妙地将生产团队的创业梦想与消费者群体对餐桌安全的需求和对保护生态环境的公益愿望有机结合起来，走出了一条在食品安全问题突出、社会基础信任薄弱环境下的绿色农业之路。

公司负责人李卫鹏说，四年来，做了很多事，受了很多苦，吃了很多亏，受过不少冷眼，也得到过盛誉，但收获仅在内心，唯坚持不负初心。

安得食品皆安全，神农田园开新篇

2013年，李卫鹏还是一名大学生，就读农学专业的他时常听到周围人对食品安全问题的忧虑和抱怨，从有色馒头到重金属大米，从“皮鞋胶囊”到“三聚氰胺事件”，社会上关于食品安全的议论甚嚣尘上。面对着谈“食”色变的现实，李卫鹏陷入了思索。作为农学专业的学生，李卫鹏觉得自己有责任用所学的知识来减轻大众对食品安全的担忧，可是目前食品行业鱼龙混杂，百姓鉴别食品是否合格的难度相当大，这让他不知该如何着手。就在李卫鹏纠结的时候，一个大胆的想法闪过脑海：与其费尽心思教会大家如何鉴别绿色食品，还不如自主创业，向社会供应绿色健康安全的蔬菜。“民以食为天，食以安当先。”市场中存在庞大的消费人群，他们对绿色健康食品的需求很大，如果能从源头上生产健康蔬菜，那么将会带来巨大的商机。就这样，李卫鹏说做就做，找到几个志同道合的同学和朋友，着手筹备神农田园农业有限公司（以下简称神农田园）的立项注册工作。

雄关漫道真如铁，而今迈步从头越

一开始，这几个年轻人就定下规矩，神农田园绝不使用化学合成农药、不使用化学合成肥料、不使用除草剂、不使用激素。神农田园的“四不”政策，听起来美好，实践起来却困难重重，因为没有人相信不用化肥农药能够种出作物。从生产基地的选址到工人的招聘，再到说服专业种植户“牛哥”加入他们，李卫鹏从没想到创业之路如此艰辛，要实现有机食品进入寻常百姓家的梦想背后竟有那么多的汗水。

确定创业后的三个月里，三个合伙人从没有停止过奔波。从三水到增城，从花都到从化，他们利用周末的时间跋涉于珠三角各地考察寻找合适的土地。从检测土地的土壤和水源，到考察所在位置交通的便捷性；从考虑是否能确保后续产品尽快送到消费者手中，到生产基地蔬菜品种的确定，他们努力地确认每个细节。皇天不负有心人，2013年9月7日，他们终于确定将生产基地定在从化区。

找好生产基地后，李卫鹏等人又开始着手寻求当地农民的协助，却被泼了几盆冷水。看着眼前几个稚气未脱的“小老板”，没有人相信他们真是来做农业的，也不相信这几个大学生能发得起工资，甚至不愿把自家的房子租给他们住。看着农民们质疑的眼光，李卫鹏虽然受挫，但是他知道村民其实并无恶意，只是不明白自己的想法和理念，认为他们三分钟热度。如果他们能坚持下来，就会具有说服力。就这样，他们三个人白天在田里干活，晚上张贴招工传单。终于，靠着坚持沟通和游说，他们不仅找到了工人，还成功说服了当地有名的蔬菜种植户“牛哥”来当厂长。但这个时候问题又来了，“牛哥”觉得不用农药、不用化肥种出蔬菜的想法行不通，担心种不出菜毁了自己名声。他们在能否用除草剂、能否用农药杀红火蚁、能否对鸡喂常规兽药等问题上产生了分歧，但李卫鹏他们哪里会轻易放弃自己心中的想法。他们用了3个小时向牛哥解释生产方式可能会出现的问题，并成功说服“牛哥”用半年的时间“试一试”。就是这

李卫鹏

半年，他们把“牛哥”从化学农业思维扭转到了有机标准思维。

创业之路从来都不是百步平川的康庄大道，农业创业就更加荆棘丛生，因为环顾四周，从事安全农业的同行中，盈利者寥寥无几。农产品生产供应的特点是以传统农业的小农经济为主，生产端的农民对市场了解很少，处在生产供应链的起始端，也是最底端，非常被动。从事农业生产，既要面对靠天吃饭的风险，还要面对多变的市场风险。年份不好时，往往因为歉收而导致收入低；丰收年也可能遇到菜贱伤农的尴尬处境。但那又怎样，李卫鹏认为既然选择了要为安全食品“出把力”，就是咬紧牙关也要坚持下去。

千淘万漉虽辛苦，吹尽黄沙始到金

因为怀揣着食品安全的信念，李卫鹏从不敢放松，也因为他们团队呕心沥血的经营，团队从刚开始的几把锄头、几个追逐梦想的年轻人，发展到一个分工逐渐明确、有着共同理想信念的团队。更可喜的是，到2014年8月，神农田园项目运营一年，首次达到了月度盈亏平衡！能在短短一年的时间实现月度正现金流，这在农业创业圈极为罕见，也极大地鼓舞了李卫鹏等人，他们看到了本来遥不可及的梦想正在一步步变成现实。与此同时，神农田园农业有限公司捷报频传。从“赢在广州”大学生创业比赛到暨南大学“E战成名”商业模式创业大赛，他们团队受到了越来越多的肯定。而且在比赛中，他们得到创业导师点拨，梳理出了自己的商业模式——众协模式。“众协模式”，来源于当时很火的众筹模式，但它在众筹“资合”的基础上，增加了“人合”。这种生产—销售模式的一个特点就是生产者与消费者直接对接，生产者以安全的方式生产农产品，然后直供给消费者，而消费者则需要按年度或季度提前预付费用，其价值主张就是“利益共享、风险共担”。因为明确了自己的商业模式，神农田园农业有限公司的步伐更坚定了。秉持着“众协模式”合作共治、协作共赢的理念，李卫鹏着力在公司经营过程中调动起所有人的参与度。但这个时候问题又出现了，一个小小的生产型农场，如何让消费者更积极地参与这些农产品的生产过程呢？面对横亘眼前的问题，李卫鹏再次陷入深思。

李卫鹏首先想到让会员们了解神农田园是如何生产有机蔬菜的，于是举办会员接待活动。会员可以和其亲朋好友一起来农场体验农事操作或游玩观光，可以考察菜品质量，可以到乡下散心、呼吸新鲜空气，还可以来帮团队解决运营中的问题。李卫鹏这个想法看起来简单，但却给“神农”带来了不少免费的人力资源。因为在不断的接触中，许多会员的积极性被调动起来，主动加入“神农”的运营之中。神农的财务流程就是一个会员帮忙梳理的，快递流程是广东金融学院的老师帮忙优化的，微信运营是一个做IT的会员帮忙培训的，订单处理系统正在由会员帮忙做……管理大师德鲁克说过：当今企业之间的竞争，不是产品之间的竞争，而是商业模式之间的竞争。在这里，会员群是一个遍布各个行业的资源群。有了这样的参与，大家对神农田园更加了解、更加认同，因为在这里，会员不仅是一个消费者，还是一个建设者。他们消费的每一种农产品，不仅能让家人的健康有一份保障，更能为保护生态环境做一份贡献。

成功有险阻，苦战能过关

2014年5月23日，这本是平凡的一天，可对于李卫鹏和他的团队来说，却难以忘怀。连续一个月的降雨后，天气预报显示第二天会放晴，大家都想着，这段难熬的日子终于快要过去了。农业收成都是靠天吃饭，这一个多月的连绵阴雨给农场带来了不少损失，李卫鹏希望老天垂怜，让农场尽快恢复生产。理想很丰满，现实却很骨感。早上9点，雨势依然较大，巡场的李卫鹏如同往常一样安排工人排水，谁知接下来的一个小时雨势并未减小，排水沟、田里的水也越来越多，虽然工人没有停止排水，但水已经把周围大小沟渠都灌满了，田里一些蔬菜开始被水淹没，水位不断升高，最终淹过李卫鹏的膝盖。眼看辛苦栽培的蔬菜被突发的雨水渐渐淹没，他恍然意识到情况的严重性，应该是农业的天敌——洪水来了。看着不断涨高的水位，李卫鹏没有时间哀叹，他能做的就是及时采取措施：赶紧把农场的情况告知其他同事和会员，让大家有个心理准备；分头行动，把办公室资料和设备转移，把工人转移至安全的地点，所有人员撤离现场。

第二天，天气果然转晴了，但大家的心情并没有随着天气好转。整个农场满目疮痍，鸭子被洪水冲走，瓜果菜叶被大水冲到四处，所有的马路都留下了洪水过后的一层黄泥……整个公司至少损失30万元，洪水过后田里一片狼藉，但那天又恰巧有会员带着朋友来农场“参观”。他们没有想到会遇到这样的场景，没想到从事农业是如此艰辛，没想到这一帮年轻人所承受的困难之大。看着眼前执着的年轻人，一个地产公司的老总眼泛泪光，当场说要给他们捐赠10万元。然而，被李卫鹏婉言谢绝了。李卫鹏内心虽有失落和挫败感，但是他知道创业之路漫漫，本来就不是一帆风顺的。如果自己垂头丧气，那其他人就更没有信心重振旗鼓了，他坚信只要咬牙坚持，就一定可以挺过去。就这样，李卫鹏和他的伙伴们投入到新一轮“奋战”中。

作为创业道路上的“小白”，李卫鹏面对眼前的狼藉，并没有显得惊慌失措，而是积极应对重创，带领团队采取应急措施：要求客服组负责通知会员，让大家知道农场的近况，预告近期可能会出现蔬菜供应紧张的情况，如果近期供应中断，团队会以最快速度恢复生产，并把大家的蔬菜份额补上；由生产团队清理现场，防止大灾后发生疫情，同时制订并快速执行恢复生产计划；估算此次洪灾的损失情况；对此次灾害的全过程形成文字材料，方便以后应对类似问题。抢救“神农”的工作有条不紊地进行着，值得庆幸的是，仅仅用了45天时间，神农田园蔬菜生产就全面恢复了。

李卫鹏后来才知道，这次洪灾是200年一遇，难怪当时选择基地时没有从气象记录中发现什么问题，只能戏谑说自己运气太“好”了。其实创业4年，李卫鹏等人何止经历了200年一遇的洪水，他们还经历了入侵物种红火蚁的危害，经历了40年一遇的连续雨水，经历了消费者对产品质量的质疑，经历了资金流紧张，经历了团队的筋疲力尽，经历了快递时效性低导致的损坏……走过了农业创业可能面临的突发情况，最终，李卫鹏可以欣慰地对自己说，我们坚持过来了。

路漫漫其修远兮，吾将上下而求索

发展了近4年，神农田园渐渐稳定，它的有机蔬菜被慢慢认同，业内的口碑也逐渐形成。但是它未来的发展面临的挑战也不小，能不能走下去、怎么走，谁也不知道，李卫鹏也只能边走边摸索。在对整个创业历程进行系统性审视时，李卫鹏发现就目前的业务来说，如何吸引更多的消费者成为神农田园的会员是一大令人头疼的问题。因为农产品不比工业产品，后者可以通过测量、称重、眼观等方法来判断其质量好坏，然而就算是专业的检测也难以百分之百确定农产品的安全性状。公司会员从熟人圈开始，依靠熟人之间的口碑相传，在第一年发展得特别快，但随着会员的不断扩大，熟人的边际传播效应减弱，会员发展又慢下来了。如何吸引陌生的消费者，这将是神农田园公司今后发展要突破的瓶颈。李卫鹏深知，如果能解决这个难题，那么公司未来的发展之路就真正打开了，否则将可能面临日渐萎靡的窘境。最终，他们在调查考察之后，决定开辟农业观光旅游和农耕教育的业务板块。

农业观光旅游和农耕教育鼓励更多的人深入田间，以参与者、观察者的视角了解农业，了解绿色健康安全的蔬菜的生产过程，这不仅能提高消费者对公司产品的信心，而且能培养“新农人”。参观田园，小朋友对于土地和农作物有天然的兴

农场实景

趣，而对成年人而言，有相当一部分是在农村长大的，他们年轻时做过农活，对农村的苦有着最深的记忆，对农业的趣味也有着情怀般的回忆，特别是当他们看着自己的小孩体验着当年自己从事过的农耕活动时。当我们把这些因素通过农耕教育的方式传递给下一代时，也会传承给他们这些品质。如果把这份感情深化为农耕教育，就可以加深社会大众对农业的正确理解，从而又能吸引更多的有志青年加入到农业创业中来，这其实是双向促进作用。更让李卫鹏兴奋的是，农业观光旅游和农耕教育也是吸引更多农学专业大学生参与农业创业的一条有效道路。

大学生整体上知识能力素养都较高，如果他们愿意参与到农产品的生产创业中来，成为“新农人”，那么对于整体提高农民的素质和农产品的质量必然是大有裨益的。因为长期以来一些农民自身对农业不看好、不抱以希望，并排斥子女再从事农业生产，这也就导致了农民整体素质不高。但事实上，农业生产机械化，农业队伍高素质化才是未来新农业发展的方向。只有越来越多的“新农人”加入自己的队伍，绿色健康的农业生产链才能更快见到曙光。就是抱着这样的信念，李卫鹏和他的伙伴们决心给农业这个传统行业注入新的活力，通过转型升级，在把第一产业的安全农产品做好做细的基础上发展农产品加工的第二产业，以及农业观光旅游、农耕教育的第三产业。这样一来，神农田园就把农业生产的第一产业、农产品加工的第二产业和农业观光旅游以及农耕教育的第三产业结合起来。如今，神农田园的田间有着川流不息的游客，看着他们挂在脸上的笑容，李卫鹏更加肯定这个尝试是正确的。

四年来稳扎稳打，步步为营，终于守得云开见月明。回望创业路上的磕磕绊绊，李卫鹏坦言影响创业的因素很多，但最关键的是要坚持。行百里者半九十，特别是对于农业，它周期长、回报慢，若无情怀千万莫入，若只有情怀也寸步难行。收获在心，坚持才能不负初心。

“90后”CEO：黑马的逆袭

——“兼职猫”APP创始人王锐旭

《《王锐旭

从不羁少年到创业学霸，从成长于汕头小镇到走进中南海与总理座谈，这位“90后”CEO所完成的逆袭与跨越，靠的不仅是运气和几句口号，还有背后日日夜夜思考、学习、工作的决心和努力。

兼职猫，是一个由大学生王锐旭及其女友甄蔼仪一起创立的大学生兼职APP，它致力于打造值得信赖的免费兼职应用，而这款应用也是国内第一款基于数据挖掘的招聘领域垂直搜索服务手机应用。2015年，兼职猫获得由挚信资本领投的300万美金A轮融资，直至2015年年底，兼职猫的用户数量已经突破500万。

而CEO王锐旭，在成为走进中南海的唯一一位广东“90后”创业代表，与李克强总理会面商讨的同时，也把他的创业故事带到了天南海北。

洗心革面：一个巴掌的觉醒

王锐旭出生于一个普通的汕头小镇，父母经营羊毛纺织厂，忙碌操劳，奔波于生计，无暇顾及两个孩子的学习。幼年的王锐旭本是个聪明能干的孩子，善于心算，在照顾比自己小两岁的弟弟的同时，7岁就当起了家里小小的“账房先生”，给工人们发工资。这大概也就是他初涉生意场的“财务经验”了。

“少年不识愁滋味，爱上层楼；爱上层楼，为赋新词强说愁。”辛弃疾笔下的少年单纯无知，而年轻的王锐旭也一样，在父母的保护伞下，全然不知外面早已风雨交加。“在初中的时候，我经常逃课去网吧。最疯狂的时候，我跟我弟弟两个人，五一七天长假，每天都包一台电脑，两个人各上十二个小时。”打网游、吸烟、喝酒、逃课……镜头前的他很不好意思地笑了笑，坦言后悔那段堕落的时光。原本打算长大后接过父母的工厂继续经营，但工厂的工人冲突以及突发的危机导致工厂被迫倒闭，这不仅打消了他的念头，也让家中背负了巨额债务。

当年高考，本来成绩一团糟的王锐旭“正常发挥”，没有考上任何一所大学。高考满分750分，而他只考了280多分。当他拿着成绩单出现在母亲面前时，母亲打了他一记耳光。“妈妈哭了，可以想象她有多伤心和无助。”如果说任何转变都需要有一个契机，那么家中工厂的倒闭和母亲的伤心无助，大概就是改变他的契机。王锐旭逐渐开始意识到什么叫责任、什么叫未来，他选择复读，开始努力学习。虽然学习中的短板并不能在短时间内补好，但王锐旭终于凭借四年的学习和追赶，在高考中冲过一本线，考上广州中医药大学的药资源与开发专业。

二十瞬弹指之间，峰回路转。如今，看看这位出席《鲁豫有约》的年轻人：黑框眼镜，干净的衬衫，文雅而略带腼腆的举止，已经很难想象以前的他，会是那个窝在黑乎乎的小网吧里，和弟弟一起不分白昼黑夜偷偷打游戏的浑小子。

摸爬滚打：从新学霸到新CEO

用“脱胎换骨”来形容大学期间的王锐旭可以说一点也不夸张。他再也不想重蹈覆辙，便悄悄定下“每年拿奖学金”的目标，踏踏实实地学习，做兼职补贴生活，参与志愿者服务活动……这些大学生应该有的“标配”，他一个也没有少。在不断地努力下，五次奖学金、“赢在广州”二等奖、“挑战杯”省级比赛金奖等三十多个荣誉纷纷被他收入囊中，这些学生时代的成功，让他开始感觉到付出后得到收获的充实与喜悦。

但是，喜悦的背后，王锐旭面临着难以改变的现实——家中工厂的倒闭和负债让父母生活拮据，难以支付他的生活费。然而，自己的人脉还需要建立，新交往的女朋友还在身边，年轻的生命还没有好好体验大城市的喧闹繁华。但这位年轻人才不会轻易向生活低头，他要自己赚钱，便开始尝试五花八门的兼职：从派传单到举广告牌，从当保安到摆地摊，几乎有收入的工作他都干过。“What doesn’t kill you makes you stronger”，几次兼职的经历让他开始认识社会，并逐渐挖掘自己的兴趣与潜能，意识到自己不是个书呆子。以前的他腼腆内向，不太敢直接面对商家，甚至不敢直接表达自己的想法。但是基层职场的锻炼让他意识到，只要愿意走出原本的舒适圈，愿意打开世界的窗口，自己完全可以成为一个交际能力不错，“可以把一些单子拿下来”的人。

但是兼职的路从来不平坦，没有经验的大学生被骗是常态，其中一次被骗的经历让王锐旭终生难忘。当时他和女朋友一起到一个偏远的小城做兼职群演，辛辛苦苦工作了几天以后，才发现负责招聘他们的人居然消失了。没有合同，没有工资，耗费了时间和精力，还白白搭上了来回路费。这一次的经历让他既委屈又恼火，他开始寻求更安全靠谱的兼职渠道。

其实，求职渠道的需求在他心中早已迸发出许多火花，就像一颗沉睡已久的种子，只需要一点甘露和阳光，或许就会悄悄地萌发。而接下来的“初创”尝试，无疑为这颗种子提供了必不可少的养分。

大二，王锐旭参加了许多社团，在一次偶然的机会里，他单枪匹马为自己的社团拉来了4万元的赞助费。在与企业沟通的过程中，他意识到校外企业其实非常想打开高校市场，只是没有有效的渠道。王锐旭想，这有什么难的，那就为他们提供渠道，“我慢慢尝试组建自己的团队，开始梦想当一名企业家”。因此2012年，他的“初创”队伍——魔灯团队诞生，它的主要业务就是校园广告传媒，致力于为企业在高校内搭建全方位的品牌推广渠道。

“魔灯团队”建立之初，发展缓慢。团队没有什么资金，企业对于学生的执行能力也存在质疑，刚开始团队接到的项目都很小。直到2012年8月，王锐旭得到中国移动想要进校园宣传的消息——情况似乎有了转机。嗅觉灵敏的他找到当时中国移动的校园推广负责人，负责人表示想要做大学城十所高校的推广，问他团队有多少人员可以调用。这个看似简单的问题，在当时却几乎是王锐旭最不愿意回答的。因为当时的魔灯团队一共只有六个人，就算大家彻夜不眠全天工作也达不到企业需要的工作量。就这么放弃了吗？王锐旭心想，这简直是千载难逢的好机会，如果成功了，那么团队接下来的发展才有希望，才有可能进一步吸纳投资赞助。于是，他咬咬牙，拍着胸脯跟对方说，团队有80人，完全可以胜任这个项目，把校园推广做好。中国移动的负责人很高兴，就放心地把项目交给了王锐旭。表面上项目是接下来了，但是背地里队员们都狠狠地为他捏了一把汗。俗话说：“说出去的话，泼出去的水。”六个人怎么完成任务？王锐旭自有办法，他发动团队成员，通过网络招聘、熟人拉动等多种方式紧急召集兼职学生。终于，在短短的三天之内，队伍真的成功招到了八十多名学生。开学后，新“上任”的队员们被安排到各个学校进行推广工作，顺利完成了中国移动负责人布置的任务，而团队同时也收获了一笔不小的发展资金。“搏一搏，单车变摩托”，这次“傻大胆”的经历，让王锐旭和队员们越战越勇，也让“魔灯”站稳了脚跟。

几个月以后，魔灯团队在广州大学城内名气大增，人数也发展到了76人。在众多高校学生的参与和宣传下，魔灯团队扬帆起航，稳步前进。

而从学生到魔灯总负责人，再到CEO，王锐旭花了一年零两个月的时间。自己被黑中介诓骗的经历和周围同学们的遭遇都让他感受到了学生兼职的“痛点”，魔灯团队的成长和成功在为他带来喜悦的同时，也让他更加坚定了为社会带来福音的信念。他认为，企业要“利他”才能有所发展，创业企业应该要解决社会难题或提高行业效益或为客户提供价值，而不只是满足于个人小利。王锐旭计划着要干一件改变兼职行业的“大事”，为大学生的兼职和勤工俭学提供服务，以此来帮助他们赚到钱、积累就业所需的社会实践经验。

终于，在2013年6月，凭着对互联网的热忱与对移动互联网创业的大趋势判断，王锐旭拿着“魔灯”期间积攒下的创业资金，开始进行移动招聘服务平台“兼职猫”的研发。“兼职猫”和这位年轻的CEO一起，开始了属于他们的旅程。

看别人的逆袭故事，似乎个个都是上帝的宠儿，但正如作家冰心所言：成功的花儿，人们只惊羡她现时的明艳！然而当初她的芽儿，浸透了奋斗的泪泉，洒遍了牺牲的血雨。

风雨兼程：没伞的孩子要学会奔跑

兼职猫在创立初期，遇到了创业者们普遍面临的难题：资金匮乏。为了筹集资金，这位年轻的CEO用了别人眼中“最笨”的方法——带领团队成员先通过自己研发的平台找兼职赚钱，再把赚到的钱投入到产品研发中，既当顾客，又当老板。公司的业务是手机应用APP，而王锐旭的专业却是中药资源与开发，但是不对口的专业并没有阻碍他创业的步伐。不会的就上网查，理解不了的就向他人请教，他不断学习，为了梦想与自己热爱的事业，每天出入图书馆，翻阅程序开发和企业管理相关书籍，如饥似渴地汲取能量。

获得了学校的支持以后，团队在学校创业基地成功借用约30平方米的办公室，算是有了一个正式的基地。为了能尽快把企业带上正轨，王锐旭废寝忘食，全身心投入到自己本身并不熟悉的研发工作中，每天在计算机前工作将近20个小时。2013年9月，在他的带领下，企业的第一款产品——“兼职猫”招聘服务平台终于上线了。

“一波未平，一波又起”，兼职猫的成长历尽艰辛。由于公司是由几个一穷二白的在校大学生创立的，初期单靠校园传媒做的业务已经很难维持项目的开销。那时候，做研发的人员每个月工资只有800元，做项目执行的人员每个月工资只有450元——与其说是工资，不如说是象征性的精神补贴。有一些成员觉得熬不下去，选择离开团队，人员的流失一度导致整个项目停滞不前。

那时候的王锐旭倍感压力，甚至开始质疑自己的选择。创业远远没有想象中的那么容易，自己能坚持走下去已属不易，更何况需要大家都坚持下去。这条布满荆棘的路，到底通向何方？心如乱麻的他开始看名人传记，希望从中得到启发。慢慢地，他发现其实每个人的创业之路都不平坦，有的人遇到的困难和风险更大，但是所有的成功者都有一个共同的特点：他们永远充满了希望，永远是大家的榜样。是的，王锐旭也必须振作，作为创始人和团队的风向标，自己需要比别人背负更多的压力！他当即找来团队的几个核心成员，促膝长谈，了解大家的想法，共同设定目标，找出当下的问题和解决方法。然后再发动核心成员们去鼓励其他的成员，让整个团队团结起来。几天以后，兼职猫的项目重振旗鼓，慢慢又步入了正轨。遇到困难绝不绕道，而是快速解决，每一次危机都是教给这位年轻CEO的重要一课。

今天，可以在兼职猫“九尾科技”团队的宣传册背面看到这么一句话：没伞的孩子，要学会奔跑。而这句话，或许正是整个团队经历风雨后的肺腑之言：比别人更努力一点，才有生存的资本。

硕果累累：品牌名气和“网红”CEO

有难同当之后，有福同享的幸福是难以言表的。

2014年4月，“第三届中国移动互联网博览会暨创业大赛”举行，来自中国内地和香港以及美国硅谷的200支移动互联网创业团队争相展示他们的创业项目——王锐旭和团队带着他们的心血“兼职猫”，也满怀激动和忐忑来到了现场。当晚，由于要赶深圳往广州的末班车，团队大部分成员不得不先回去，留下王锐旭独自等待结果。后来，王锐旭接到消息，“兼职猫”项目以第一名的成绩，成功获得了百万元天使投资。当他打电话告诉团队的成员项目拿到了一等奖时，车上的十二颗惴惴不安的心顿时放下来了，多少个努力彷徨的日夜终于在这一刻得到了肯定，大家欢呼起来，相拥而泣。对于今天的“兼职猫”来说，百万元的天使投资已经不足为奇，但在当时，这就是一场难能可贵的甘霖，更坚定了大家把“兼职猫”运作下去的信念。

同年，“兼职猫”项目亦先后拿下“挑战杯”广东省赛金奖、“赢在广州”二等奖等12项奖项，并获得2014年度高校毕业生优秀创业项目资助。2015年，兼职猫获得挚信资本领投的300万美金的A轮融资。王锐旭看到了兼职

受邀去中南海参加总理座谈会的王锐旭

行业的快速增长趋势，开始拓展大学生之外的群体。到2015年年底，兼职猫用户数已经突破500万。它成功地缓解了众多高校学生的经济压力，并且使具有一技之长的学生和社会人士更能发挥自己所学技能的价值，获得全国众多用户的认可及好评。而兼职猫作为首款便捷、可靠、免费的移动互联网兼职招聘服务平台，对整个兼职行业进行了改革，有效阻隔中介公司利用法律漏洞诈骗学生的行为，切实保障学生的兼职安全。

随着“兼职猫”的迅猛成长，这位年轻“逆袭CEO”的创业历程也倍受关注。2015年1月27日，国务院总理李克强在中南海主持召开科教文卫人士和基层群众代表的座谈会，听取教育、科技、文化、卫生、体育界人士和基层群众代表对《政府工作报告（征求意见稿）》的意见和建议。而王锐旭作为“90后”创业代表，也被邀请为其中的一员。与他一起出席会议的，有姚明、陈道明、许宁生等10位代表，而他是参会代表中年纪最小的一个。会议上，他结合自身经历对大学生创业提了建议，希望落实大学生创业扶持政策和为大学生创业者创造实现梦想的条件。

虚怀若谷：什么是有意义的创业

2015年5月，王锐旭在走进中南海的同时，被评为“全国向善向上好青年”。虽然所获荣誉众多，王锐旭回来后仍马上投入到工作中，依然每天兢兢业业，最早上班，最晚下班。他认为，现在所取得的荣誉都是短暂的，是对过去自己的嘉奖。他认为，作为一个企业负责人，他担负的是整个企业的责任，需要对企业、对员工负责；作为一个创业者，他担负着对社会的责任，需要对缓解社会就业压力以及优化招聘结构尽自己的一份力。“能够创造社会价值才是有意义的创业。”王锐旭说。

受邀参加总理座谈会已经过去两年多，王锐旭的公司“九尾科技”从48人发展到165人（含实习），他完成了对总理的“还要带动100个就业岗位”的承诺。与此同时，兼职猫每天服务数十万大学生和社会人士，用新就业形式提供25万个工作岗位，带动了上万人的再就业。

在外人看来，王锐旭和“兼职猫”的故事，就像又一碗励志感人的鸡汤。但是对于他本人来说，“逆袭”二字里却包含了无数难以抉择的岔道，一个个彻夜难眠的夜晚，以及改写命运的勇气与信念。“他们很惊讶，因为以前我就是一个学渣。”这句话之所以看似轻描淡写，或许只是因为酸甜苦辣品尝过后，“欲说还休，只道天凉好个秋”。

小车努力前行，百草滋养人生

——“小车百草”团队创始人车洲

〈〈〈车　洲

陇西的黄土是车洲最难遗忘和割舍的旧梦，陇西的药材是他最想传承和发扬的宝藏。

2015年，车洲凭着对家乡药材的珍爱，组建了“小车百草”创业团队，创建了属于自己的公司，开始了“互联网+农业”的创业之路。到如今，“小车百草”已经发展成一个拥有超过60名大学生的创业团队，他们乐此不疲地将陇西绿色、地道的中药材通过电商平台和“社群经济圈”销售到了全国各地，助力家乡经济发展，造福百姓健康。

从普通的大学生到在梦想路上踏实前行的健康的布道者，车洲在这一条荆棘满布的创业路上让自己的梦想从萌芽、成长到开花结果。在纷繁复杂的社会中，他能在上大学之初就找到努力的方向，坚持初心走到现在，实属不易。

黄土地出好药材，农家娃长真见识

车洲的家乡甘肃陇西位于黄土高原，家中祖祖辈辈就一直生活在这片广袤苍凉的高原上。面朝黄土背朝天，可谓是对他们最好的形容。一年十二个月，父老乡亲们十个月都扎在黄土里，一代又一代，用他们的血汗灌溉这片土壤。但陇西这座与黄土为伴的小城，却是全西北最大的中

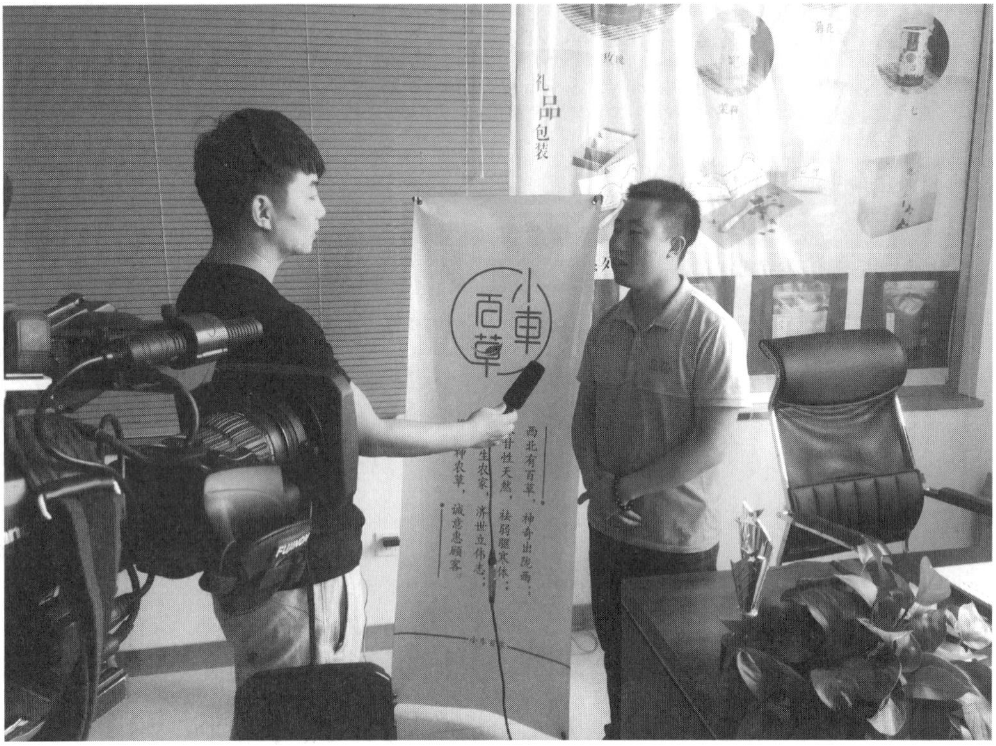

小车百草接受甘肃电视台的采访

药材种植、仓储、加工基地和交易、信息、价格形成中心。“千年药乡”“天下药仓”“西部药都”，陇西的美称伴随着车洲成长。

药材虽好，却得之不易。每一个固本培元的宝藏都需要农民日夜精心呵护。农活之苦、农业之忙早已给车洲留下了深刻的印象。火辣的太阳，滚烫的黄土，家里人就是这样日复一日、年复一年地耕作着。汗水、劳动换来的是仍然微薄的收入。这个农民的孩子，早已看尽了农民的苦难。车洲意识到，陇西是没有办法仅依靠自身的力量来改变这种辛苦现状的。只有借助外界的力量，借助知识的力量，农民才能改变命运，而自己应该承担起把外界先进的理念、技术带回家乡的使命。所以车洲从小便信奉知识改变命运，坚信只有通过自己的努力，考取好的大学，才能再回到家乡，帮助父老乡亲们脱贫致富。2013年，车洲以优异的成绩被大学录取，来到了他憧憬的大城市——广州。终于走出了西北大山的他，见到了外面的世界，但始终心系家乡。对车洲来说，在外求学不仅为了自我的成长，还为了得以用知识改变自己命运、改变家乡命运。大学的开始虽然美好却有点迷茫，自由新奇的环境，各种各样的知识都吸引着车洲的注意力。但是，学习与实践如何结合，如何用自己的知识让陇西宝贵的药材走出小天地、进入大世界却仍然是个难题。就在这时，家里一次突如其来的危机成了车洲草药创业的契机。

家乡药材陷困境，福祸相依现商机

陇西虽是千百年来多种中药材的原产地，却因为销售模式单一，受到了多方面的限制，药材大多卖给了药贩子。中药材丰收时却卖不出好价钱，出现“谷贱伤民”的情况；旱灾时价钱很高，而药农们却往往颗粒无收！就在2014年那个寒冷的冬天，乡亲们药材大丰收，但由于药贩子借着丰收恶意压价，药材的价格仅仅是往年的一半左右，药农遭受了惨重损失。加之村里人不懂网络，不知道如何销售，一车车药材拉向市场，却卖不出好价钱，各家各户哀叹连连。乡下人辛苦劳作却收入甚微，付出努力却得不到回报的焦灼让车洲倍感心痛。焦急的车洲恨不得马上回到父母的身边减轻他们的负担，但是一想到自己没有办法改变这个现状就更感心痛。供求关系的不对等、市场运作的不透明都让车洲感到无力。如何才能改变家乡损失惨重的现状，作为一名大学生，车洲感到自己肩上有着沉重的责任。

家里的电话打了一通又一通，离家千里的车洲除了倾听父母亲的难言之外，一点忙也帮不上。听着父亲沉重的叹息，想到年迈的父母布满老茧皲裂的双手，想着乡亲们艰难的处境，车洲整晚整晚睡不着，做梦都在想着如何把家里的药材卖出去。苦闷、着急的他在微信朋友圈发了一条消息，说明在甘肃老家优质药材销售面临举步维艰的现实情况。一方有难，八方支援。没想到这样一条消息竟引起了本校很多师生的关注。身边的同学和老师都积极地帮忙转发朋友圈，并且耐心地向自己的家人朋友介绍陇西上乘的药材和销售困难的情况。除此之外，微信的好友们还纷纷献言献策，四处宣传帮忙销售。最终，通过大家朋友圈的宣传，家里收到来自四面八方的订单。这些素未谋面的人，在互联网的连接下传递着他们的善意，最终使陇西药材的销售情况逐渐好转。车洲终于帮助为家里挽回了一部分损失，暂时解决了一家人的燃眉之急。

如果没有朋友圈那条“无心插柳”的消息，又有多少人了解陇西药农的艰辛与不易？如果不是通过互联网销售，家里的药材又怎能接触到遥隔千里的消费者？这次危机让车洲对互联网的力量有了新的认识，也成了他创业的重要转折点，更成为小车百草越走越远的推动器。

这次危机事件之后，车洲开始反思陇西传统的药材销售模式。虽然这次朋友圈的助力暂时解决了销售的困境，但是同样的事情还是会再发生。这次的危机看似偶然，却根源久远。车洲认识到，要根除危机，最重要的是解除药农在销售上对药贩子的依赖。药贩子的垄断地位既大大削弱了药农讨价还价的能力，又无法让宝贵的药材体现其本身的价值，长此以往绝不利于提高药农种植的积极性和改善陇西贫困的面貌。因此，车洲切身地体会到陇西药材的销售不能再依赖药贩子，只有自己种植、自己销售才能在这个竞争的市场中处于有利位置，乡亲们的汗水才能获得回报。但是，谁又能保证给陇西药材一个开放自由的销售渠道呢？深思熟虑后，车洲想到了自己。作为大学生，作为村里最先进的知识分子，理应以舍我其谁的大丈夫风范勇敢地承担起陇西药材的未来。因此，承载着乡人的期盼和陇西药材传播的使命感，车洲决定亲力亲为地搭建起陇西药材的销售环节，以“互联网+农业”的模式完善这条药材供应链。就这样，车洲走上未知而美好的创业之旅。

一人吆喝火苗小，众人拾柴火焰高

大二新学期开始，车洲学习了市场营销课，逐渐掌握了商品销售的各种技能。但是仅仅依靠个人的力量还是不够的，创业之路更需要借助外界的帮助。于是，车洲向学院教授市场营销的李锋老师说明了老家的困境以及自己的信念，努力寻求解决的方法。睿智而具有丰富创业经验的李锋老师，在仔细了解车洲家乡的情况之后，开始给予车洲创业的建议，并且鼓励他组织同学建立创业团队。受到专业人士肯定后的车洲，更加坚定他的创业理念。再次借助互联网的力量，他尝试着在朋友圈里发出号召，热心上进的同学都纷纷响应。在大家的支持下，他决定组建团队一起创业。2015年3月，在学院的扶持和老师、同学们的帮助下，车洲和同学正式组建了“小车百草”创业团队，利用校园内已有的资源，以广东为“首要根据地”开始了“互联网+农业”的创业之路。

市场乱象使人忧，誓正风气保无硫

尽管陇西有着优秀的原材料，广东有着广阔的药材市场，但是面对各种老字号的竞争，“小车百草”想要在广东药材市场脱颖而出实属不易。如何确定这个新生品牌的市场定位和销售内容，成为车洲面临的首要问题。为了使“小车百草”的前进方向更加清晰，更有竞争力，降低销售的盲目性，车洲和创业团队决定首先对广东中药材市场来一个大搜查。

车洲了解到广东的煲汤文化源远流长，中药材年需求量多达360万吨，毋庸置疑，广东地区占据全国中药材市场很大的份额。而在调研的初始阶段，车洲还了解到很多“前车之鉴”。为了使“小车百草”不再重蹈覆辙，车洲开始有针对性地对广州中药材批发市场、商店及药店进行调研。

车洲进入广州某中药材市场，逐一暗访了党参、黄芪、当归等中药材的销售区。首先暗访党参档口，走访过程中他发现绝大部分党参均呈雪白色，用手捏时感觉很软，凑近鼻子闻到酸味，一看就是重硫黄的有毒药材，而有些党参已经发黑出油，相当不新鲜。暗访黄芪档口时，令他感到震惊的是，某些商户为了降低成本，在黄芪中掺入黄芪子料。而当归则有一个替身——独活，独活价格便宜，成本更低，能以假乱真，但其药效与当归相反，某些商户将其与当归掺在一起售卖，十分让人寒心。不仅如此，通过多个地点的调研结果统计，发现市场中出售的党参约80%经过硫黄熏制，只有约20%的党参为微硫或无硫；黄芪、当归等中药材存在较

小车百草团队荣获“赢在广州”创业大赛银奖

严重的掺假造假情况。商店和药房的情况也不容乐观。车洲不禁痛心疾首，家乡的好药材竟然被此等劣质产品埋汰了，消费者的健康也得不到保障。看来，“小车百草”的壮大发展，无论是对药农还是消费者都非常有必要。

经过多次、广泛的市场调研之后，车洲看到了广东药材市场充斥着各种边角料，甚至有熏过硫黄的毒药材的乱象，更感叹家乡的好药材“怀才不遇”，不能发挥出其真正的效用。但是车洲也因此看到了广东中药材市场隐藏的巨大商机，并且进一步确定了“小车百草”的经营理念——“养生养身”。广东人买不到地道好药材，甘肃药农卖不出优质好药材，在买卖双方都发愁的情况下，车洲认识到家乡养生中药食材的优势和商机，更加坚定了要将家乡绿色、有机、天然、无硫的优质药材带给大家的信念。“小车百草”要做药材的布道者，好的品牌都有好理念的支撑，也正是这个理念让车洲克服了创业道路上的重重困难，为药材市场和人们的健康注入一股清流。

从无到有，从“0”到“1”

“小车百草”从“0”到“1”并不是一帆风顺的，其中也遭遇跌跌撞撞、问题不断。如何将“养生养身”从理念变成实际的产品并且推销出去，就成了车洲面临的第二个重大困难。刚起步的企业，缺乏资金也没有丰富人脉关系，如何说服消费者接受一个从未听闻的品牌，如何才能尽快赢得第一批客户？但车洲有着初生牛犊不怕虎的干劲，缺资源就去找资源，努力到成功为止。“没有订单，我们就主动地找订单。没有客源，我们可以从身边的亲戚、朋友、熟人，一个个地培养起来。”可能是车洲这种不服输的劲头感动了身边的人，学校的老师、同学们积极伸出援手，成为“小车百草”在校园里的黄金代言人。老师和同学都亲自试用“小车百草”提供的中药材后，自发帮忙推广和大力宣传，大大提高了宣传的可信度。正是这种实在、可视的宣传方法让更多的用户愿意开始接受、信任“小车百草”这个初生的品牌。“小车百草”的客户数量也在短时间内从个位数涨到了三位数。

随着客户数量的增加，客户的要求更加详细，车洲和团队成员越发吃力。车洲强烈地预感到“小车百草”要在正轨上飞驰起来，所以“小车百草”面临的又一难题就是为这辆“小车”组建一支可靠能干的“赛车手”队伍。一开始，“小车百草”只有创始人——车洲一个人撑着，处理包装、发货、送货全是他一人完成，但工作量增加后，一个人的能力有限，必须要有一个专业而强大的团队，“小车百草”才能进一步发展。大概是车洲的干劲与踏实感染了身边的同学，凭借着陇西药材过人的品质和车洲诚实可信的品质，身边的同学和朋友都十分看好这个小伙子，纷纷介绍了他们身边有能力的朋友加入这个团队，“小车百草”开始从“0”朝“1”走去。

创业伊始，车洲的视野还不够开阔，销售的渠道依然比较单一。“小车百草”团队仅仅建立了“小车百草”的微信公众号，也只在朋友圈和微信商城售卖陇西的中药材。通过一段时间的经营，虽然车洲以及团队成员的温饱问题得到了解决，事业的发展却遭遇了瓶颈，车洲不禁反思：“难道我就只是做一个微商吗？乡亲们的难题并没有得到解决，广东的人们还食用着劣质的中药材，我们有着优质的产品，面对着巨大的市场空白，我难道不能做得更好吗？”

李锋老师提醒车洲不要忽视自己身为一个学生所拥有的资源，应该发挥自身的优势开拓市场。经过老师的点拨，车洲豁然开朗，找到了更有潜力的销售渠道。广东的中药材市场源自其煲汤和凉茶文化，而这两种食法的最大使用群体便是家庭。所以车洲开始意识到身边的同学背后的家庭对优质中药材的需求量是十分巨大的，这也成了“小车百草”下一步发展的突破口。认识到这一点，车洲开始在广东工业大学龙洞校区做实验，适当扩大了销售的队伍，选取更有针对性的营销对象。

客户定位做好了，团队又面临该怎么做好全员营销的问题。经过不断的探索和尝试，“小车百草”决定对团队成员进行初步的销售培训以及中药材知识的培训，以便让大家能更好地把“小车百草”的产品通过他们的关系网推出去。通过理论和实践的不断结合，团队成员的营销做得越来越成熟，他们也逐渐褪去大学生的稚嫩，成为有想法、有能力的创业者。为了回馈创业团队的热情，同学们可以根据自己的销售额换取一定的提成，这一制度也大大地激发他们的积极性。现在，“小车百草”已经慢慢地走出了一条线上营销的道路，并在积累经验的过程中不断改进完善。

通过试验，大家发现尽管这种熟人营销的模式比较传统，但效果非常好。“小车百草”的销售额有了很大的提高。然而随着销售额的提高，团队的扩大，更多的问题也接踵而至。例如产品包装和物流的问题，作为一个学生团队，没有资金投入到生产包装中；他们也曾因为包装不结实而让客户消费的满意度下降，同时损失了部分药材；也曾因为包装袋风格不一而遭受质疑。另外，甘肃到广东地区的物流十分让人操心，快递员经常暴力对待快件，经常发生药材撒漏的情况，这些问题都让车洲意识到改善包装的重要性并有针对性地做出改正。创业并非一蹴而就，它本来就是个不断修正自身的过程。所以尽管“小车百草”在发展过程中出现了各种问题，但是车洲和创业团队也依然耐心地去学习，去改正，去提高。

大学生创业离不开社会的支持，车洲创业过程中出现的政策、资金问题都得到了政府的各种帮助。“小车百草”结合国家“三农”和“精准扶贫”的政策优势，得到了政府的支持和扶助，他们进驻了甘肃陇西县唯一一家电子商务运营中心。同时，学校、学院也成为他们坚实的后盾，让他们进驻广东工业大学创业孵化基地，并给予有力的创业支持。

在两年的经营中，“小车百草”公司不仅仅解决了药材滞销问题，还组织农户建立了农村合作社，并计划与政府合作，以“小车百草”的发展带动整个村子生活水平的提高，解决药农们的销售困境。车洲创业过程的重点不仅放在如何建立好药材和人们之间的联系，更是从自身创业的艰辛与不易出发，致力于为更多的大学生提供帮助。因此，“小车百草”不断在广东高校扩展队伍，也为许多家庭条件不好的学生们提供了帮助，让他们能够为家庭减轻负担的同时学习难能可贵的创业经验。

对家乡药材的热爱驱使车洲迈出创业的第一步，对事业的虔诚让车洲和“小车百草”在发现问题、解决问题的过程中不断前行、提升自身，实现蜕变和升华。虽然创业的路上有很多问题和障碍，但解决每一个问题都让他们成就感倍增，更加坚信“小车百草”还能从“1”走到“100”。

锲而不舍，永不止步

创业，是一个修行的过程，不囿于过去，无畏于未来。“小车百草”成立两年以来，已经在传统的线下销售模式的基础上，利用“互联网+农业”的优势，建立了自己的微店、淘宝店和公众号。除了网店单纯的产品交易，还利用公众号定期宣传养生知识，经常回访客户，全面打开线上线下的销售渠道。尽管“小车百草”已经摸索到了属于自己的经营模式，车洲依然一如既往地将目光投向远方和未来。健康养生是“小车百草”的初心，更是其努力践行的目标。尽管药材市场鱼龙混杂的局面没有太大改观，但车洲仍然坚持做到保质保量、绿色环保。时机成熟后，他还将

小车百草团队

推出互联网定制农业，打造“小车百草”的现实“开心农场”，给客户带去更好的食材体验。

以传统模式发家不意味着“小车百草”就不敢创新。为了加快品牌建设，增强科学生产意识，提高农业信息化水平，车洲带领团队积极引进新技术、新方法，计划利用互联网实现质量源头监控、产品宣传、销售、客户反馈回访等工作，并计划在下一阶段实现云端大数据对接，建立“小车百草”客户系统。利用国际先进的二维码技术与线下离线SDK数据验证方，农产品生产记录全程进行“电子化”管理，保证产品销售“知根溯源”。

车洲的创业历程让我们体会到，大学生也能以天下为己任，也可以有我辈担当的豪情壮志。宏大的梦想并不空洞，也不复杂，正如“小车百草”的梦想——作为大学生，要勇于担当，要带着药农乡亲父老共同创业，共同富裕，一起走上小康之路；带着大学生们去创业，缓解他们的家庭压力，实现自己的创业理想；为广大消费者提供优质、安全、绿色、无硫的养生食材。

的确，在这个物欲横流的社会，一心一意创业实在不易。在人人都选择衣锦才还乡的时候，车洲却从一开始就和家乡携手并肩，共同发展，做以社会为己任的担当者，坚守初衷的传承者。车洲展示了大学生发展的另外一种选择——“常回家看看”，通过家乡的发展寻找商机，尽管过程有些曲折，尽管道路有点坎坷，但不拼搏、无人生，奋斗和坚持也不失为一种实现人生价值的道路。

承载百草的小车从步履蹒跚走到稳稳当当，靠的是创业者的心血与坚守。不忘初心，方得始终，“小车百草”将在创业路上继续努力虔心，前行。

鱼鳖弄潮儿

——广州诚昌生物科技有限公司董事长沈文昌

‹‹‹沈文昌

成立于2015年的广州诚昌生物科技有限公司，每年的销售额达到千万，但谁都不会想到，创业团队成员平均年龄小于24岁。两年前，沈文昌和同学“一拍即合”创办的公司，如今已经成为龟鳖产业的佼佼者。短短两年内，诚昌公司在鱼鳖产业中迅速成长，产品逐渐在广州、佛山、江门、东莞、中山乃至广西一带都小有名气，发展成了一家从龟鳖养殖、苗种繁育到终端贸易的一条龙创新驱动型企业。但他们并不止步于此，下一步他们还要探路龟鳖药用市场，致力于龟鳖深加工，打通终端市场。

儿时的梦想，如今的事业

当董事长沈文昌介绍起龟鳖养殖技术和病害预防知识时，专业的分析和独到的行业见解让人很难将他与学生联想到一起。就在几年前，这位“90后”的小伙子才刚刚进入社会，初涉创业的深潭。虽然沈文昌的阅历不足，经验欠缺，但他从来没有畏惧，而是带领着团队一点一点地控制着自己的浮躁，从零起步，一步一个脚印地执着前行。

创业对沈文昌来说并不是一个拍脑瓜的偶然决定，而是家庭潜移默化的结果。因为父母从事龟鳖养殖，他和这个产业早就是老相识。十几年前，沈文昌的父母就已经开始在龟鳖养殖行业摸爬滚打，而他也在看着小鱼、小虾、小龟长大的时光中成长。在沈文昌的记忆中，父母从来都是忙碌的，但是父母亲辛辛苦苦劳作十几年，却没有攒下多少积蓄，因为龟鳖价格变化波动很大，几乎都是收龟人说了算，养殖户们根本毫无议价的权力。养殖户起早贪黑工作一年却要做亏本买卖，这让小小的沈文昌感到非常难过。他深知养殖从业者的不易，“扭转亏损局面，让劳动者们劳有所获”成了他儿时最大的梦想。“览相观于四极兮，周流乎天余乃下。”从小他就告诫自己要努力，要以一个革命者的身份进入这个行业，为付出努力的人们带来应得的曙光。市场遵循着丛林法则，弱肉强食岂是一朝一夕。但是，沈文昌并没有被眼前的困难击退，他相信只要努力，依然能为这个行业做出自己的贡献，抹去不公平的印记。

为了在梦想的道路上走得更远，2011年，初心未改的沈文昌毫不犹豫地报考了华南农业大学水产养殖系，以期学习更多水产养殖相关知识。尤其让沈文昌欣喜的是，因为学校地域位置的原因，他能够更加深入了解龟鳖行业。在龟鳖行业中，广州处于极其重要的战略位置：这里是全国最大的龟鳖集散中心，浙江省90%的乌龟会被运到广州再批发到全国各地；而广东省作为全国最大的珍稀龟养殖省份，又蕴藏了巨大的财富和商机。沈文昌想到它的地域与市场优势，兴奋不已。

为了这场“蓄谋已久”的“革命”，沈文昌不敢松懈，在校园中，他认真学习专业知识，养精蓄锐。终于，在2014年10月，乘着“大众创业、万众创新”的春风，沈文昌迫不及待地组建了自己的创业团队，虽然团队只有大三学生。怀揣着同一份创业热情，他很快遇到了将与他同甘共苦的团队核心人才。专业的技术指导、产品销售工作，互联网推广与技术维护……每一个环节，每一个决定，都离不开方蔚平、黄飞腾等团队成员的努力与协作。“父母在，不远游”，沈文昌的团队成员来自五湖四海，“鱼和熊掌不可得兼”，虽然大家也都希望能够平衡好事业与家庭的关系，但是机会不等人，有的时候想要拥有情怀，就必须跨越距离的障碍。而广州是全国龟鳖集散中心，占据地利人和，想要做大做强，就必须在广州发展。所以沈文昌一行人毅然决然地在广州扎根，奋斗，直到成功。

或许，无论最终结果如何，正是这份一起拼搏付出的情谊，让整个团队能够一直乘风破浪，勇往直前。

为了更好地确定长远的方向和策略，团队开始对广州的龟鳖市场做全方位的调查。当年11月，国家有关部门恰好出台新药典，阐述了中华草龟的龟壳是最适合用于生产龟甲胶的原材料，一纸文书，将中华草龟这个品种从众多龟类品种当中区别开来。沈文昌迅速意识到中华草龟品种的独特性，多年的学习和经验告诉他，这种龟会受到市场的青睐。“草龟这个品种的整个产业链比较健全，量很大，可以说龟鳖市场每一个有交易的板块都有中华草龟的存在，具备了所有龟的经济效益点”，在团队会议中，沈文昌冷静地分析着，“另外，中华草龟迎来了药用市场的政策性

团队合影

利好。从2014年11月开始，由于制药厂的大量采购及出口增加，草龟壳的药用市场需求量急剧增加，出现有史以来最大的需求高峰，导致草龟壳价格上涨到150元/斤左右，每只种苗价格从最初的2元/只涨到4元/只，再从4元/只涨到了8元/只，商品龟价格从每斤15元涨到30元。”对，这就是龟鳖行业创业的突破口！他坚信自己的判断，在毕业道路的分叉路口上，沈文昌毅然决然地选择在创业这条路上继续前行，并将产品的重心放在中华草龟这一品种上。他的创业方向十分清晰——龟鳖产品加工，这也成了团队的核心理念和终极目标。

其实在注册公司时，还上演了一幕小插曲。团队前期精心准备了一个名字——子归，并赋予了它深刻含义：游子归来，像沈文昌他们那样在外打拼的游子能多回家看看；归谐音龟，又寓意游子回家的时候能带上龟鳖产品孝敬父老。他们还设计了形象的图标。然而，在实际注册的时候，子归这个名字却早已被注册。创业第一步就遇到这样一个小打击，让团队成员们哭笑不得。最后，几人在工商局临时开会讨论，最终决定采用“诚昌”这个名字，义为诚信为本、繁荣昌盛，通俗易懂。的确，这股纯净的诚信也从此长伴沈文昌的创业之路。

有梦就去拼，爱拼才会赢。2015年3月，通过层层考验，沈文昌的团队成功地拿下了学校新成立的创业孵化基地的进驻名额，成功注册广州诚昌生物科技有限公司。将军的号角已经吹响，红色的战旗在风中飘扬。但是仅找到一个创业切入口是远远不够的，他所面临的是一个极为庞大和复杂的市场——中华草龟的市场面很广，食用市场、药用市场、观赏市场、杂交市场和种龟市场等错综复杂。沈文昌也意识到，对于刚起步的他们来说，一口吃不成大胖子，得管好心中的那只“野兽”，先做好一种产品，再逐渐推广，才能稳中求胜。

网络助力，步步为“赢”

在团队、公司初期组建完毕之后，沈文昌等一行五人来到位于广州市荔湾区的水产市场，本意是为了“探探行情”，谁知道热闹的场面大大出乎他们的意料。他们像初生的孩子一般满怀兴奋地走了一遍市场后，尝试问管理处是否还有档口可租，对方表示仅剩两个档口。看着紧俏的市场，沈文昌和伙伴们惊讶得张大了嘴巴，但是市场的敏感性告诉他们不能迟疑，于是几人当机立断租下其中一间，以方便日后不时之需。这大概可以被列为这几个“青瓜蛋子”少有的几次莽撞决策之首。慢慢地，沈文昌开始发现行业发展的不合理之处。整个龟鳖行业信息相对闭合，大部分买卖双方需要通过论坛来发布帖子，但是买家一般不会相信不熟悉的卖家。因此，线下买卖多集中在熟悉的买卖方之间，导致买卖双方的选择局限性都非常大。“如果我们的团队可以加速整个行业信息的流通，解决交易的信用问题，那一定能为买卖双方都带来更多的生意！”负责网络推广的黄飞腾兴奋极了，开始在网上及线下搜集和整理有买卖需求的客户信息，希望利用互联网来打破这种信息的壁垒。

不走寻常路的团队成员们并没有把注意力集中在传统的开展龟鳖销售业务上，而是努力想把销售渠道打通、打扎实。周围的人看着他们如此卖力却还没有收入，都不由得替他们担心。尽管沈文昌和团队心里也在打鼓，毕竟是摸着石头过河，他们难免也担心这种模式的可行性。但是事实证明，磨刀不误砍柴工，在日后的销售中，大家都慢慢发现前期扎实的基础工作带来了很多的便利。不仅如此，公司前期筹备时，还铺全了网上所有的销售渠道，除了有专人负责运营论坛帖子外，还建立了公司的官方网站、官方微信、淘宝店和阿里巴巴。“我们各个销售点有各自不同的定位，比如阿里巴巴，主要是一些自带流量，有些批发商是阿里巴巴帮我们引入的，我们没有在这部分投入过多精力。而淘宝则是我们的‘信用系统’，客户跟我们定了龟之后，上淘宝支付货款，成功收到货再确认支付，这样双方都没有信用风险。”沈文昌介绍。全方位的准备工作，让诚昌公司能有条不紊地处理发展中遇到的问题，有效地开展业务。

成就事业贵在专注与精准，诚昌公司就很好地验证了这一点。目前诚昌公司专注于微信客户的沉淀，这与他们日后要做的龟鳖食品加工有关，培养起稳定的客户群可以帮助公司确定市场需求，而如今依靠微信积攒的客户已经远远超过了他们早期在论坛“扒”到的客户。精准的客户定位帮助沈文昌节省了营销成本，也使得他们的服务更加集中和优化。

沈文昌从一开始就注重互联网，团队的一员主力深耕网络营销3年，具有丰富的网络营销经验。龟鳖产业属于农业行业，从业者文化程度低，互联网发展程度低，如果能发挥他们的互联网优势，很快便能在这个行业中占据一席之地。所以，沈文昌也把前期大量的销售精力放在了网络推广上，不走传统渠道，事实证明他的决定是正确的，在不到一年的时间内，公司在龟鳖行业中的影响力已经名列前茅。

大家的努力都没有白费，诚昌这个小企业终于渐渐被业内人所熟悉，产业也越来越大，影响力稳步上升。但当大家为公司迅猛发展欢欣鼓舞的时候，问题出现了。2016年初的时候，由于缺乏实体档口对自身发展的限制越来越大，整个团队亟须扩大规模。站在公司发展的十字路口，沈文昌大胆决定，要融合线上线下模式同步发展。这一次，他把目光锁定在养殖场。缺少资金，他就干脆拉着大学同学投资入股，风风火火开展养殖事业。这一“跨界”的举动让竞争对手们倍感压力，本来合作的企业要开始竞争，周围的人们都倒吸了一口冷气。正可谓狭路多英雄，“不打不相识”，两个竞争对手在竞争过程中竟然逐渐发现了双方经营理念的契合，双方利用养殖场的竞争联合起来，一举打下了养殖场市场的半壁江山。此次合作下来，双方均获利不少，而这也为后来企业的重组打下了基础。

在2016年底，沈文昌和另外一个同业经过长时间的接触和几次合作之后，愈发感觉到了自身的缺陷，单凭一己之力，可能很难突破瓶颈。同时，两个企业的负责人也看到了企业规模扩大的新方向，因此一拍即合，决定合作，组建彰诚生态农业投资有限公司，沈文昌担任主要负责人之一。直至今日，沈文昌的龟鳖事业已经发展得非常完善，盈利模式明确，行业地位也在逐步提高。

有挑战，就有突破

起步之初，公司事务繁杂，但沈文昌对于公司的大小事务，不论是产品调动还是市场开拓，不论是融资还是合作交流，都亲自过问、亲力亲为，把不清楚的都学明白，务必做到最好。但是作为一名领导者，随着公司的逐步发展，他也感到压力巨大，困难的现实让他逐渐学会简政放权，转移工作重心，把自己现在的主要精力放在管理提升、团队建设和市场开拓上。虽然总是会遇到各种各样的困难，但是大伙儿众志成城，通过团队所有人的不懈努力，公司总体没有走太多的弯路，发展日益走上正轨。

回忆起创业前期的点点滴滴，沈文昌也坦言一度压力很大，有时彻夜难眠。要保证公司的正常运营，就需要不断地学习和完善管理水平，提升自己的对外沟通及合作能力。每天排得满满的日程，让他几乎没有喘息的时间。“当你不懂一件事情怎么去做，但必须要把这件事情做好的时候，你就会产生很多的压力。但是，压力不是坏事，运用得当反而会变成一种推动力。”而也正是这些压力，让团队成员们发自内心地凝聚起来，互相支撑鼓励着走过了那段有些艰苦的日子。

创业不是过家家，它是一场考验脑力和毅力的博弈。每一步的选择和决定都至关重要，需要有一个共同的目标指引着团队前行。沈文昌回顾这几年的创业，觉得自己学到的最重要的一课就是创业前要充分了解所在的行业，需要把握每一个可能对这个行业产生影响的信息，需要充分地了解每一个竞争对手。

展望龟鳖行业的发展，沈文昌的眼光依旧犀利。乌龟的养殖品种主要分为以江浙一带为代表的中华草龟、台湾草龟、巴西龟等低端品种，以及以两广地区为代表的金钱龟、石龟、黑颈龟等高端品种。前者主要的市场是药用市场、食用市场和观赏市场，后者主要的市场是观赏市场和炒种市场。沈文昌最看好药用市场，也就是深加工保健品市场，而且国家陆续出台的政策也印证了这一点，2016年和2017年中华草龟和台湾草龟市场的持续走高，药用市场发挥了不可磨灭的作用。中华草龟药用市场突出，以后的食用价值也会被进一步地开发，所谓药食同源，食用中华草龟的保健作用将不言而喻。而这也意味着，沈文昌的龟鳖事业将能再上一个台阶。

经过两年多的发展，沈文昌的公司在广州新建了规模较大的养殖场，以后的养殖重心依然会放在中华草龟和台湾草龟等低端养殖品种上面，逐渐扩大养殖规模，力图能够开发出自己的深加工保健产品。同时，以养殖场为核心，向生态农业发展，将自身企业做大做强。

从小时候对养殖户的关注，到长大后勤奋地耕耘在龟鳖事业的第一线，沈文昌终于把自己的梦想变成了现实。沈文昌的商业眼光和不屈不挠的创业精神给整个龟鳖行业带来了发展的生机，也给更多创业的年轻人树立了好榜样。台湾作家龙应台说，有的路，只能一个人走。但是在沈文昌和众多创业者的生命里，却是“有的路，必须和大家一起走”。无论是回顾过去，还是眺望未来，或许只有身后默默支持的人们，才是最值得珍惜的瑰宝。沈文昌笑着说：“我感谢一路陪我走来的小伙伴，从始至终，大家都一直没有离开，无论遇到什么困难，依然支持我。”

或许，在劈波斩浪的创业勇士们心里，陪伴，才是最长情的告白。

下　篇

遇上风口，迎接蜕变

——广州蜃境信息科技有限公司创始人朱国雄

《《 朱国雄

人生因选择而不同，因坚持而精彩。每个人对价值观的定义不同，这决定了每个人的追求不同。选择自己的目标一定要以社会为准绳，以价值观为导向。朱国雄来自广东省的一个小县城，儿时的生活虽谈不上艰辛，但也体会到了生活的不易。经过不懈的努力与家人的支持，他考上了华南农业大学电子工程专业，来到广州这片充满机遇与挑战的沃土。那时的他只知道，自己离梦想更近了一步。一分耕耘，一分收获，成功绝不是偶然的！

关于怎样规划自己的大学，朱国雄有自己的感悟。在他心里，大学不仅仅是做学问的象牙塔，也是一个不断认识自己、发掘自己、提高自己的地方。怎样在大学的学习和活动中挖掘自己的兴趣？怎样围绕自己的兴趣做出正确的定位和规划？怎样处理好学习、工作以及人际交往？怎样让自己得到别人的肯定？……这些都需要不断地摸索。朱国雄认为：只要将用来上网的时间抽出一些去关注自己行业的发展动态，阅读一些非本专业的书，对知识的追求不局限于书本的深度，多和师兄师姐交流，就一定可以获得很多意想不到的知识。在校期间，除了完成学习任务，他做过家教，组织过同乡会，还忙于各种社团活动。临近毕业，他也去几家公司做实习生，不断地探索自己的兴趣爱好，分析自己的性格，研究自己的职业选择。朱国雄说，视野决定高度，态度决定一切，心有多大，舞台就有多广，人应该找到自己的舞台，自信地秀出自己。最后，他选择了一份适合自己的工作，在一个不错的公司，一个经得起考验的平台。

然而，他并没有满足现状，而是一直学习、观察与发现。一次偶然的机会，他和朋友在广州灯光节上看到由当时国内还比较少见的技术——AR技术所展现的美妙画面，从此他的生活被改变了。当时，他还不知道这项技术，而他的朋友恰好有同学就是研究这方面的。经过详细的咨询及学习，他们看到了机遇。他们开始设计自己的梦想，并为之付诸行动。“人一定要先有梦想，要坚定自己的信念，不断坚持就一定会成功。”朱国雄这么认为。伴随着2014年李克强总理提出的“大众创业、万众创新”的口号，全国各地瞬间掀起了一股全民创业的浪潮，“蜃境人”也用自己的故事来为自己代言。

预见未来，一拍即合

2014年，纵观国内，具有AR技术研发背景的公司少之又少，基于AR技术的产品与应用更是凤毛麟角，与如今铺天盖地的关于AR技术的新闻报道以及国内外科技公司争相对外宣称进军AR领域的现象，是天差地别的。在当时，广州蜃境信息科技有限公司的其中两位“元老”朱国雄、黎家进意识到AR技术未来的巨大发展潜力后，立即着手于招兵买马，招聘了数位知名的AR行业工程师组建了最初的创业团队，并于2014年3月成立了广州蜃境信息科技有限公司，奏响了创业的号角。

步步维艰，荆棘载途

公司成立初期，技术实力薄弱，资金有限，作为业内的新闯入者，对自身定位也不清晰，公司业务一时间内没有得到很好发展，加上公司正常运营所需要的支出，当时所筹集的70万元初始资金所剩无几，整个公司几乎陷入了停顿的局面。这时，他们意识到公司对自身业务和市场定位是否清晰决定了能否在创业前期存活下来。经过无数次的讨论后，公司的定位和发展路线终于明确了：从外接项目到研发产品再到搭建平台。归功于营销策略的不断调整与深入，业务情况逐渐发生好转，因为明白每个项目的来之不易，他们致力于为每个客户提供最优质的使用体验，逐渐得到了客户的认可与支持，也慢慢提升了公司知名度。在此期间，朱国雄带领其工作室聚焦数据挖掘、市场调研、精准营销、优化管理、科学决策等问题，为企业提供更好的方案，并在管理、经济、商业等领域开展技术咨询服务与高端产品研发，将工作室建设成为跨学科、综合型、开放式的AR技术展现平台。尽管那段时间每天早出晚归，在烈日下暴晒奔走，磨破了好几双鞋子，费尽了口舌，但前3个月的账本，还是让朱国雄十分惆怅，因为账本上没有令人安慰的数字，这就证明了自己的努力仍然没有见到成效。回忆起那段岁月，他仍然心有余悸。作为一个重点高校毕业的大学生，放弃令人羡慕的工作，为业务开疆辟土，忍下一把辛酸泪，个中滋味恐怕只有他自己最明白。如果失败了呢？谁来为这种落差和损失的时间买单？可是他明白，为了自己的创业梦想，他必须咬咬牙坚持下来，如果连这些坎都迈不过，连这些心理压力都无法承受，以后的路只会更艰难，创业或许真的就仅仅是个梦了。那么他可能又要回到办公桌前，从事他无法激情投入的工作，过着他并不热衷的、缺少活力和奋斗的生活。所以朱国雄选择继续马不停蹄地奔波，借着这段时间，实地了解中国AR技术发展的现状，为公司以后的发展打下了坚实的基础。

厚积薄发，突飞猛进

即使在公司最艰难的阶段，朱国雄等人也从没有停止过AR技术的研发工作，从没有中断过任何营销与推广的计划，更没有懈怠于打造与管理自身的品牌。正是基于“蜃境人”脚踏实地、兢兢业业的工作精神，蜃境公司终于在2015年实现了自我突破——能够担任AR IN CHINA技术版版主就足以证明公司的技术能力得到很大的提升和认可，公司2015年的营业额达到425万元也证明了发展战略的正确性。除此之外，蜃境公司极度重视自身技术的保护，到目前为止公司已经拥有了十四项软件著作权、四项实用性专利和一项发明专利，实现了从外接项目拓展到研发产品的目标，其中公司开发的米博互动和神笔画画两款产品一推出市场便受到广大的好评，米博互动产品更是售出超过5000套。而基于公司战略的指导，公司在2015年便筹备并投入了巨大精力着手研发MY-AR平台。这是一个基于AR技术开发、以APP为载体的移动数字交互平台，平台具有四大功能模块：前端、后台、数据对接和功能拓展。平台能使用素材管理、摄像识别、多种交互、一键分享等多种功能，对数字媒体进行多种呈现，解决了市场上单一离线项目传播影响有限、开发周期长、成本高及模块复用度低等行业问题。

不忘初心，坚持信念

根据广州蜃境信息科技有限公司财务报表中的数据来看，公司目前整体运营良好，处于稳步发展阶段。未来，公司依然只会专注于AR技术的研发与应用，形成自身成熟的研发体系，缩短产品研发的周期，利用自身技术优势，提供更为优质的AR产品和AR服务体验；以及积极打造品牌口碑，不断提高品牌知名度和客户忠诚度；同时公司也正在积极申请国家高新技术企业资质认定。未来的几年将是广州蜃境信息科技有限公司的爆发之年，既然遇上了风口，那就大胆地迎接蜕变。因为专注，所以专业。他们本着技术创新、完善服务、真诚合作、共同发展的原则，期望见证AR技术沟通现实与虚拟，改变世界与未来。

从最初选择这个创业项目，到公司成立，朱国雄遇到了各种各样的困难，有些时候想到现实和理想的不相吻合，他也考虑过放弃。他过了很多个没有周末的日子，每天晚上都熬到两三点才入睡。公司创业初期，项目不成熟、欠缺资金、缺乏客源等问题接踵而至。众所周知，近几年VR行业竞争对手繁多，技术更新换代十分迅猛，当公司无法获得一席之地、连继续生存都成了问题的时候，是一个创业新手最难捱的日子。但他们选择了继续坚持。他开始走出公司，广泛参加业内大大小小的会议和论坛，多与前辈交流，平时也很留意市场的需求走向，研究市场需要的产品。通过努力，他们近几年与大型教育机构、培训机构及广告公司建立了密切的合作关系，前途一片大好。

想到为什么开始，想到自己最初的梦想，就是他坚持下来的理由。方法总比问题多，没有什么是解决不了的。没有谁能随随便便地成功，在前行的路上，面对困难，要勇敢地迎接它、挑战它。黎明前总是黑暗的，尽管是最难捱的日子，但是同时也是最脱胎换骨的日子。工作室的发展渐渐步上了正轨，朱国雄却仍然不敢放松。他还是以踏实肯干的姿态奋斗在“最前线”。创业并不简单，所以坚持很重要。既然选择了远方，便只顾风雨兼程。这个充满热血的年轻人早已经有了对创业的宏图之志，他的愿景是让自己的技术标准化，成为现实感增强的“百度词条”。

朱国雄的成功也少不了幸福温馨的家庭的鼓励。当谈及家庭时，朱国雄脸上一直洋溢着幸福的笑容。他强调亲情很重要，鼓励大家不要吝啬也不要因含蓄而怯于表达对家人的爱。朱国雄的事业虽然繁忙，但他从没将他的家庭抛之脑后。由于公司在广州，而且因为事业的缘故他没有办法亲自照顾父母，但是如果有空，他都会开车回汕头去看看他们，虽然来回需要将近8个小时，但是他却觉得那是最幸福的时刻。

朱国雄是很专注地去做自己想做的事的人，他像培养孩子一样培养着企业，而不只是把它当成赚钱的工具；对于社会，他把奉献当成自己的使命，从来不计较太多得失；对于自己，一直忠于内心的选择，为自己负责到底。

朱国雄最大的兴趣爱好是游泳。在工作闲暇的日子里，他都会和员工一起进行体育活动。他说，与员工互动可以增进员工之间的感情，加强交流，是企业、团队管理很好的方法。也正是由于坚持进行体育活动，才能使得他们在创业最艰辛的时刻挺过来，没有放弃，即使在赶项目彻夜不能入眠的时候也充满激情。朱国雄说，能支持他们走到现在的还有梦想和情怀。一份事业的成功必须要有情感的东西支撑，有精神支柱。“要始终鲜活的保持自己的理想。”人的一生很长，每个人在每个阶段都有自己不同的理解，因此会产生不同的发展方向。所以，人要保持自己的理想一直处于鲜活的状态。只有这样，人才不会止步不前。这也许很难做到，但是只要朝着自己的兴趣和理想出发，就能在人生中取得最终的胜利。

大千世界，我们很容易在世俗中茫然若失，顾此失彼。朱国雄的成功，最大的原因在于他坚持了心中的信念，坚持了对家人、对社会、对自己的爱和责任。把信念当作心中的导航灯，只要一步一步地朝着它的方向走，就一定不会迷失自我，就一定能够改变现状，改变未来。“信念改变未来”，这短短的六个字，却是朱国雄多年来“追求美的梦想”的真实写照，也是他成功的真谛。

张晓放 〉〉〉

创业是一种生活方式

——广州臧老畅饮灵茶包创始人张晓放

创业之路道阻且艰辛，作为“90后”创业大军中的一员，中医专业的在校生张晓放已经是臧老畅饮灵茶包的创始人。这个充满活力的新一代年轻人，载着传承祖国中医学精髓与现代生活方式结合的梦想，研制出旨在服务上班族健康生活的饮茶方式。想起这两年的创业经历，她引用最近很火的一句话来描述自己的感受——痛并快乐着。

有一颗创业的种子

她说，自己可能不是一个优秀的创业者，不是一个合格的领导者，但是从未停止过前进的步伐，每时每刻都在认真地尝试。那时的她坚信，创业一定要有核心竞争力。核心竞争力不是指点子，而是指即使别人知道了你的点子来抄袭，你也能做得比他们好。一个人不能抱怨各种客观条件、际遇、运气，首先要考虑自己是否做了努力，因为只有通过不懈的努力才有成功的希望，才能得到别人的欣赏，才会有人愿意跟随你，帮助你一起努力实现目标。凭着这样的想法，再加上内心埋下的那颗创业的种子，张晓放挥别了安逸舒适的校园休闲时光，开启了在校园创业的新天地。

在这个充满活力、创造力和竞争力的城市，充满机遇与挑战的社会，存在着无数诱惑的时代，张晓放坚持自己的梦想，坚守自己的信念，在实验室夜以继日实践。皇天不负有心人，她在突破多个难题之后终于找到了产品的研制技术，生产出对现代人健康有益的产品。从公司注册到现在，已获百万级投资，估值过千万元。

其实，核心竞争力的内在方面，是能力和特长。“如果你的技术特别厉害，而且在一个领域已经研究了很久，这些就可能成为极其重要的个人成功素质。”张晓放回忆创业初期时深刻感慨道。当然，外在的资源和渠道，也是张晓放成功的重大因素。师长的支持、同事的帮助，等等。内外核心竞争力的优势使张晓放内心这颗创业的种子更加坚定地冲破黑暗，茁壮成长。在长时间的摸索和积累中，在不停进步的过程中，不断提升自己的核心竞争力，让自己有所为，有所成就。

一点灵团队初长成

在中医学领域，通过饮食调理身体一直是国内保健界关注的问题。张晓放决定要在养生茶领域开始创业。

万事开头难。张晓放第一次提出自己的想法，第一次拿出产品方案，第一次将产品商业化运作。这些工作都涉及全新的领域，摆在她面前的是无数的新知识、新视野和新挑战。也许在普通人看来，这么一款凉茶就是很普通的消暑饮料，只需要简单的制作工艺以及商业运作模式就能推广。但是，张晓放想要的是让这一款所有人都认为简单的产品普及到人们的生活中，成为现代人的生活习惯，让中医学的精髓融入生活当中。

创业过程中最大的问题出现了，如何使得自己的品牌产品在鱼龙混杂的大市场中更加规范、更加标准并形成知名度，从而被更多的人了解和接受？为此，张晓放去了解市场，把握消费者心理后，进一步深入掌握市场，从而更好地修正了自己的产品，使产品增值。经过不懈努力，臧老畅饮灵茶包的经营慢慢打开了局面。“已经有越来越多的企业关注我们的项目，也有越来越多的人群关注我们的产品，我们的项目得到了突破性的进展。于是，我也开始琢磨着下一步应该怎么走。”

张晓放认为，对于大部分青年创业者来说，最应该利用的优势就是自己的圈子。她自己就是抓住了校园创业的机会，集中利用学校的信息和资源，招兵买马，集合了学校一群有勇气、有想法、志同道合的同学去尝试。在此过程中，项目受到了学校领导和老师的关注，各个领域的研究专家都给出了极其宝贵的意见。好的团队是创业成功的基础，而在一个创业团队中，成员的知识结构越合理，创业的成功性越大。“要有团队意识，凡事以大局为重，分工负责，团队配合，负责营销的人就想怎么把产品卖出去，负责研究的人就想怎么研究出更好的产品，整个团队才能形成一种良性的循环。”

张晓放的想法是，不要怕别人知道你的点子。最杰出的产品基本上都不是第一个面世的，经常都是第二第三，甚至第十几个出来，例如Myspace之后出的Facebook，AltaVista之后出的Google，这样的例子比比皆是。如果找的是身边的朋友，相信他们不会背叛自己，那就坚定好自己的立场，简单地朝着一个目标去努力。张晓放在正式做茶包之前，跟别人说过这个点子不下50次，然后才慢慢清楚自己真正应该做的是什么。作为涉世不深、经验不足的学生，尽管有政府和学校的支持，但是资金的积累、人脉的积累、合作伙伴的选择，以及社会上种种潜规则和复杂的利益关系，使得她步步打拼的路并不顺畅。但是他们没有因挫折而轻言放弃，也没有因一时的成功而好高骛远，而是靠着一股干实业的踏实劲，坚持朝着他们的创业目标迈进。

这些自我锻炼，不仅使她变得更加开朗和健谈，也让她收获了精彩难忘的回忆和可贵的友谊。布莱克曾经说过：困难让他在面对日后生意场上复杂的人际关系时，能加从容而淡定。命运并非机遇，而是一种选择；我们不该期待安排，必须凭自己努力创造。一个人的命运和归宿，始于他当初的选择。在创业初期的道路上，张晓放觉得选对了。

接受反对者的声音并努力改进

创业中要注意的一点就是，你认为的最好的产品不见得大家都会欣然接受，要做到你能做出了最好的产品之后将它带出去，勇敢地接受大家的质疑。记得茶包刚被做出来的时候，张晓放手里捧着自己梦境中出现过千百次的茶包，欢喜得无法用言语来形容，像自己珍爱的孩子，觉得它无可挑剔。在师兄的推荐下，张晓放带着它报名参加了广州琶洲会展中心的一次大学生创业产品展。参展的那天，由于工作人员的失误，没有预留他们的展位，偌大的展厅热热闹闹的，他们却不知道该去哪里。没有熟悉的人，也没有热心人的帮助。满怀信心的张晓放和队员并没有因此退缩，他们分成两队，张晓放带着一个队员找负责人理论，要求增添他们的展位，一个一个工作人员地找，一遍又一遍地复述报名的全经过以及报名条款的规定，不争取到席位誓不罢休。做完这些事情之后连张晓放也被自己的应变能力震惊：原来我也可以这么强势，原来我也有这么好的口才。另一边其他队员和他们的臧老茶包四处寻找空席位，边找边向路人发放自己产品的宣传单，结果被当成打广告的商贩被保安赶了一路，被很多顾客调侃甚至毫不客气地嘲笑，最后经过两个多小时的协商，他们终于有了自己的展位，可以名正言顺地宣传产品。但顾客并不买账，因为包装不够好，产品检测不够全面，试销产品价格不够低。被自己视如珍宝的东西在大家眼里竟然瞬间变得一文不值，张晓放已经不记得后来是怎样收场回来的了。回来后他们开始没日没夜地开会，在客户无数次的挑剔和一遍又一遍地改进之后，终于有了现在产品的雏形。

内部分歧的解决及团队的建设

创业团队面对的困难不仅是外界的质疑，还有团队内部存在的分歧。那么应该怎么解决团队内部存在的分歧呢？张晓放说：

首先牺牲自己，成全别人。在创业的过程中，涉及一个很关键的问题就是该如何有效地管理和领导团队。在资源有限的情况下，牺牲自己，成全他人，才会获得团队成员的尊重和信任。其实，这样的法则不仅仅适用于管理团队，更适用于广泛的人际交往之中。不少年轻人习惯于以自我为中心，比较少考虑他人的感受，所以在遇到事情时，不容许自己有半点吃亏的地方，否则总觉得咽不下这口气。张晓放想对大家说的是：学会吃亏，吃亏是福！

其次，要认识到成功的创业者身上具备哪些基本的共同特质。虽然每个人在开始时都各不一样：有的人很自大，有的人很谦卑，有些人很好强，有些人很淡定，但是经过了事业的洗礼之后，很多成功人士在处理问题方面的特质都很接近。这主要表现在：一、自我激励的能力；二、自我约束的能力；三、换位思考的能力；四、处理人际关系，维持“关系网”的能力。

再者，学会用第三只眼睛看自己。一个人做事情要投入，但也要不断跳出来看看。大部分人只要努力都可以做到“投入”，而“跳出来”就不一定了。“跳出来”意味着自我认识、自我总结批判的能力。学会“跳出来”总结反思，实际上就是运用第三只眼睛审视自己的成败得失。只有这样，才不会迷失了自我。在创业的过程中，遇到挫折和失败是在所难免的，用第三只眼睛看自己，能够帮助自己客观地看待失败，承认失败，不至于让自己陷入狭隘之中不能自拔。用第三只眼睛看自己，还要求与他人多交流学习，把别人的对自己的客观看法和建议当作自己的第三只眼睛，督促自己进步。

最后，无论遇到什么困难，创业者都要永远保持一种乐观的心态。而这种乐观的心态来源于你最初决定创业时明确知道自己想要的是什么，希望自己成为一个什么样的人。张晓放说，她很享受一种维系平衡的感觉。开始创业以来，每天需要处理的事情非常多，基本上每天都只能睡3~4个小时，明显感觉到累。但是她即使在这样的情况下，每天也依旧保持着一颗充满激情的心，享受朋友、家人与工作之间的良好的平衡感：周末约朋友喝茶聊天，白天就算再忙也抽空回家吃饭……这种累并快乐着的生活状态，让她即使遇到了困难，也能保持着乐观的态度去面对。

黎慧娴 〉〉〉

初心不改，情怀造就成功

——微豆高校新媒体众筹 CEO 黎慧娴

当今时代是大数据时代，在沉迷于享受大数据带来的便利时，许多人却未曾想过在这个时代下成为数据的主人。微博、微信，这些简单的自媒体，是不少人日常生活中的小应用。却不曾想，同样是玩微博、微信的人，她，却玩出了一家公司，她就是微豆高校新媒体众筹总负责人黎慧娴。

图文是一种情怀

有人说，情怀如酒，越久越香醇。其实，情怀更似水，它不像酒般香醇，淡却有其淡的独特之处。黎慧娴正是那样一个喜欢水的人，在人群的海洋中如水一般贡献自己的力量，却如金子般绽放着自己的光芒。2011年9月，黎慧娴考入华南农业大学法学专业，不甘平凡的她没有选择一味埋头学习，而是在学习之余尝试开始挑战新鲜的事物，于是她开始负责运营名为“华农红满堂”的微博。微博在她接手的时候就已经有了3万多的粉丝，虽然有着3万多人，可是粉丝活跃度却不高，面对如此多粉丝的微博，她并不觉得这是一件有压力的事情，反而觉得十分兴奋。她本着为学生服务的心，始终坚守着本心，始终坚持着最贴合学生的内容，经过两年多的不懈努力，微博粉丝在原有的基础上增长了近3万多人。在经营微博的同时她也尝试着去调动粉丝的积极性，可是效果并不明显，她发现身边的人们逐渐转向微信公众平台，甚至做起了微信公众号。那时微信公众号还不流行，嗅到机会她当机立断，开始兼顾打理起“华农红满堂”微信公众平台。为了提高公众号的知名度，她将微博上黏度较高的粉丝发展为微信的第一批关注者，由此来进行微信公众号的推广。通过不断的尝试与研究，每天坚持做图文推送，长期下来她的平台每天能够增加粉丝100多人。其实做过公众号或者看过公众号的人都知道，每天坚持做公众号十分辛苦，特别是需要不断地筹划和收集资源。黎慧娴是怎么做到每天都坚持做推文的？她简单地回答，这么久以来一直做，不知不觉每天为粉丝们做推文已经成了一种情怀。正是这种情怀，推动着她，不断支持她，也正是这种情怀，才有了后面的故事。

对她来说“情怀”其实只是一种坚持，坚持关心同学，坚持关注学校，坚持以不偏不倚的立场让同学们了解学校的动态。他们始终都坚持着最贴合学生的内容，只有这样，才能不让老粉丝寒心；也只有这样，才有更多理由让更多新粉丝关注。这种情怀始于初心，也贯彻于未来，正是因为这种初心，才使微豆高校新媒体众筹蓬勃发展。

在《我们为什么要做一名高校新媒体小编？》一文中，她曾经说过：“舍友总是不明白自己天天对着电脑界面在捣鼓些什么；在陪伴朋友的时候总会跟自己的另一半突然冒出一句‘等下，我今晚的图文还没编辑好’；每天花尽一切心思搜罗各种实用有趣的小功能；还会每天诚惶诚恐：今晚发什么？……”

不是所有粉丝都能理解她，但是“情怀和责任”不断支持着她，她心中坚守着“守护学校，服务学生”，不断地付出，慢慢地，每天发布心情文字、写写图文成了她生活里不可或缺的一部分，每天分享自己的故事也成了她的生活。

微豆团队合照

玩微信玩出一家公司

随着“华农红满堂”微信公众号粉丝数量的日渐增长，充满着理想主义和浪漫主义情怀的她便希望能做些有意义、有价值的事情。从微博时代一路走到微信公众号时代，这期间经历的不仅仅是平台的转换，更包含着一个新媒体运营者的转变。她把“微信”理解为一个阶梯，从微博到微信，是一个阶梯的跨越，微信平台的出现，使她们不断进步，她也希望在发展的途中，将自己的阶梯越搭越高、越搭越好，不断向上发展。直至今日她都觉得当时的自己是幸运的，凭借着敏锐的触觉和果断的判断，她比别人更为超前地去转变。她说，她爱上的不是微信公众号，而是新媒体这个领域，只是微信公众号恰好是目前最大的载体和形式之一，她想通过新媒体这个领域，把更多美好的东西带给大家，只要怀着为读者着想的心去做事情，运用什么平台又有什么关系呢?

因此，为了从 “技术、运营、资金、物质”四个方面帮助广东省的高校新媒体主编将微信公众平台运营得更好，这个想法便出现在黎慧娴的脑海里。说来也巧，“微豆”这家公司的成立，可以说是偶然，也可以说是必然。2015年，她和一些广东地区最优秀的高校新媒体运营者到广州微信总部参加一个分享会，会后他们相约一起吃饭、聊天，互相吐露自己天马行空的想法。在经过思想的碰撞之后，20多个“微信小编”“一见钟情”，就想着大胆去尝试做这么一件事情，于是一家名叫微豆高校新媒体众筹的公司就这么成立了。

半小时谈好的百万融资

众所周知，任何企业在创办初期所面临的巨大问题，除了资源，就是资金。俗话说得好：“巧妇难为无米之炊。”没有资金，再好的创业理念也难以化为现实的生产力，可是对于黎慧娴来说，百万元投资仅仅是半小时的事。她说，投资发展主要看机遇，可是机遇往往都是把握在有准备的人手中的，有时候机会就在眼前，却没有把握住，那是因为你没做好发展的准备。“世界上最遥远的距离不是生和死，而是你想发展但缺少投资人，而投资人就在你的朋友圈，你却仍然一事无成。”

某一个暑假，黎慧娴曾帮一个学生补习，勤奋细心的她努力帮助学生提升成绩，后来那位学生考试成绩提升得不错，因此学生家长请她吃了一顿饭，席间互相认识了解并且互加了微信。当高校新媒体运营的好友们想一起成立公司时，黎慧娴就在朋友圈里发了一条关于项目如何落地和对接的消息。令她没想到的是，那位学生的家长竟然在朋友圈里回复了她：“需要先给你投点钱么？”原来对方正好是投资人!

“有你在，所以我们相当于只谈了半小时就OK。”这是投资人对黎慧娴说的一句话。对一位还未走出校门的大学生来说，投资人的肯定远远超过了所能融到的资金。这句话对她的内心触动十分巨大，她觉得，要做好一个项目，如果创业团队和投资人之间能有足够的信任，那是一件幸福的事情。可以说是运气，也可以说是命运，幸福就这么降临在了她的头上，这第一笔投资对于他们的发展来说无疑是雪中送炭。

直到今天，她都是十分感激这位种子投资人的。不仅仅是因为金钱，更是因为他对他们团队的无条件信任。有太多的创业公司迷失在金钱的海洋里，她也见过太多太多的创业者得到了大额资金后的不理性例子，因此她总是告诉自己，钱要花在刀刃上，一直以来她们花钱的速度并不快，但是花的每一笔钱都是合理的。得到巨额融资的她想到，这笔钱不能只用来解决她们这二三十人所面临的困惑，因此她没有局限于眼前的问题，而是选择开始把项目跳出广州，扩大到广东省的其他高校。

不忘初心稳健发展

新媒体时代，就是一个又一个的新事物出现，与之伴随的是旧事物的黯淡。社会发展至今，有太多的公司崛起，也有太多的公司倒闭，而倒闭的往往是那些为了利益走了歪路的，留下来的往往是那批不忘初心稳健发展的企业，他们从人民的利益出发，不断创新。

黎慧娴觉得“情怀”与“商业”并不是对立的，她认为有情怀的商业是浪漫的，在不伤害学校与学生的前提下，能做很多与商业相关的项目。正是因为这样的心态，在她的公司成立之后，在入股方面出现了与别的企业不同的情况。公司刚成立需要许多股东入股，而股东仅仅需要投资1元，她的一番举动不禁让许多入股人为其点赞，而她自己对这“1元入股”所作出的解释是这样的：1元入股，要的仅仅是存在的意义，她觉得当时公司没有太多额外的开支，她所想要的仅仅是大家做好自己的本分，运营好自己的媒体平台，面对实在的盈利问题她仍然坚持自己的创办初心，踏踏实实发展，将目光着眼于未来。

微豆高校新媒体这个平台汇聚了许多高校优质的新媒体平台，这为公司积累了很好的发展资源，其中不乏一批黏度高的粉丝，而这些后盾力量正是她未来为自己平台的发展和宣传所积蓄的良好力量。她希望能够通过自己的双手，通过微豆高校新媒体这个平台为更多的创业者进行宣传，让广大高校毕业生通过微豆高校新媒体获取有利的信息，顺利走向社会。

精益求精，服务为本

一直以来“微豆”引领着一种正确的风尚，从舆论方面主张以积极向上的事物去提振大学生的精气神。黎慧娴的想法是，不仅仅要把自己的公众号做好，还希望帮助全国更多的小编把自媒体做得更好，“让每一所高校都能有属于它的意见领袖”。在她看来，能够让一个学生不断坚持、不求回报地无私奉献，无所畏惧地耕耘一所学校的新媒体，这种力量一定源于对学校的热爱，这也是普通人能够成为一所高校的意见领袖的内在潜质。

她强调，当遇到一些特殊的突发校园事件的时候，一定要瞻前顾后、深思熟虑，用最合适的方法处理，切不能为了博眼球而莽撞抢先发文，要有自己的立场和态度。因为平日里的每篇图文给粉丝留下的印象能否升华，全在一些突发事件的处理上，是否有立场、有担当、有态度、有高度。

校园意见领袖应当是引领学校积极向上氛围的、促进高校发展的学生力量。如果仅仅是为了博取眼球、利用粉丝赚钱，那么这样的公众号不是真正意义上的自媒体，那只能算是“营销号”。作为一名优秀的自媒体人，应当在面对突发事件时有着自己的态度和立场，因此她会定期组织内部的交流分享会，传授一些自己的心得体会，跟大家交流发展的潮流趋势。渐渐地，“微豆”目前已经汇聚了广东乃至全国很多高校的优质新媒体平台，这些平台也已经聚集了一大批黏度很高的精准大学生用户群。千万级体量并不是一个终点，故事仍在继续。

乘风破浪，不畏艰险

微豆高校新媒体公司最大的困难是，如何快速地拓展渠道，扩大公司所覆盖的高校范围。因为微豆不甘于做粗制滥造的校园新媒体，在他们看来，给学生、学校提供一种积极向上的力量，坚持关心同学，坚持关注学校，坚持以不偏不倚的立场让同学们了解学校的动态，这才是最重要的。因此，她们始终都坚持推送最贴合学生的内容。很多公司成立以后，往往急着为自己谋利，而微豆高校新媒体则坚守着“守护学校，服务学生，不断付出”的宗旨。微豆里每一个高校新媒体运营者都是经过层层筛选才挑选出的最优秀的运营者，凡是被挑选出来的运营者都会经过悉心培训。因此微豆的核心人员都是资深的互联网人，他们勇敢地探索着互联网的思潮，但绝不随波逐流，他们拥有着多年的运营经验和敏锐的新媒体视角，能够为客户创造最符合学生群体的解决方案。他们坚信：创新，是发展永远的动力。

当然，事情的发展往往没有想象中顺利，在他们发展的途中，也遭受过个别学校的质疑、个别竞争对手的打压，可是他们从不放弃，依旧坚持服务为本，力求精益求精，因为黎慧娴坚信，成功不是一次又一次运气的叠加，而是在多次跌倒中仍然奋力站起来的坚持。

她说：“公司创办到现在有风有雨，最重要的还是有那些一直支持着我们的小伙伴们，无论遇到怎样的困难我都会回想起当时的理想和背负着的压力。当初立下的理想，正是我们设立下的目标，也是我们奋斗的动力；而我背负着的压力，源于一份对自己身后20多名员工以及300多位来自全国不同高校的新媒体运营者的责任。”

正是这样不忘初心，正是这样的一份责任，推动者他们前进。

初心不变，方得始终

初心不变，方得始终。这是黎慧娴对她的师弟师妹以及当代大学生想要说的话，寥寥数语却是微豆创立至今她一直守候的警句。她说：“很多时候，我都会思考一个问题，为什么要做一名高校新媒体运营者？不外乎三个原因：把运营公众号当成了习惯，热爱这所学校，想为同学们多做些什么。”从她一路奋斗的过程可以看到，无论是创办初期，还是在公司发展的时候，甚至是现在，她都一直坚守着自己创办公司时的初心，踏踏实实，稳步发展，将目光着眼于未来，无论是在理念上，还是在实践上，微豆一直坚守着一种情怀，一种坚持，那就是坚持关心同学，坚持关注学校，坚持以不偏不倚的立场让同学们了解学校的动态，坚持立足于最贴合学生的内容，怀着一颗为学生服务的心去做事情。

坚持和付出，把哪怕不起眼的小事做好，积极主动地去面对一切。正是这样的一种坚守，正是这样的一种不忘初心，才使得微豆在新媒体时代脱颖而出。相信他们的故事还在继续，也期待微豆将在未来带来更多的情怀。

胡云睿 〉〉〉

峥嵘岁月，不坠青云之志

——广州劲诺新型材料科技有限公司董事长胡云睿

成功的花儿，人们只惊羡她现时的明艳。然而当初她的芽儿，浸透了奋斗的泪珠，洒遍了牺牲的血雨！从知识浅薄的放牛娃到如今博学多才的新型胶黏大王；从一文不名、身无长物的无名小卒到如今拥有年产值过千万元的新材料领域的领军企业创始人；从安徽大别山脚下一个贫穷家庭的孩子到现在攻坚克难、叱咤商海的风云人物。胡云睿到底有着怎样独特的个人魅力和过人之处？他又经历了一个怎样的传奇人生？

童年困苦，不坠青云

空气中已然没有了风雨的痕迹，迷漫的满是涤净心灵的气息。茶几上的几杯香茗袅袅而氤氲，很好地缓解了高温天气带来的压抑。在这样一个褪去日常浮华、恢复清宁的日子里，在劲诺新材料实习基地，胡博士平和地与我们分享着他的创业历程。潮来潮去，任繁华殆尽；月起月落，弄清影婆娑。历史长河在翻滚，记忆的篇章正悄然打开。

胡云睿，出生于20世纪80年代初，安徽大别山脚下的一个小山村。他少时家境颇为贫寒，在那个物质资料极度匮乏的年代，对于一个小山村的孩子来说，一年到头吃不上肉是再正常不过的事情。对于小时候的他来说，眼中的世界并不大，眼前的几座小山峰也许就是这世界的尽头。记忆中，他从5岁开始就要靠放牛和采鱼腥草卖钱换取学费，当时的他或许认为放牛娃的故事将在自己身上重演。每天放学后，他还要和弟弟一起糊火柴盒，以帮助家里增加些许微薄的收入，减轻父母亲的负担。

生活上的贫困，并没有阻挡胡云睿迈向美好未来的步伐，相反他更加珍惜来之不易的学习机会，默默许下了一定要走出这大山的愿望。古人囊萤映雪、凿壁偷光，胡云睿也学习这种精神，充分利用晚上的时间在煤油灯下分秒必争挑灯夜战。少时苦难磨砺性情，可抑浊扬清成大业，正是少时的贫穷磨砺了他的意志，锻炼了他吃苦耐劳的优秀品质，这使他在日后面对艰难困苦时也可以勇往直前。

遇见大学，异样人生

在世纪之交的那个夏天，他收到了来自“另外一个世界”的大学录取通知书。作为一个从未走出过大山的农村孩子，他对广州这个改革开放的前沿阵地自是多了一份期待，同时也生了一份胆怯。“广州会是一个怎样的城市？我又会遇到怎样的人？作为一个来自贫困山区的考生，又将如何生存？”胡云睿在心里默默思忖着，但是无论怎样，性格里不安分的基因促使他梦想着更广阔的天地。于是，独自一个人，怀着一颗对未来充满憧憬与期待的心，胡云睿毅然坐上了南下的火车，踏上一条无法预知未来的道路。

2000年，夹杂着喜悦与担心，胡云睿来到广州开始了他的大学生活。诚然，学费和生活费用对于一个出身偏远山区的学子来说，无疑是高昂的。胡云睿回忆，他当时每年的学费就要5000元，对于安徽一个穷苦山区的家庭来说，即使砸锅卖铁也是负担不起的，更别提还有其他的生活费用。但是贫穷的家境并不能挡住胡云睿前进的步伐。于是在入学的第二天他就开始通过勤工俭学来补贴自己的学习和生活费用。他在学校食堂里做过清洁工，在学校里做过科研助教，还利用课余时间推销小商品、做家教，可以说除了上课时间外，刚上大学的胡云睿就得整天为他的生计而奔波，为他能够继续读书而拼搏。读本科时，团委老师曾给他一个当送奶员的工作机会，但由于骨子里的不安分，他并不满足于这一个小小的工作机会，于是胡云睿便组织家庭贫困的同学一起做起了牛奶订购工作。思维活跃的他想出了许多销售方案，例如在饭堂门口摆摊宣传，让老师学生们现场免费试喝，在宿舍楼层里派传单贴海报，这些宣传方式在当时看来都是很新颖的。从一开始只有一个师兄愿意帮忙到鼎盛时期团队成员达到四五十人，在胡云睿接手这个工作一个星期后，牛奶的销售额一天就达到了6万元。

一般的大学生，或是沉浸书海，一心读书，潜心钻研，立志实现从小在心中种下的科学家梦；或是活跃于社团，参加各种学生活动，展现自我风采，以期他日能够指点江山、激扬文字。而来自山村的胡云睿却不得不在学习与社团之外，还得选择勤工俭学的道路，但是通过勤工俭学以及多样的工作经历，他收获了作为一名销售人员的精明能干。他时常告诉自己：人生，可以忙碌，但是绝对不能盲目。对于一部分人来说，他们的生活就像是被上紧了发条的钟，一圈一圈地转个不停，却从来没有想过究竟为何而转。而胡云睿的生活虽忙碌却不失重心，在他的空余时间里，他一般都会把时间用在去图书馆看书或者去实验室做实验上。经过几年的读书和科研生涯，他以优异的成绩顺利毕业，除了收获到的专业知识，更多的是学习到了作为一名科技工作者所需的严谨和钻研精神，这些都让他受用终生。

的确，大学是学习知识、提升能力的殿堂，也是展示青春风采、描绘人生轨迹的舞台，但更是走进社会大熔炉之前的训练场。回头来看，胡云睿的成功是量变到质变的过程，大学所经历的艰难困苦锻炼了他吃苦耐劳、不畏困难的意志力，而他所学习到的专业知识也为他日后的创业打下了一定的基础，成为他终生受用的无形资产和潜在财富。

抓住契机，砥砺前行

胡云睿回忆起自己为什么会走上创业这条路时，似乎总是有说不完的话。在2007年研究生毕业之前的一次朋友聚会中，胡云睿了解到一种使用在某种建筑辅料的生产过程中的黏合剂产品的市场相当可观，但这种产品在国内基本靠进口。他一下子就觉得这方面蕴藏了很大的发展空间和市场，当时他想：“我学的化工知识派上了用场，难道我不能做出价廉物美的替代产品吗？”满腔热忱的他萌生了创业的想法。

随后，他就对这种产品做了详细周密的市场调查。虽然调查的结果让他看到了希望，可是现状却让他望而生畏。但转念一想，这是一个好机会，如果能够把握住，那将为自己的发展指明了一条好的道路。然而，对于一个刚刚从校园走出来的毕业生而言，没有任何积蓄和人脉关系，要想开发并发展这种黏合材料，又谈何容易呢？这让他陷入了进退两难的境地。

“年轻时应该去远方，我本一无所有，又何惧失败？”这些支撑他走过来的信念又一次让他下定了决心。人生应该有各种可能性，要不断地寻求蜕变，就像蝴蝶一样，只有毛毛虫不断地努力去撑破茧的束缚，从一个比自己小很多的洞口爬出来，通过不断挤压才能使翅膀充血，才能羽化成碟去拥抱天空。但是也有很多毛毛虫在破茧过程中由于忍受不了那种痛就放弃了努力，死在了茧中。而胡云睿显然属于前者，他敢于尝试，敢于去做有意义的冒险，敢于冲破传统观念的束缚。于是，利用读书期间勤工俭学辛苦赚来的2万多元，胡云睿毅然决然地开始了自己的创业之路，成立了广州劲诺新型材料科技有限公司。

公司创办了，但是摆在面前的状况是，要办的事情有很多，资金缺口不小，而资金明显不够。虽然困难重重，可是胡云睿却毫不畏惧。首先，他与母校华南理工大学的科技园取得了联系，向老师们递交了商业计划书并认真阐述了自己的创业想法，通过认真分析项目的可行性，科技园的老师同意了胡云睿带着他的项目入驻华南理工大学国家大学科技园。他租下一个实验室，购买了一些简单的仪器，便开始了他的自主研发工作。而所谓的实验室，不过是在他人的实验室旁边的一些杂物间，一到晚上总免不了有蟑螂老鼠来光顾，胡云睿就在这样的环境下坚持着他的研究。

万事开头难，在创业起步的时候，即便省吃俭用，劲诺新材料公司还是常常处于“断了粮食”“饥寒交迫”的窘境之中。作为老板的胡云睿，也常常身无分文。他说，有几次连吃快餐都没有钱了，甚至不得不白天做实验，晚上去摆地摊，做无证经营的小贩，卖一些人们日常使用的小商品。因为无证摆摊影响市容，只能流动式地去出售商品。每天步行数十里路，可是只能赚二三十元钱，生活异常艰辛，但他一做就是两个多月。现在他公司的实验室里还保存了他当时摆摊时用的小桌子，他也以此来提醒自己勿忘创业初期的艰辛，他笑称：古有勾践王卧薪尝苦胆不忘耻辱终灭吴，今有胡云睿甘坐冷板凳常思艰辛后进步。

屋漏偏逢连夜雨。或许是一心无法二用，尚要为生计奔波的他，在这样一个高性能材料面前显得有些筋疲力尽。样品试验过程，必然是一路坎坷的过程。经过近百次的样品试验，其性能仍然不能满足客户的生产需求，而客户也不可能一直有耐心尝试一个不成熟的产品。胡云睿和他的团队不得不拿着自己研制的样品，在广州的各大测试中心请教高手，由于付不起高昂的测试费用，只能做一些简单的分析，总是收效甚微。在较短的时间内，他们几乎跑遍了广州所有的检测机构，希望能得到更多的分析数据。就这样，研发阶段，通宵达旦是常事。同时慢慢地，父亲和母亲也知道了他的情况，愈发担忧，非常希望他可以找个安稳的工作，早日安定下来。胡云睿说，他非常感谢在创业时弟弟对他的支持，弟弟放弃了自己的工作过来帮他打理公司，兄弟两人一起咬紧牙关度过每一个困难。

“坚持不一定能够成功，但是成功一定要坚持。”胡云睿坚定地说道。他用自己满腔的热情，用实现梦想的决心，面对一次次的失败。虽然很累，但从没想过放弃。在成功这条崎岖道路上，每一步都可能磕头碰壁，但是与此同时，每多走一步都是在增加成功的筹码。张爱玲在她的文章《非走不可的弯路》中写道：“人生的路上，有一条路每个人都非走不可，那就是年轻时的弯路。不摔跟头，不碰壁，不碰个头破血流，怎能练出钢筋铁骨，怎能长大？”而胡云睿，却不是等到非走不可的时候才无奈地选择了“弯路”，他放弃了安逸的工作岗位，放弃本来一帆风顺的平坦大道，顶着巨大的生活压力，踏上了弯曲险恶的小路，并在历练中不断成长。

黎明前特别黑，成功前格外难。人才成长的过程中，只要在危机时刻再坚持一下，挺过最难熬的一段，那么紧接着可能就是机遇的光顾，奇迹的出现。傅雷曾经说：“不经劫难磨炼的超脱是轻佻的。”终于功夫不负有心人，他们团队攻克了最后一道技术难关。2008年4月，公司接到了第一个试用订单，开始了逐步放大的量产化。

然而，扩大生产也是需要较多资金投入的。以劲诺公司自身的资金扩大生产，其量远不能满足一个大客户的一条流水线的生产要求。这时，在朋友的劝说下，胡云睿和他的团队参加了“创业顺德”大型电视投资活动，希望通过这次投融资大赛获得公司发展紧缺而必需的资金。历经海选、面试、野外求生、电视PK、商业实战、决赛等众多电视环节，劲诺公司在胡云睿的带领下脱颖而出，最终成功进入四强。

正当创业迎来一丝希望时，2008年，由美国次贷危机引发的全球性金融危机铺天盖地席卷而来，虽然是虚拟经济惹的祸却一步步地侵袭着实体经济，制造业更是一时成了风暴眼。“倒闭潮”“失业潮”等悲观的消息如阴霾般笼罩着这片改革开放的天空，迟迟不肯散去。面对这样一个艰难的环境，每天都有工厂在倒闭，大型投资商纷纷回收资金。创业，无异于痴人说梦。胡云睿和他的团队却没有因此乱了脚步，决心还是依靠自身的力量和客户的定金，逐步扩大生产和经营。这虽然放缓了增长的步伐，可是也使公司得到了平稳的发展，给他们带来了学习管理企业的机会。现在看来，也未必不是一件好事情。紧接着，钉胶、UV胶、环保万能胶等产品开发成功，并相继投入到市场之中。

2009年5月，奥运会鸟巢工程的一家铝合金供应商找到劲诺材料公司，表示目前铝合金行业单VOC（碳氧化合物）的排放就达数千万吨甚至上亿吨，询问能否使用一种新型黏合材料对铝合金进行表面处理，实现VOC零排放。胡云睿立马率领团队日夜攻关，在失败的河流中勇敢地泅渡，深信乌云背后一定藏着太阳。经过几百次的科研攻关，劲诺公司成功研发一种新型黏合材料。经过科学评估检测，如果这种黏合材料在铝合金生产上每年得到1000吨的使用量，每年将能够减少铝合金行业12 000吨的VOC排放，同时每年为国家节约用电30~50亿千瓦时。

从每一次的科研攻关中，我们都可以看到胡云睿身上的一种执着精神，一种身为科研工作者“不达目的誓不罢休”的执着，一种身为商人“黄沙百战穿金甲，不破楼兰终不还”的执着，正是这种执着精神让他在跌宕起伏的商海中成就了一番事业，实现了自己的宏伟抱负和目标。

历经艰难险阻，劲诺材料公司终于逐渐步入了发展的正轨，公司生产的黏合材料系列产品已替代了国外的同类产品。现在广州劲诺新型材料科技有限公司已在香港、深圳、合肥、苏州、北京等地拥有售后服务网络。

通过技术、市场、研发、生产的逐步整合，劲诺材料公司建立了稳定可靠的团队，公司实现了稳步发展，上缴税收每年增长超过20%，并建立了3个独立生产基地，厂区总面积超过26 000平方米，为社会提供就业机会60多个，累计提供300多个华南理工大学的在读师弟师妹的实习与兼职机会，更有多名硕士生和博士参与到团队之中。

劲诺材料十分重视知识产权，在发展成长的过程中，劲诺公司始终坚持自主研发，坚持拥有自主知识产权的发展策略，公司累计成功申请发明专利15项，填补了多项技术的国内空白。

不忘初心，回报社会

“发展高新科技，振兴民族企业。”目前由于国内生产技术落后，大都依赖于进口，价格高昂。面对机遇，劲诺材料公司成功研发了触摸屏光学胶、导电银浆、ITO蚀刻膏、ITO保护胶以及光纤涂覆树脂等光电材料，打断了美国、日本和荷兰等几家化工巨头公司的垄断。而作为传统的工业企业，劲诺在发展的过程中时刻不忘与时俱进，主动运用“互联网+”思维，运用信息共享技术、数据收集分析技术对企业进行了改造。从产品设计到最终的物流配送，劲诺搭建了信息共享平台，解决了传统企业由于信息传递低效导致的高成本问题。劲诺通过数字化生产不仅在每一步骤上都有所创新，更加强了整个供应链节点与节点之间的联系，形成了劲诺的“工业4.0”。劲诺对于“互联网+”的探索、实践是传统工业企业的模范，更为众多工业企业在数字化生产的探索提供了宝贵经验，是工业企业创新道路上的领头羊。

自成立以来，劲诺材料公司就一直积极响应中央“大众创业、万众创新”的号召，这正好与劲诺材料公司的企业愿景是一脉相承的，那就是做绿色材料的领军企业，积极回报社会和帮助人们成长。

作为华南理工大学的一名毕业生，胡云睿创办的劲诺材料公司一直都是华南理工大学师弟师妹们的实习基地，为此，学校还专门给劲诺材料公司授予了校外实践基地的牌匾。此外，公司参与的诸如全国挑战杯、移动互联网+大赛、赢在广州等一些国际国内的创业大赛，胡云睿都乐于让师弟师妹们参与其中，这也为公司团队注入新鲜血液提供了源泉。

基于这些因素，胡云睿和劲诺材料公司一直在思考如何搭建一个更好的创新创业平台，在帮助母校的师弟师妹们提供更好的创新创业环境的同时，也为劲诺材料公司的发展提供了机会。为此，2016年8月，广州华科劲诺企业孵化器有限公司与华南理工大学联合成立了一家以高科技项目为依托的创新创业谷基地，公司共计投入资金1000万元，对合作场地进行改造装修，并引入各种创新团队和新型研发设备，并以此为依托成立了华科劲诺众创空间。

为把创新创业基地建设得更好，公司邀请国内创新创业领军人物前来基地进行指导，累计50多人次，在这些建议与指导的基础上建立了专业的孵化团队，并形成了一整套完整的创业孵化方法和模式。

目前，该创新创业基地集合了企业家、大学教授、青年创业者、高校学生等500多人，已经入驻的孵化项目和团队20多个，新孵化的几个创新项目业务发展态势良好，初步形成了以高新材料、人工智能、生物制药、互联网及物联网为主要孵化方向，高新技术和创新创业投资协同发展的前沿科技孵化器，目前已孵化出智伴机器人、will works、创客实验室等多个A-B轮优秀项目团队。

在初获创业成果后，胡云睿心系家乡，回报桑梓。他为缺乏创新环境的家乡注入新血液，在家乡组织创立了安徽省华大科技服务有限公司、安庆市华大协同创业研究院，2016年夏天他创立了众创空间，亲自带领优秀的团队入驻。胡云睿真诚地表示："我希望以后可以在家乡创办一所高质量的理工学校，为家乡培养人才，回馈家乡。"

寄语后辈，如莲坚守

一段曲折的创业道路，一颗永远火热的奋斗心。对于一个理想的践行者来说，心有多大，路就能走多远。公司的发展渐渐步上了正轨，胡云睿却仍然不敢放松，还是以踏实、实干的姿态奋斗在"最前线"。

在胡云睿看来，创业的道路并不容易，一切贵在坚持，既然选择了远方，便只顾风雨兼程。一个荷花池，第一天开放的荷花很少，第二天开放的数量可能是第一天的两倍，之后每一天都是如此。到了第30天，荷花可能就开满了整个池塘。反过来看，第15天的时候，开的荷花尚不足万分之一，即使到了第29天，也才开了整个池塘的一半。但到了第30天，荷花就开满了整个池塘。这就是著名的荷花定律。创业，或许就如同这塘荷花一样，刚开始的时候，虽然只有一点希望，但所有人都会很努力地开，但渐渐地开始觉得枯燥甚至不耐烦，很多人可能在第9天、第19天甚至是第29天的时候选择了放弃。创业拼到最后，拼的不是运气和聪明，而是毅力。

在创业初期，没有经验，没有资金，没有人脉，这时创业者往往需要经历许多考验，如家人的不解、经济的压力和每天为之奔波的身体上的疲惫等，所以在创业之初，很多创业者在开始持续的亏本状态下自我怀疑和动摇，看到别的行业赚钱便匆匆转行，这样东一榔头西一棒子的，终究一事无成。因此，既然选择了创业方向，就要耐住寂寞不轻易放弃。困难和挫折犹如春夏秋冬四季反复般自然，是不可避免的，但是有了它们，人生才会在磕磕碰碰中拥有起起伏伏般的精彩。

《尚书》言："功崇惟志，业广惟勤。"胡云睿还强调了勤奋的重要。人生在勤，不索何获?他的每一步都是走得踏踏实实，勤勤恳恳，于公司发展如此，搞科学研究更是如此，不钻任何一点空子。

胡云睿的非凡人生无时无刻不在践行着坚持的重要性。一路泥泞一路风雨，但他披荆斩棘；一路跋涉一路艰辛，但他不曾放弃。他持长剑傲风霜，坚信自己能走到花开，走到那个傲立春风的日子。

抗击“香蕉艾滋”，拒绝寂静春天

——广州后稷生物科技有限公司总经理杨沣

‹‹‹杨 沣

“这是最好的时代，也是最坏的时代。”狄更斯在《双城记》中这样写道。诚然，每个时代都有每个时代的际遇，但也不可避免地要承受这个时代的痛苦。或者说，无论哪个时代，总有一部分人可以抓到时代赋予的机遇，而另一部分人则在唉声叹气，抱怨着时代与命运的不公。杨沣显然属于前者。

2012年，一则“香蕉艾滋病即将导致香蕉灭绝”的新闻铺天盖地袭来，而盛产香蕉的茂名市此时已是一片狼藉，周围的乡亲纷纷抱怨苍天的不公。看见此状的杨沣沉默了，但他在心中默默地许下了一个愿望，默默地等待着一个时机的到来。

在杨沣行将大学毕业的一个晚上，他像往常一样准点收看《新闻联播》。“要在960万平方千米土地上掀起‘大众创业’‘草根创业’的新浪潮。”李克强总理在2014年9月的夏季达沃斯论坛上说道。听到这句话，他激动不已，或许为了这句话，他等了很久。这一夜，他彻夜未眠，回想着过去的点点滴滴，记忆中的故事悄然浮现，然后他决定投入到这时代的浪潮之中。

遵循内心，选我所爱

暖暖的春风，绵绵的细雨，百花怒放争芳斗艳，燕子呢喃黄莺啁啾，老黄牛在田地里不耐烦地拖着犁，几个小伙伴光着脚围着小溪里的鱼儿追来追去。这是杨沣关于幼时家乡的记忆。但是后来当他真正置身家乡时，看到的却是大片大片贫瘠荒芜的土地，偶有几片翠绿的田野，只见一些上了年纪的老人们弓着背在田间低效率地劳作，标注着中等毒性甚至剧烈毒性的农药瓶子被随意地遗弃在阡陌之间，而溪流河涌上漂浮着各色垃圾，散发着阵阵恶臭，毫无生机可言。

这，和他幼时记忆中的家乡相差甚远！哪里有什么田园风光，哪里有课本里描述的青山绿水，在他脑海中浮现起《寂静的春天》里面的恐怖描述：若干年后的某一天，春天到了，村落里一切声音都没有了，没有蜜蜂嗡嗡飞来，没有家畜嘶鸣，没有小鸟歌唱，只有一片寂静与荒芜覆盖着田野、树林和沼地。这不是魔法，更不是敌人的活动使这个受损害的世界的生命无法复生，而是这片土地对无意识犯错的老百姓的惩罚。

此刻，杨沣意识到：过度使用化学药品和肥料必将导致环境的污染，生态遭到破坏，最终臭水、枯黄将不断地侵蚀着代表生命的绿，最终给人类带来的必将是不可弥补的后果，而人们甚至还不能意识到这都是自身创造的罪恶。他看透了这一切，更渴望着去改变这一切，渴望着阻止这一天的到来。但是身为一个高中生的他对此无能为力，他又能做什么呢？

2011年，杨沣以优异的成绩考取了广东工业大学。在填报志愿时，他犹豫了。自己应该选择目前特别热门的数学或者计算机专业，还是应该遵循内心选择自己喜欢的生态类专业？的确，人生选择无数，倘若繁华似水，只能取一瓢饮，你将如何选择？最终，他还是下定决心选择了生物工程（环境生物技术）专业。“绿杨烟外晓寒轻，红杏枝头春意闹”是他心底对大自然最初的向往，他希望自己以后能将学到的科学知识投入到现代农业中，只为家乡的蕉土不再毫无生机，只为土地充满生机的绿和硕果累累的黄。或许，他当初那不起眼的一瓢，如今已经灌溉出了另一片繁华。

“生物农药”想法的萌发

2012年中旬，百度上开始出现了一个“香蕉艾滋病”的词条。同时疯传的，是一则“香蕉艾滋病即将导致香蕉灭绝”的消息，并引起了众多消费者的担忧。香蕉艾滋病，又叫香蕉巴拿马病、黄叶病、枯萎病，是由尖孢镰刀菌感染香蕉植株维管束导致的真菌病害，染病蕉园可在2~3年彻底枯萎且在未来15年无法再次种植香蕉。农科院专家指出，2012年全国香蕉感染面积150万亩，其中广东70万亩，仅仅茂名就有

35万亩，并以每年30千米的速度传播，这给我国香蕉产业造成的直接经济损失高达50个亿。

茂名是中国香蕉主产地之一，香蕉是蕉农家庭主要的经济来源，也是茂名市农业的主要支柱。然而从2011年开始，杨沣家里香蕉的收成就一年不如一年，放眼望去，蕉田里昔日熟悉的青绿早已不见，取而代之的是满地的枯黄与灰黑。蕉木东倒西歪的，一阵微风吹来，一株两人高的蕉树却轰然倒下。枝干蜷缩了；叶子黄了，枯了；根黑了，烂了，用锄头一戳，便是碗口大小的一个窟窿，竟穿透整个根部。透过窟窿，湿黏的泥土气息混着糜烂的黏腻味道扑鼻而来。“惨不忍睹，寂静无声”，杨沣这样形容当时家里蕉园的状况。

谈及那一年，后稷创业团队另外一名来自茂名的成员郑志成同样心有余悸。这一场灾难，对他家是莫大的打击。他说：“看着父亲倾力一年所种的香蕉树全都杂七杂八地倒在了地里，看着年迈的父亲在拖出一株又一株倒下的香蕉树后愁苦地抹掉满脸汗水的情形，听着母亲在饭桌上的声声叹息，这些片段都刻在我的心头，丝毫无法忘怀。”

“灾难！绝对是灾难！你去问下茂名哪户人家的蕉园没有染病的？”同为茂名人且家里也有几亩蕉地的后稷成员羽玲愤愤不平。不单自己家，又有多少以种香蕉为生的人断了经济支柱？该有多少人得因此另谋生计？蕉农纷纷改种其他农作物，可这哪及香蕉利润的十分之一？

也正是在这一年，四个茂名的年轻人在同一片天空下，面对着各自家里荒芜的蕉地以及父老乡亲绝望的眼神，在心中默默许下了这样的愿望：将来一定要同传染病抗争到底，不能让养育自己的蕉地被病毒侵害，不能让父母辛勤的劳作换来的是辛酸的泪水与绝望的眼神。这是为人子女对父母、家乡最简单的愿望，也是每一个老百姓对这片土地最直接的斗争。叶子枯了，可以再长，香蕉病了，却再也结不出果子。

看到此情此景，四位来自茂名的后稷团队成员心里想的全是：“我要拯救你——香蕉树！可是，我又该拿什么拯救你？！”

专注田埂之间，找寻生物的秘密

拯救这个词，说起来简单，做起来却是十分艰难。一开始，杨沣一心只想着找到一种能够治疗香蕉巴拿马病的农药。于是，在父亲的支持下，他买入了各种农药，只要是有治病的说明，都会拿来尝试一番，天天耗在地里跟踪调查，晴天一身汗，雨天一身泥。但是，他渐渐地明白了，世界上的蕉农那么多，如果本来就有药能治的话，也不会出现媒体所说的无药可治的状况了！杨沣转念一想，或许这个重担必须由学生物工程的他来承担了。“蕉农为了巴拿马病不得不施用大量的化学农药，却依然面临着绝产的风险，由此造成环境的污染与生态平衡的破坏却需要数十年甚至更久的时间来修复。蚕食植物的害虫产生抗药性后就要研发药力更强的农药来进行防治，而这势必会造成环境的新一轮污染。”杨沣如此描述这种恶性循环。与各种农药这样耗下去，不仅浪费金钱，而且毫无意义。但是，不靠这种方法，又能怎样呢？难道要自己创造一种新的农药不成？杨沣被自己当时的这个想法吓了一跳：这不可能！但，真的不可能吗？而当初引起了他好奇的，正是“生物农药”这四个字。“我的专业正是生物工程呀。”杨沣笑笑说，“与化学农药相比，生物农药对人、畜安全无毒；且环境兼容性好，对生态影响小，非常符合现代社会对农业生产和农药的要求”。

产品研发的过程一路坎坷。他白天同其他农民一样埋头于农田，晚上则总在挑灯夜战，通过查阅各种文献资料将白天遇到的情况研究透彻。经过长时间的摸爬滚打，杨沣向专家虚心请教，向农民诚意取经，终于皇天不负有心人，在研究了众多化学农药的成分及作用机理之后，一个名为低聚糖素的生物农药产品引起了他的注意。“低聚糖素进入植株体内后，可作为激发子调节植物生长发育，诱导植物合成抗病性物质，并能使其产生过敏反应，提高植物免疫功能和抗病性。”这与普通化学农药的作用机理完全不同！何不以这低聚糖素为基础来研究防治巴拿马病的药物？

杨沣把想法告诉了与自己家同为蕉农的亲戚，并且利用暑假的时间进行实验，在开学后的几个月，家人惊喜地告诉他，家里香蕉的成活率要比邻村的高出了将近40%！

“生物农药”初尝试

“复方低聚糖素是在低聚糖素的基础上研制而成，我们几个人做了挺久的。”杨沣在家人的建议下申请了国家发明专利，并且联系到了低聚糖素的生产商，对方当即表示只要能看到效果，无论是投资还是技术买断都可以谈。

可是，对自家的香蕉有效的农药，对其他的香蕉也有效吗？于是，杨沣找到了隔壁宿舍的郑志成。“我有种药能治你家香蕉的黄叶病，你要不要试试？”“真的假的，这可是全世界还没人能治的病！”“不信我寒假带去你家给试试？”到了寒假，他每次出门都会带着几瓶药，到同学家串门时，都会向同学的父母推荐这个药，其中就包括后来成为后稷成员的羽玲和天丽。

“真的不死了。”想起家中香蕉树如今的郁郁葱葱，郑志成啧啧称奇。“没想到他能搞出这个东西来。”几经确认，他才相信自己的朋友真的发明了能够拯救香蕉树的农药。

杨沣抓住了这一机遇，在自家企业研制的生物农药的基础上重新用生物制剂复配，生产出一种新型复方生物农药来防治香蕉巴拿马病，并申请了“一种防治香蕉枯萎病——巴拿马病的复方生物农药”国家发明专利，这为他以后的发展奠定了坚实的基础。

时势造英雄——榕树上的鸟儿

在杨沣看来，将自己手中的专利卖出去是轻而易举的，毕业后找到一份安稳的工作也是简单的，但是不安分的他想寻找更广阔的天地，安于现状终究不是他的选择，他想要的是一个不停地挑战自己、不断奋斗的人生。

而正在此时，在国家“大众创业、万众创新”的号召之下，一大波创业比赛向杨沣招手。“学校有个挑战杯，你可以拿着这个去参赛呀！你拿这个去参赛绝对能拿奖，快组队，我第一个加入！”熟悉学生工作的郑志成向杨沣提出了参加挑战杯的建议：“还可以利用学校的资源进一步做实验！”

杨沣说，其实自己从未想过要去创业，用这个产品去参加创业竞赛的决定纯属偶然。某天，同隔壁舍友聊天聊到参加挑战杯的比赛只需要一本商业计划书，想着自己在学校也没什么特别忙的事情，要不就组队参加吧。于是满腔热情的他就组建了后稷团队，10位小伙伴一起干。后稷团队原名为榕鸟团队，杨沣是这样解释其中含义的：“我们栖息于像榕树般欣欣向荣的生物产业，如鸟儿般安全地守护农民的财富。”

在步入康庄大道之前，总要走过一段崎岖艰辛的道路；在变得熠熠生辉之前，总须经历一段黯淡无光的日子。那些吃过的苦，那些流过的泪，终会成为成长过程中的宝贵财富。只要坚信前途的光明，一时的烦恼又算得了什么？相信那段经历对后稷团队来说是终生难忘的。在课余时间他们舟车劳顿地下乡去到香蕉产区做调研，顶着烈日在病田里记录数据，耐心地和各个政府部门沟通，在街头摆摊艰难推广“三无产品”；调研回来后可以为一个财务报表的数据而彻夜不眠，为查一个香蕉枯萎病发病面积的数据在广州图书馆待了几个周末却没有任何收获；比赛之前通宵熬夜背稿，练习站姿，校对数据，修改PPT等。“我们团队10位小伙伴今后无论走到哪儿，这段回忆都是稀有而珍贵的。”在谈及后稷团队时，杨沣脸上满是自豪。

从参加创业竞赛到真正创业

参加比赛以来，杨沣带领团队所向披靡，2014年获得了“挑战杯·创青春”广东大学生创业大赛金奖，第三届“赢在广州”大学生创业大赛二等奖，第三届中国创新创业大赛（港澳台赛区）暨第一届两岸四地大学生创新创业大赛三等奖。然而比赛的成功光环并没有让他沉迷其中，更没有让他止步不前。在听了各个优秀评委导师的点评后，杨沣发现当今无论是农业、生态，还是环境，其实都不缺通过先进的科学技术来达到现代化农业的标准，缺的只是资金和搜集总结这些技术的企业。“既然缺一些这样的企业，那我就创业吧。”杨沣如是说，“但是，我也应该清醒地认识到大学应届毕业生的创业成功率只有4%。能在比赛中得奖并不代表能在真正的创业上获得成功。技术后继乏力，资金不到位，产品市场准入门槛奇高，市场前景比预想的差太多等，都是我们以后要面临的挑战。”

2015年本科毕业以后，杨沣带领着团队一起创立了广州后稷生物科技有限公司。后稷公司的产品范围涵盖生物农药、生物有机肥、生物肽等农业生产资料，也包括有机食品、有机饲料；服务范围涵盖无公害植保服务、农业废弃物资源化利用、农业生态修复等。它抓住我国农业供给侧结构性改革的历史发展机遇，运用自身的技术、产品优势积极投身于农业事业，为我国的农业产业化、农业信息化、农业生态化不懈奋斗。广州后稷生物科技有限公司立志于将公司打造成现代农业产业链一体化的企业。

在被问及创业初衷时，“90后”的杨沣回答道：“如果没有这些比赛经历，我创业的想法并不如此坚定，或许我会找份不痛不痒的工作，过着不痛不痒的生活。但一旦踏上创业之路，我就被时刻鞭策着，就会不断地问自己，我想要什么，我要干什么，我要怎么干。它激发的是欲望，是抱负，是不甘。我相信我的选择并非仅仅是冲动。我相信今天的生物产业就像20年前的互联网，会有属于它的时代，并且已经不远了。我在参加比赛的时候学到了很重要的一点，创业就是解决问题并创造价值，这样才有存在的意义，所以我相信办法总比我遇到的困难多。我还相信宝剑锋从磨砺出，梅花香自苦寒来，所以我现在遇到多大困难，我就有多大的潜能。”如果“铁饭碗”“体制内”让青年人趋之若鹜，如果“求稳定”“求安逸”成为众多青年人的价值追求，那社会将会是毫无生气的一潭死水。墨守成规、畏手畏脚、不思进取不是青春的底色，年轻的我们应该是无畏困难、潜力无限的。

此外，杨沣强调自己的初衷更多是希望唤起人们的环保意识。美国的洛杉矶光化学烟雾事件、英国伦敦的烟雾事件、日本水俣病事件等一个个世界性的环境污染大问题，可以看到滥用化学农药对环境造成的无法修复的伤害。因此，他希望可以通过生物农药的使用来向农民们传播一种正确的思想，通过自己的努力来减少世界的一点点污染。大自然不是人们征服与控制的对象，而是需要人类保护并与之和谐相处的对象。保护自然本来就是人类分内的事。

脚踏实地，仰望星空

在提到对要创业的大学生的建议时，杨沣用自己的经历告诉我们：

脚踏实地地做人，实事求是地做事。成功绝对不是一蹴而就的，它需要的是长年累月的积累和沉淀，量变而得质变。不要老想着做站在风口的猪，要多想如何做耕耘市场的牛。

此外，必须意识到资金是公司的血脉，巧妇难为无米之炊，有了资金，公司才能运转下去。所以，经营企业时要多想想怎么回收投资，节省成本。开拓进取是好事情，但也应该把控好风险。

有了对蓝天的憧憬，雄鹰振翅而飞，于是迎接它的是万里晴空；有了对阳光的憧憬，幼苗奋力生长，于是迎接它的是温暖的阳光。杨沣说：“我现在接触的事物，已经慢慢织成一幅我曾梦想的美好的蓝图，只等我的汗水与智慧将她慢慢变成现实。”

刘永杰〉〉〉

小土豆，大梦想

——比逗餐厅创始人刘永杰

创新创业，关键在于激发青年的创造力，让青春绽放光芒。上帝偏爱于有准备、有想法和实干的人。由华南理工大学几位学生以众筹的方式创立的比逗餐厅。短短两年间，在北上广等多个城市开了十余家门店，比逗所在之处，都闪耀着梦想的光芒，牵动着一颗颗爱折腾的心，召唤着更多志同道合的年轻人加入这个平台。

Be together as a big potato

春天是万物萌生的季节，也是播种梦想的时候，在广州，一颗不平凡的土豆悄悄地诞生了。2014年3月，一群有想法的青年，因怀有一颗不安分的心聚到了一起，也因爱折腾而萌生了创业的念头，他们要向社会证明青年大学生也可以干成一番大事，于是他们在校园里开始创业。顺时应势，他们整合了互联网思维，在五山高校区建立起了一个全新的大学生创新创业试验田——全国首个以众筹模式建立的青年共享社区。大伙儿精心耕耘着这块田地，盼望着满地金黄的一天，由此开启他们梦想的大门。

比逗BEPOTATO自组建以来，一直受到媒体的高度关注。累计接受包括央视、大公报、南方日报、广东新闻频道等近30家主流媒体报道。获得吴晓波全国公益创业大赛前十强、中英创业大赛华南赛区第五名、华南理工大学“感动华园”2015年十大年度人物大奖，参加了南方人才杯第四届“赢在广州”大学生创业大赛决赛。他们还参加了央视的《创业英雄汇》，曾获得600万天使轮融资，公司估值一度高达五千万元。

那为什么取名“比逗BEPOTATO”呢？在他们的团队里，每个成员都自称为Small Potato，即“小土豆”。在英语俚语中，“Small Potato”是“小人物”的意思，比逗团队的目标，就是“Be together as a big potato”（像大人物一样聚在一起）。他们一直仰望着Big Potato，那些大人物。虽然暂时无法企及Big Potato的成就，但是相信终有一天他们能够与Big Potato并肩同行。是啊，“不被嘲笑的梦想都不值得为之奋斗，我们相信未来会成为Big Potato”！

齐心协力，众筹创业

近年来，“众筹”是一种非常流行的集资创业的方式，而当今大学生创业也成为社会上火热的话题。当“众筹”遇上“大学生创业”，会擦出什么样的火花呢？

柜台后的墙面上，“BEPOTATO.COM”在灯光下闪耀着青春活力，倒挂的酒杯、高处的美酒、有趣的格子铺，还有挂满了股东杯的墙……这里就是比逗。

既然单枪匹马事难成，何不齐心协力？比逗创始人刘永杰在大三上学期和华工社团联合会的三个小伙伴组建了一支四人的创业团队，在单打独斗的过程中觉得创业十分艰难，因而在大三下学期的时候萌生了搭建创业者平台，然后在这个平台上再创业的想法。搭建有价值的人脉网络和建设社群贯穿了刘永杰的大学生活的主线。大一时的他加进了英语俱乐部，在筹办一次英语角活动中，他一个人就把二十多个外国人邀请到场。在大三的时候，他参加美赛，做了社交网络的数模题目，开发了一套“如何在一个网络中找到最有影响力的人”的算法，所谓影响力模型就是用整体用层次分析法，用多重迭代的算法将评定多社群中心构成的社交网络中，评定一个单点影响力的因素：连接数，搭桥数，连接重量，引入复杂网络中，评定单点在多社群中心社交网络中的影响力。从此，刘永杰对影响力网络搭建有了更理性和深刻的认识。曾经是英语俱乐部和社联部长的他，一直在思考如何建设好一个社群。

比逗餐厅的开铺并不是一帆风顺的，中间还发生了这么一段小插曲。在店面就要开业之际，创业团队高高兴兴地把“十五号试营”的牌子挂了出去，并发布了当天准备的试吃派对的活动的推文，准备在8月15号宴请八方来客。

8月12号晚上，距离试营业派对还有三天。随着家具一个个地进场，设备安装完毕，他们把所有灯都点亮了庆祝。当刘永杰在吧台开心地边哼着歌，边擦着杯子的时候，设计师的脸色突然变得很凝重，小声地说道：“糟了，我忘记让工人弄自流平了（地面处理工艺的一种，将类似水泥的材料倒在地面上，会自动流淌铺满地面，保证地面平滑，需要三天时间才能干）。”

“你怎么那么粗心啊，这都能忘记！现在工人都下班了，材料也没有，我们上哪弄这个啊？”

“是啊，都快要试业了，会不会来不及了？”

团队被这个突如其来的情况一下子搞懵了，但他们很快就恢复过神来。

“这样吧，我们现在就开车去找材料，今晚通宵弄，这两天用风扇一直吹，应该还来得及！”

情况紧急，大家开始分工找地址。由于时间比较晚，很多施工材料店都关了，万幸的是，还有最后一家没关门，终于找到材料了。那天晚上，这几个从来没亲自施过工的人，模仿着施工队的模样，认认真真地往地上浇自流平水泥，等到浇完的时候，天已经亮了。

刘永杰感慨道：“每个创业团队在路上都会遇到突如其来的困难，这些苦难往往击中这个团队最脆弱的部分，一击致命。有些团队被击败了，有些团队却很好地利用这种种意外，一次次死里逃生，将团队打造得坚不可摧。”

另外一方面，比逗最大的商业特色是“众筹”，它的创立与1000多位股东的投资有关，而这些股东正是同年龄阶段的大学生。比逗的核心团队在创业最初，也曾努力找过投资方。餐厅当时的总投资为85万元，核心创始团队只筹措到约50万元的资金，还差35万，面临着资金、资源等方面的瓶颈问题，团队成员们想出一个大胆的点子：众筹。众筹股东每股1000元，每位需出资至少1000元，至多5000元，享有1至5股的分红权。同时，股东有义务传播西餐厅的理念，积极向朋友介绍推荐。很快，在一个多月的时间里，比逗就顺利筹到了余下的35万。

比逗，是餐厅而不止于餐厅，在刘永杰心中，BEPOTATO不仅是一家餐厅，还是一个连接校园内外兴趣社团圈子O2O的平台。比逗模式的宗旨是帮助校园创业者搭建人脉网络，让团队成员都能享受到这个网络的社交红利，并在这个网络的基础上，通过比逗餐厅这个平台，改善校园创业环境。帮助创业团队完成实质性的提升，即促进创业个人或者不完整团队到完整创业计划+优秀团队资金注入的过程，让每一个人有价值的想法都产生现实的实际价值，于实践中获得进步，在总结中提高认知，在跟社会接触的过程中，实现学生心态到社会心态的融合。比逗团队里的每一个人也都在慢慢成熟起来。

成长，并帮助他人成长

比逗餐厅，以“成长，并帮助他人成长”为核心理念，通过引入校园文化沙龙、商业讲座、创业实践等丰富多彩的活动，用众筹的方式将一批又一批校园精英聚集在一起，共同来打造一个创新思想汇聚地。深受大学生酷爱的小土豆IP由此诞生，比逗餐厅仅用两年的时间便在北京、上海、广东、天津等多个省市落地，且比逗对年轻人群体拥有“魔性”号召力。现在许多大学生喜欢冒险，好交际，渴望验证他们能力并得到机会。而比逗，可以给他们发挥的舞台。

以餐厅为平台，比逗选对了载体。比逗的菜品不多，主推意粉、烤饭、披萨等油烟味不太重的西餐，简单中有着创新。“少即是多”，其实每个人有着固定的口味，只要每一道菜品都用心研究、用心烹调，餐厅就能保证日常的运营。餐厅将基本的餐饮事务交由专业餐饮团队管理，保证餐厅的菜品和服务质量，提供专业的餐饮服务。“民以食为天”，正符合中国人喜爱以吃饭的形式进行感情交流。

同是追梦人，共圆青春梦。团队专注于打造一个全新的学生成长平台，让加入运营团队的学生可以在这里体验到标准的公司化运营模式，增加学生的社会阅历。比逗通过社会化媒体（微信、微博等），与餐厅的消费者不断地进行交流，通过社会化营销的方式还原商业的最本质的状态。与客人做朋友，每一笔交易都加强了商家与消费者的情感纽带。

吸贤纳能，有朋自来。他们建立的不只是一家简单的西餐厅，还是一个青年线下共享社区，通过线上建立平台吸引消费者，线下餐厅运营来服务消费者。致力于创造一个由众多志同道合的青年创业者和企业家打造的、让创业更容易实现的平台，并且通过这个平台来提供众给大学生一个交友、聚会和学习的地方。

以分享为主题的媒体平台——比逗Share，于2015年8月成立，它承载了比逗团队新的发展方向。比逗 Share已成功完成数十场访谈分享直播，包括奇葩说女王马薇薇、名嘴范湉湉、《唐人街探案》导演陈思成、罗辑思维创始人罗振宇、著名漫画师丁一晨、时尚专栏作者黎贝卡、获得总理接见的兼职猫 CEO 王锐旭、福布斯公布的30岁以下最有成就的创业者陈第、窝窝团创始人王赟明等，并成功创造了同步20万在线听讲座，单篇宣传阅读200多万人次的记录。

海阔凭鱼跃，天高任鸟飞。比逗欢迎每一位有创业想法、有理想抱负的年轻人加入，“我们会不时地举办讲座、各类就业沙龙、会演将大家组织在一起，与各行业的成功校友或社会大咖交流创业方面的知识，同时也会互相关心生活动态，站在对方的角度思考问题，真诚待人，因为感情是相互的”。运营以来，比逗餐厅承办了多项分享会，如锤子科技线下体验会、海星会“羊城论电公益沙龙”、孜美荟第一届电商沙龙，为跃跃欲试的大学生提供了创业、公益方面的知识，让有想法的人们汇聚一堂，进行思维的碰撞，寻找合适的创业伙伴，构建再次创业团队。

长风破浪会有时，直挂云帆济沧海

谦卑和努力才是大学生创业者接触社会并取得成功的关键武器。值得庆幸的是，如今的创业大学生正处在移动互联网蓬勃兴起的“互联网+”时代，它一方面蕴含着无限的创业机会，另一方面，社会也渐渐以宽容的目光看待这些创业的“非正常”大学生。

创业多少事，都付笑谈中。如今，刘永杰选择了继续深造、工作、创业，在他看来，这三件事其实就是同一件事，他谈道："看得清自己的内心后，这些事都是同一件事。修行是这辈子最坚定、最长远的规划。把创业当成一门全然的生命课，目标是如何变成一个更完整的人，而不是一个更好的商人。"

谁的青春不曾疯狂过，跨过山和大海，都是梦想的模样。回首过往，总是风轻云淡，珍惜每一刻的当下，朝着梦想的方向，路在脚下，努力不止，永不言败。小土豆，大梦想，不管结果如何，他们都曾经照亮了一个时代。

特写镜头一：比逗第一任 CEO——刘永杰

2014年3月，刘永杰决定在社联换届选举前，"组织玩得最好的一帮人，干成一件大学里最难忘的事情"。这件难忘的事就是集资创业。刘永杰的核心团队一共7人，其中5人来自社联，他们大多是大二、大三的学生。刘永杰的想法是，在学校五山附近经营一家以咖啡为主的餐饮店，通过众筹招募华工、华农的学生成为咖啡店股东。

2014年5月，刘永杰创办了公司的微信公众号，并开始在线上募股。在募股的同时，刘永杰紧锣密鼓地开始挑店址，他在五山附近仔细寻觅，最终选择了一个满意的地方。在接下来的3个月，对刘永杰的团队而言，几乎可以用"忙碌到崩溃"来形容："吃饭、睡觉，每时每刻都在想这些事情，完全没一刻清闲。"

令刘永杰难忘的是，当初为创立公司而四处办证的经历。无论是街道办阿姨惊诧的眼神，还是在工商局遭遇到同来办证老板们的不屑目光，都让他深感自己像是小毛孩，突然踏进如战场般的商场。刘永杰说道，"这跟我在学校讲话时完全不同，身边的人至少都比我大10多岁，他们的气场和我以前遇见的人完全不一样。"

2014年9月，度过了难熬又难忘的4个月后，刘永杰团队的第一家咖啡店在五山正式营业，店名"比逗"。刘永杰说，新店试营业时反响不尽如人意，为此他们很快改良了餐厅出品。而真正让餐厅爆红，还是源自100多位学生股东通过微信的疯狂宣传。通过朋友圈转发所造成的精准广告效应可想而知；另一方面，学生都是股东，为了创业能得到回报，他们转发和推广的热情尤为高涨。比逗在举办了马薇薇的讲座后，凭借迅雷不及掩耳之势，餐厅的公众号在一周之内暴涨到15万"粉丝"。

正所谓有舍有得，刘永杰创业后的求学路也有坎坷。自从2014年5月创业之后，刘永杰的"学霸"之路就告一段落了，每次考试，刘永杰都在为争取不挂科而挣扎，但大三下学期，刘永杰还是挂了科。由于实在没有精力安心学习，他在大四时申请休学一年。

可书还没读完，就去创业，让刘永杰父母坚决反对。为此，父母当时与刘永杰争吵不断，甚至中断了他每月的生活费，就是为了逼着他回头。不过，在创业伙伴的接济下，刘永杰很快挺过了难关。他说，“我的父母就想让我好好读书，将来找一份高薪而安稳的工作，不再受他们生意人的煎熬。但我的性格不安分，总喜欢冒险，喜欢尝试新事物，实在不愿做一成不变的工作。”

尽管获得了铺天盖地的赞扬与认可，甚至连公司名字都成了公务员考题，但在他看来，成功仅仅来自他的“无知无畏”。“这一切都很神奇，我当时并没有想到比逗会如此成功，我只是无知者无畏地走对了路，或者，我就是比别人胆子大了一点，有了想法就敢去实践而已。当然，我现在也只是从无知变得稍微有知了一点。”

“创业的高风险并不是所有人都适合承受。因此，我不太建议大学生去创业。”在刘永杰身边，创业失败的案例绝非鲜见。当然，更多的情况，是有想法却不敢执行的人，“但如果你真的打算创业，那么你的主观能动性一定要强。你必须知道，一旦踏出这一步，这一生只有你能对自己负责，你踏上了一条极高风险的道路。”

有时，刘永杰也想象，如果当初不创业，他现在的生活会怎样：“创业也让我在大学里舍弃了很多宝贵的东西，选择什么职业并没有好坏之分，我很尊重人生的多样性。”

在创业前，想创业的大学生更应该认清自己，了解自己的风险承受能力，了解自己的个性与弱点，了解自己的点子是否靠谱。一旦创业开始，就应该勇往直前。

特写镜头二：比逗第二任 CEO——杨弘浩

杨弘浩是华南理工大学2013级有机化学专业研究生，安徽人，从小便受到商业氛围的熏陶，小时候，因喜爱观看“经济半小时”“对话”等财经类栏目，他从小就想当一名企业家，“无论学什么专业技术都一样，它只是工具，最终都会回归到做事业本身”。这是杨弘浩少年时的想法。

机会总垂青于善于把握的人。研二那年，他加入了“比逗”，团队的小伙伴都是在校大学生。那时杨弘浩从餐厅服务员的角色做起，一步一个脚印，尽力表现自己，为比逗的发展出谋划策。加入比逗之后，杨弘浩无法兼顾学业，但他心里仍希望能拿到研究生学位顺利毕业。可当时公司正处于发展的重要时期，从早晨8点半到晚上10点半，他不得不常常高强度工作，还要兼顾研究生繁重的课业。曾有一段时间，只要导师不在办公室，杨弘浩便白天工作，晚上做实验，为此他在实验室摆放了一张床。

衣带渐宽终不悔，为伊消得人憔悴。通宵熬夜已经成了家常便饭，日复一日，杨弘浩体力不堪，学业和事业难以兼顾。通过和导师、父母沟通商量后，他做出了一个重大决定：休学创业。从此人生规划中的创业阶段不得不提前开启。尽管艰辛，他从未有半句怨言——“无论怎么坚持，我都可能失败；无论怎么失败，我都始终坚持”。因为他坚信，创业是一件他必须要做的大事，是他必须要实现的梦想。功夫不负有心人，他非凡的表现也得到了团队的认可，从后来的负责人事，到最后被推选为CEO。

每个人都应该有自己的梦想，并且有一个理由去坚持。心若没有栖息的地方，到哪里都是流浪。这是一个最好的时代，这也是一个最坏的时代。大学生创业风起云涌，机遇与挑战并存，但有理由相信，站在风口浪尖的杨弘浩，必然不会被潮流所裹挟，永远做那个有情怀、有思想、有行动的追梦少年！

游走在数据与商业之间的创业达人

——广州数锐智能科技有限公司总经理李弘

《《李　弘

2013年，大三的学生都开始准备考研或实习，而此时的李弘一边在某IT公司担任数据工程师，一边准备着出国当交换生的材料。早在2012年，李弘便先其他同学一步，凭借着扎实的数学功底和丰富的项目经验，已入职IT公司从事数据建模工作。工作一年后，李弘得知学校将提供芬兰图尔库应用科技大学国际交换生机会的消息后，便主动申请成了那一届为数不多的国际交换生。这半年的欧洲游学之旅，让李弘对整个世界的认知发生了一些变化，眼界也更加开阔了。他深谙要开创未来的世界，非互联网和大数据这两大利器不可。

回国后，他的方向更加坚定，依旧风尘仆仆。2014年初，在李弘回国后，他凭借优异的成绩（排名全学院第一）成功被保送至本校攻读研究生，同时原先的公司也特聘李弘担任公司的数据模型顾问。脚步从未停下，而今李弘继续深造，被保送至中山大学数据科学与计算机学院攻读计算数学博士。

尝试与折腾是从未停下的脚步

“无折腾、不人生”，是李弘对于人生的理解，也是他二十多年来一直信奉的。可以说，始终折腾和不断尝试的精神，是已经深入李弘骨子里的那股狠劲。在深造和工作两件事情同时确定后，爱折腾的李弘还是闲不下来，脑海里不知从哪一天开始便有了创业的想法，像埋下的一颗种子，期待着破土生根发芽。经过了多番调研和思考后，在2014年5月，李弘创办了他人生中的第一家公司——广州数锐智能科技有限公司。公司的主要业务也与李弘自己的经历相关，那就是做自己最擅长的数据分析服务。当时正好是大数据兴起之时，他也长期从事着数据研发工作，正所谓天时地利人和，广州数锐智能科技有限公司也就随着这个数据的时代破土而出。

正所谓一个好汉三个帮，在做好要创办企业的决定的时候，李弘便找来了曾经一起通宵达旦做数据研发的小伙伴们。当李弘说出想创办一个数据挖掘服务公司的时候，大家一拍即合，而这或许就是默契，或许这就是一群志同道合的年轻人关于青春、关于梦想的实际行动。像一根火柴擦燃了心中的梦，像一道流星划过天际，他们似乎在用行动告诉我们：无论青春多么的短暂，我们都要使尽所有的气力，只为给岁月留下一条永不后悔的足迹。正因如此，便有了现在公司的第一批元老级人物。创业伊始，团队依靠的是学校提供的一间办公室，尽管条件简陋，仍然不能阻挡创业的脚步。

在创办企业后，压力无疑是巨大的，然而这压力也是前进的动力。此时的李弘不仅需要着手准备校内的学习深造，还要着手经营这家小公司。机会与挑战并存，半年的欧洲游学经历和多年的数据研究工作经验让他明白，未来的世界一定是数据的世界，他期待带着他的团队在这大数据的浪潮中，摘得一朵浪花，收获创业路上的第一次成功。

无心插柳成就数学第一自媒体

“从来就没想过，当初申请‘超级数学建模’纯粹是我们几个人的兴趣，根本不曾考虑过这个公众号会成为我们公司发展的一个重要组成部分。”李弘表示，公司旗下拥有的数学自媒体“超级数学建模”的创办完全是一件无心插柳柳成荫的事情。如今，粉丝累计关注人次超过50万，平均阅读量保持在8万左右，俨然成为“数学王国”。

2014年3月，当时公司还未创办，微信还只在发展的初期，微信公众号的数量也不像现在那么多，也没有一个关于数学建模的公众号。于是，李弘就想，喜欢数学的这个群体其实不少，科普、职业学习、升学考试、兴趣爱好等多个方面都与数学相关，而通过各种搜索都没有找到与数学建模相关的公众号。此时李弘就想，那为什么不建一个这样的自媒体呢？这个人为什么不能是我呢？就在当时，李弘向其他小伙伴提了一句：“做一个关于数学建模的公众号，怎么样？”这个想法勾起了工作室所有小伙伴的兴趣，一个名叫“超级数学建模”的公众号也正式出现了。

作为一个偏冷门的公众号，超级数学建模前期的粉丝增长总有些困难，它不像地方性公众号那般，可以通过一条爆炸性的新闻一夜涨粉万千；也不像情感类公众号那样，推送一篇“鸡汤文”就可以获得无数转载。数学的公众号必须通过一篇一篇高质量、对用户群体有帮助的实用文章才能得到粉丝的认可，才能吸引更多的人关注。

超级数学建模从创建到现在，一直坚持着推送的文章必须要有阅读价值，进而逐步地获取高质量、忠实的读者。目前，超级数学建模公众号已有35万粉丝，月阅读量超过200万，同时入驻了今日头条、网易自媒体、UC自媒体等多个新媒体平台，更于2016年获《环球科学》杂志票选为“2016年最受欢迎十大学术公众号”。

对于做自媒体，所有人都想了解怎么去获取种子用户（第一批关注的读者），而李弘也分享了他当时运营这个公众号的方法。在创办“超级数学建模”公众号后，获取种子用户的难度比想象中高出许多，即便“骚扰”身边全部的朋友，关注的读者也不多。就在此时，李弘团队发现一个独特的吸粉方式：数学建模交流会。凭借着团队多年积累下来的数学建模研究经验，李弘团队开始在学校内各个学院做数学建模分享会，由此粉丝也一个一个不断增加，正是通过这种方式，不仅让李弘团队的数学建模能力在学校内得到展示，同时也让“超级数学建模”的粉丝完成了“第一个500”的积累。

在某一段时间内，由于公司业务发展，人手开始紧缺，而运维好一个专业的公众号，是一件需要耗费大量时间与精力的事情，因此只能暂时把精力集中在生存问题上。随后团队的方向进行调整，公众号“超级数学建模”成了团队中并不重要的一块。为了保证文章的质量，便开始了不定时更新文章，有时甚至一周都不会更新文章，这也让“超级数学建模”进入了缓慢发展的境地。

创立“超级数学建模”之初，李弘给学校的学生讲课

令人意想不到的是，就在2014年底，超级数学建模粉丝数量突破1万人，而此时团队才重新想起这个“大宝贝”。也就在此时，团队派专人负责公众号文章的日常更新，于是就有了2015年的8万粉丝、2016年底的20万粉丝、2017年6月的40万粉丝。粉丝以高校师生、企业技术人员为主，拥有巨大的潜在价值。在这个粉丝经济的时代，李弘第一次亲身感受到互联网经济的爆炸力，也下定了决心继续做好“超级数学建模”这个公众号。

自公众号开创以来，好评不断。有读者曾这样赞叹：“数学建模是最巧妙地把枯燥的数字和图形构成数学的艺术。超级数学建模是当前最前沿的数学公众号，推送内容既简单又精确，简单化地呈现有趣的数学文化内容。它改变了大家对数学的认知，让人惊叹数学也可以如此有趣。”

在完成粉丝的积累后，“超级数学建模”正式成为公司商业活动的重要模块，也是公司向社会进行知识传播的窗口。从初次尝试软文推广，到针对数学建模竞赛、开办数学建模线上课程，再到电商初体验、数学潮牌文化衫的创作，“超级数学建模”也逐步形成拥有意识形态的独立IP，并获得圈子内大量读者的关注。

冷门的“超级数学建模”已逐步落地，其商业模式也更加明朗，广告、电商、线上课程培训已成为“超级数学建模”商业运作的三驾马车。看似意料之外的成功，实是情理之中，因为机遇只垂青于那些敢于尝试、善于把握、坚持不懈、追求极致的人。

手持物联网与大数据两大利器，回归技术

2014年，大数据已成为一个全民皆知的概念，大数据浪潮已开始不断向科技圈涌入。技术出身的李弘一下子就发觉这是一个时代的机会，而对于他个人来说，技术不只是技术，还有一种于世界、于人类的情怀。“做技术的，总是对技术有所留恋。”作为一名技术出身的总经理，李弘希望未来的世界能因为自己的技术而发生改变。从事数学建模研究的他，也将其目光转移到大数据的应用。在他看来，大数据是未来一切活动的启动钥匙，人类的决策将更多地依赖于大数据所提供的分析结果。

虽然拥有大数据这把钥匙，但他却一直在寻找这把钥匙所能开启的大门，因为他始终坚信，打开一扇门便有一片新的天地。2014年底，数锐公司接到公司正式运营后的第一个项目：新能源汽车远程监控系统。这个项目来自同济大学的委托，谁也没想到，数锐公司大数据这把钥匙从此与物联网这所大门紧密地联系在一起。在那个时候，新能源汽车监控和数据分析领域刚刚起步，客户希望在这个领域里能有一些新鲜的血液来带动新能源汽车数据创新，而这恰恰又和广州数锐智能科技公司的定位一致。客户看这群年轻人朝气蓬勃且是应用数学专业出身，顿时好感倍增，进而才开始谈是否以数据算法模型服务为核心角度去切入新能源汽车监控系统，以

求在产品定位上和其他纯粹做数据存储、监控的产品有所区分。

在协助同济大学完成新能源汽车远程监控系统的搭建后，他们也逐步建立起物联网数据监控解决方案，实现数据采集、数据传输、数据处理、数据分析、数据深度挖掘全方位跟踪。而这套物联网数据监控解决方案在研发过程中，因为数据压力测试不完善，而在后续业务的对接中，随着新能源汽车的不断增加，监控平台需要实现每秒几千万条甚至上亿条数据的发送及接收，同时也需要对车辆进行实时的监控与分析，要求监控平台需要有快速响应和分析机制，早先搭建的汽车远程监控系统，已经不能满足这一要求。

探寻的道路注定不平坦，可是一步一个脚印，又怎么会有跨不过的坎？大数据高并发成为新能源汽车远程监控系统发展的一个极为重要且亟待解决的问题，而这个问题也困扰着整个研发小组。为了解决这个问题，研发团队需要推翻原先整个数据管理架构，搭建新的数据管理框架。研发团队采用了Hadoop和Spark来搭建新的分布式数据管理架构，满足数据存储及不同计算场景对数据平台服务的要求。

既然问题一个接一个，那就一个一个地攻克，相信成功也会接踵而至。分布式数据管理架构使得系统能在每秒进行几千万条甚至上亿条数据的采集和初步处理，大数据高并发问题得以解决。新能源汽车远程监控系统在完成迭代和更新后，也受到了更多的企业的关注，成功与汉能控股集团有限公司、广汽丰田汽车有限公司、中国中车股份有限公司、河北御捷车业有限公司、长安汽车股份有限公司等多家企

公司团建活动的合影

业达成合作，同时为了保证系统得以长期稳定的迭代和技术更新，数锐公司也与同济大学、广东工业大学保持共同研发的产学研合作模式，致力于打造符合大数据时代的新能源汽车远程监控系统。

兴一技而利百业，新能源汽车远程监控系统是数锐公司物联网数据监控解决方案的成功应用案例，作为数锐公司的核心业务之一，目前这套解决方案还被应用于电力运维、学校后勤运维、医院后勤运维等多个方向，具备极大的潜力和发展空间。

坐上共享经济时代的列车，翱翔在风口

在李弘看来，每一个不经意的问题背后，都隐藏着商机。2017年初，一场聚餐活动后，李弘的手机电量仅剩10%，可之后还有一场活动需要参与，低电量让李弘有种莫名的焦虑感，此时的他，非常希望能有一个充电宝可以使用。也正是因为这么一件小事，同时伴随着共享单车概念的兴起，共享充电宝这个想法一下子窜到李弘的脑海里。

一个想法刚提出的时候，总会接受到来自不同方向的质疑。当李弘在团队内提出共享充电宝这个想法的时候，团队内大多数人都持反对意见，认为这个东西需求量不足，同时未来电池容量会加大，无线充电技术会更成熟。就在大家都不看好的情况下，李弘通过不断的市场调研了解到，当前市场上其实已经有多家公司开始做

认真工作的李弘

共享充电宝，而这也说明当前市场对于该产品还是具有认可度的。让李弘发现机会的是，广州在共享充电宝领域还是一片空白。

当内部还在针对共享充电宝这回事进行讨论的时候，“小电”“街电”这两家共享充电宝企业同时爆出融资过亿的新闻，共享充电宝概念一下子成为全社会讨论的话题。也正因为这两个新闻的报道，让团队内所有人都重新审视“共享充电宝”这回事。快刀斩乱麻，就在2017年4月初，“共享充电宝”项目组正式成立，其代号名称为“皮卡充”。

虽千万人吾往矣，这就是李弘的气概。“皮卡充”项目的成立让他成为共享充电宝风口上的竞争者，有人看好，也有人唱衰，但这并不影响“皮卡充”项目的开展。在面对强敌林立的共享充电宝领域，李弘表示这是一场战斗，但同时也是一次机会，既然已经坐上共享充电宝的列车，那就努力在这个风口上捣鼓出一些花样。

目前，“皮卡充”项目组已单独成立一家新的企业：广州皮卡充科技有限公司，负责“皮卡充”项目的研发、运营及管理，在成立之初也获得了数百万元的种子轮投资，势必要成为共享充电宝风口上一个有力的竞争者。

数锐智能科技创业三年积淀下来的研发团队以及供应链合作伙伴，使这一切能够从想法到落地飞速运转，像皮卡丘的绝招“十万伏特”那样，快准狠。在保证产品质量的同时，为了加快 “皮卡充”共享充电宝的运作速度及研发效率，整体项目进入快速研发阶段，第一代产品从设计到样品仅用了一个月的时间便完成了，再从样品到工厂量产铺货也仅用了15天。凭借着第一代产品的快速生产及高效的运作效果，皮卡充已成功入驻上千家商户，成为广州共享充电宝领域非常有力的竞争者。

把人文关怀融入产品，是李弘心中不变的追求。作为广州本土的共享充电宝企业，广州皮卡充科技有限公司更为了解广州本地的人文风情，在线下入驻方面具有一定的优势。结合大数据中的城市热点分析，“皮卡充”研发中心会定时为市场人员提供有效的数据分析报告，以协助市场人员开拓市场。

路漫漫兮，求索不止。李弘还表示，目前除了由自己团队铺设设备进入商户，他们也已向全国各地开放代理权限。从李弘的计划中还可以看出，共享充电宝未来将会实现全民免费充电，充电宝在他手中将不再是一个简简单单的充电宝，而是成为线下智能营销的重要秘密武器。

创业之路，风雨兼程

坐在办公室的转椅上，望着窗外穿行的车辆，闷热的天气并没有让眼前这位不一般的“90后”觉得烦躁，定眸处尽是韬略。创业对于他来说，是一场永不停息的战斗，能让自己每天更加充实、更有意义。即便事业的挑战而形成的压力充斥着生活中的每一天，他还是淡然地面对着，因为心中始终满怀着对创业的执着和团队的信任。如果说创业是一场战斗的话，那么他的选择是永远不会停下来。

何培凯〉〉〉

睿智博通，航斩波涛

——广州睿航电子科技有限公司创始人何培凯

广州睿航电子科技有限公司致力于研发生产基于Android+Wi-Fi系统的无人驾驶水体检测船，用于水上/水下航拍、水产养殖及环保等领域。目前公司自主研发的1.0版本无人船已经实地测试成功和投入量产，可用于水上航拍、定点巡航、采样、水体测试等；用于水下航拍的水下无人船已经完成实验室测试和模拟。

何培凯出生于广东汕头，是华南农业大学电子工程学院的学生，也是睿航科技团队的负责人。在别人看来，他是一个“整天喜欢搞些不为人知的东西”的技术宅，但是无论别人怎么说，他还是坚持着那些别人眼中的“不为人知的东西”，因为他喜欢着，他热爱着。其实，人最大的“任性”就是不顾一切坚持做自己喜欢的事情，只有这样才可以说，这一生不虚此行。

作为一名技术宅，何培凯喜欢冒险，喜欢挑战，也在挑战和冒险中体验着他人无法获取的乐趣。正如雨果所言：所谓活着的人，就是不断挑战的人，不断攀登命运险峰的人。他知道每个人擅长的东西都是不同的，所以在他熟知的领域要争取做得比别人更好。他说：“我相信每一滴青春的汗水，都将带来五彩斑斓的绽放。我总是希望透过天际的蔚蓝，去探索深海的世界。”

机缘巧合，初入团队

因为机会总是在毫无预备的时候出现，所以善于捕捉机会者为俊杰。何培凯和睿航科技之间的缘分，其实也是一段机缘巧合的故事，这起源于一次项目的招新，当时他毫不犹豫地抓住了这次招新机会，成了团队的一员，并且一直坚持到现在。

睿航在没成立公司之前是学生的一个无名的小项目，研发的方向是水上的无人船。那时候何培凯还是大一的新生，初入大学校园，本着专心学习的心态，看到了这个项目在招人搞研发，他当时就认为是一次很好的学习机会，所以想也没想就加入了团队，目的是通过项目实践来试试自己的能力。

天下没有免费的午餐，一切成功都要靠自己的努力去争取。机会需要把握，也需要创造。好的机会不常有，懂得把握机会的人更是少。面对机会，面对挑战，何培凯不曾退缩，伸出双手，紧握机会，即使之后团队面临着许多未知的因素，他也依然义无反顾地选择跟随团队，才成就了今天的他。

其实，机遇对每个人都是公平的。有些人抓住了，有些人错过了；有些人发现了，有些人茫然无知；有些人在不断创造机会，有些人在苦苦等待机会。而何培凯就是前者。

比赛受挫，转变目标

在生命里每个人都难免有失败，难免会遇到挫折。睿航团队在刚起步时也曾遇

广州睿航电子科技有限公司员工合影

到过挫折，也曾经历过迷茫，但是在这些障碍的面前，他们没有逃避，而是坦然接受，然后重新寻找前进的方向，转变目标。

最初，睿航团体对该船的定位就是想用在渔业的投饵和检测上，功能比较单一，制作也非常简单，一艘玩具船和各种淘回来的模块，经过组装和调试基本就可以下水跑了。于是，在指导老师的支持和鼓励下，他们团队带着项目去参加了创客马拉松的展示。比赛的评分标准有一部分是商业的应用，这让团队成员开始思考他们的船在商业上的应用优势。商业应用就逃不开目标用户和竞争对手这两个主要因素，但是纵观水下无人船企业，大到珠海的云洲智能，小到天津各家无人船生产商，无论哪种细分领域都被占据了。在功能和市场应用上，与竞争对手相比，他们的产品都显得黯然失色，没有任何可比性。因此在这场比赛中，他们毫无悬念地输了。

那时候，他们开始思考另一条出路，寻找另一扇通往新世界的大门。

在摸索另一条道路的时候，何培凯偶然地看到一篇关于国外水下无人船的文章，他瞬间被这篇文章激发起了商业灵感。国外水下无人船正在兴起，在许多方面都有应用；反观国内水下无人船，可能还没有人知道ROV是什么意思，更不用说应用了。也正是这篇文章促成了他们团队后续的研发方向，随即他们对手下无人船的技术难点展开了一系列的评估，在部分技术难题上通过查阅资料和请教教授，找到实现的方法，为此确定了市场应用方向，将他们的产品定义在民用的水下航拍领域，并开始着手他们水下无人船的研发。

从遥控飞机的雏形中演变出来的四旋翼、十六旋翼以及各种无人机，它们之间隔了一套完美的算法，正是这套算法，使得无人机变得稳定，加上图传技术，它就成就了今天全球1800亿的市场。2015年天津发生了大爆炸，氰化物泛滥，即使派出无人机也无济于事，于是云洲智能的无人船开进了天津港，无人船开始崭露头角。可能每一件大事都源自于小事情，何培凯相信在未来的两年内，无论是航拍、水产养殖还是环保追踪、地理测绘，甚至是军工，无人船将成就一片蓝海。

突破瓶颈，云开雾散

确定了方向后，他们才发现水下无人船其实并没有想象中的那么简单。很快，他们的团队就遇到了瓶颈。

他们团队第一次进行船下水实验，由于密封性差的原因，之前用凝胶封住的船体在入水后很快出现了渗水的情况，行驶不一会儿，船内部的电子设备就全部瘫痪了，白白损失了几千块钱，在电子元器件上也烧了不少的钱。团队意识到水下通信这块，无线已经是不可能实现的方案了，因为国际上都没有能实现无线传输实时的水下图像的方案。但是这并没有拦住他们前进的步伐，因为他们坚信着每个障碍都有解决的办法——或者跨越，或者突破。他们选择了突破！整个团队在经历一番挣扎后，开始了新一轮的研究和探讨，走访海洋学院，参考一些水下器件的防水结构，开始测试另一种可行的方式。

流水只有在碰到抵触的地方，才会释放出活力。睿航团队也一样，越过瓶颈期，他们最终再一次获得了突破。从水上作业船，到水下潜水艇，从工业级到消费级，他们花费了一年的时间。

何培凯感叹道："研发真的是一个又烧钱又花时间的工作。"研发的工作是相当单一的，工作的场所限定在了学校的实验室，有时候甚至会在宿舍做实验。虽然不是一件很有活力的事情，但是他们还是慢慢习惯了这种日复一日的研发工作，并且乐此不疲。最终，新一代产品诞生了，这是经过在实验中无数的失败才换来的。其中付出了多少心血，多少次在失败面前的迷茫，多少次跌倒了又重新站起来，外人何曾知道？但是他们那种投入到研发工作中的乐趣不是任何人都能体会到的，或许在别人看来是枯燥无味的，但夜以继日投入研发实验并最终获得成果的喜悦感，只有他们自己懂得。

学霸团队，携手并进

提到团队，何培凯感慨道，拥有一个好的团队就成功了一半。

一滴水只有放进大海里才永远不会干涸，一个人只有把自己和集体事业融合在一起时才能拥有更强大的力量。每个睿航团队的成员都是一滴水，而公司便是那汪洋大海，他们汇聚在海洋里，潜藏着无限的动力，在追梦的道路上释放出能量。

团队的成员来自不同的专业和学院，他们是一群有着高绩点、拿着奖学金的学霸，他们都拥有着各自的才能和性格，在工作上他们能独挑大梁，在生活中他们也是非常要好的伙伴。他们是一群有梦想、敢想敢拼的新时代青年，不辞劳累、不分昼夜地投身实验室，勤勤恳恳地服务于无人船的研发和公司事务。

睿航团队，凝聚起对无人船研究的无限热情；他们携手并进，描绘出属于睿航未来的美好蓝图。

一个公司少不了团队合作，但是卓越人才对一个公司的影响也十分巨大，何培凯的一个工作伙伴，睿航现任CTO吴金远，就是团队的灵魂。

吴金远是在团队转型做水下无人船的时候才加入到团队中的，在别人眼中他是一个技术大牛，这也是他们看中他的原因。他身上有着许多科技人员的品质和素养：不轻言放弃的坚持毅力、打破砂锅问到底的钻研精神和脚踏实地的学习态度等。在研发船的定位、驱动、图像传输、通信等技术方面，他都亲力亲为。后来，他的正能量还带动了整个研发团队，赋予了产品源源不断的竞争力和技术支持。

睿航的发展离不开团队中每个人的努力，他们年轻，他们上进，他们团结，他们有着共同的目标，共同为了事业打拼着，优秀人才的加入更是让团队锦上添花，变得更加强大。

展望未来，不畏前行

在无人船的研发中，他们运用了三种通信方式，参考一部分无人机技术，经过不断地研究、调试和整合得到最佳的方案，采用流行的双摄像头技术，去雾化算法，增加检测水体、测绘等功能。

在探寻市场应用的过程中，他们也不断地尝试走出学校，去外面交流和学习，在2016年一年的时间里，他们参加了大大小小的比赛，并且都拿到了满意的成绩。例如，创青春挑战杯，互联网+，大学生课外学术比赛等，其中也有不少商业的比赛，如“赢在广州”创业大赛、香港百万奖金创业大赛、青创杯等，还包括团中央的小瓶科技创新团队奖。在比赛的过程中，他们参考了许多评委老师和投资人的建议，对他们的产品进行不断地修改，确定公司的商业模式，开始着手真正的市场应用。为此，他们也走访广州本地的婚纱影楼和浮潜泳场，进一步发现了无人船潜在的价值。他们研发无人船的过程也创造了一个开源的平台，可以根据用户的需求来定制一些特殊的功能。

谈到睿航科技接下来的发展，何培凯说：“对于创业的这条道路，我们还不算成功，还有很多东西需要去摸索和学习，不过有团队的支持和鼓励，我们肯定会越来越好。我们也会继续的研究和测试，争取带来更好的产品。”目前他们已经在进行第二代产品的研发，也将会陆陆续续地推向市场进行测试。

有人说，世界上最幸福的事情之一莫过于经过一番努力后，所有的东西正慢慢变成你想要的样子。何培凯和他的团队把睿航从一个项目逐渐发展成一家公司，在这个过程中，所有的努力和付出，最终都会有所收获。这条道路或许披荆斩棘，或许困难重重，他们也会经历迷茫彷徨，也会体验成功喜悦，但是不可否定的是，他们始终没有放弃，他们一直在前行，在探索中不断前进，在失败中变得强大。他们不断抓住机遇，不断接受挑战，总有一天，终将水到渠成，风来帆速。

临事而惧，好谋而成

——广州逸旅互联网科技有限公司创始人梁冠桥

<<<梁冠桥

广州逸旅互联网科技有限公司成立于2015年9月，是一家专注于为“90后”的年轻一代提供高性价比旅游方案的公司。公司核心团队——懒人堂团队于2013年12月组成，至今已有4年多的旅游行业经验。公司为客户提供一个旅游产品设计＋投资旅游产品＋选择旅游产品的平台，通过设计者、投资者、旅游者和操作者四方共赢的模式，解决定制化产品和价格高的矛盾问题，实现“让旅游更有价值”的使命。

梦想初体验，创业不易心自知

梦想是石，敲出星星之火；梦想是火，点燃熄灭的灯；梦想是灯，照亮夜行的路；梦想是路，引你走到黎明。

初中的时候，很多人的梦想就是考上一所理想的高中，而梁冠桥从初中开始，心里就已经有了一个伟大的创业梦，他希望可以创立一家跨国企业，让全世界认识自己的公司、认识自己。那时候，或许在别人眼中，这个梦想显得稚嫩而又美好，却是一直激励梁冠桥努力前行的动力。

上了高中，梁冠桥看到马云、史玉柱、俞敏洪等企业家在“赢在中国”的点评后，心中的创业梦再次被唤醒，但因为想要给自己一个更高的平台去开始实现这个梦想，所以他还是一直压抑着创业的想法，默默地把它放在心里。

高考结束后，当身边的同学都开始自我放松、旅行游玩的时候，梁冠桥却迫不及待地与同学开起了烧烤档，尝试人生的第一次“创业”实践。经历了这次创业，他才知道每一件事情都是知易行难的，这也是他第一次切身体验到比学习苦100倍的创业过程。由于没有经验，第一次创业像是在摸着石头过河，虽然艰难，但他觉得很有成就感，那时候的他是快乐而幸福的。心中的梦想之芽在他的灌溉下不断地生长。

那时候，在梁冠桥看来，心中的梦想已经不是虚无缥缈的了，成了他心中一种理性的追求和力量，激励着他去拼搏，去靠近自己的梦想。有梦想很简单，但是通过行动去实现梦想却并不是想象中的那么容易。梁冠桥为了心中这个创业梦想，在接下来的大学阶段里不断尝试，遇到过失败，遭遇过挫折，但始终不变的是追梦的动力和方向。

经营早餐店——风雨过后见彩虹

怀揣着创业的梦想，在大学阶段，梁冠桥还分别尝试过办家教中心、鞋店、早餐店、奶茶店、旅游公司等。谈到这些经历和体验，最让他印象深刻的是早餐店的经营。第一天开业，天公不作美，下起了倾盆大雨，却没阻拦梁冠桥和同学们的步伐。他们几个人一大早就摸黑在运早餐、蒸包子，结果第一天的营业额却只有62

广州逸旅互联网科技有限公司员工合影

元，他们吃了一整天的包子都吃不完，直接导致他们后来很长一段时间都坚决不吃包子了。这样“惨淡经营”的情况一直持续了好几周，他们每天一大早起来准备，却连续遭受打击，甚至有人提出不干了。要知道，付出与收获不一定总是成正比的，但是自由与命运只垂青坚持努力的人。

坚持是一种可贵的品质，能够在荆棘之路上持之以恒不断前行的人更加可贵。大多数成功的人，背后都经历过鲜为人知的心酸经历，我们都只看到了他们身上光鲜耀眼的部分，却不曾了解他们为了自己的梦想曾经付出过多少。有些笑容背后是紧咬牙关的灵魂，我们看得到如花的笑靥却看不到笑容背后挣扎而没有放弃的毅力；有些成功后面是百折不挠的精神，我们看得到光彩的荣誉却看不到成功背后摔倒再站起来的坚强。

事实也是如此，梁冠桥他们没有被眼前的残酷现实吓倒而放弃，而是在困难和挫折中坚持下来，白天经营早餐店，晚上思考店铺的改进方式，他们不断总结出现的问题，也在总结中不断想出了新的办法。经过他们不分昼夜的付出，“苟延残喘”的早餐店铺仿佛实现了凤凰涅槃，开始不断突破600元、900元、1500元、2200元的销售瓶颈，最后稳定在每天早上4小时达到3000元左右的销售额。终于熬过了最艰难的日子，他们战胜了路上的各种阻碍，看到了风雨过后美好的阳光。

这次办早餐店的经历让梁冠桥体验到了从困难中崛起，最终实现一个小目标后的快乐，在此过程中他也积累了一定的经验。同时，他明白了创业真正艰难的地方和创业的魅力所在。为了收获创业成功时候的成就感，就必须得面对创业过程中的艰难挑战，这个敌人除了自己之外还有竞争对手，要如何才能掌握创业先机，如何才能掌握市场，这些都是在创业过程中能够收获的东西，这也是创业的魅力之一。

懒人堂团队——携手并进创辉煌

为了实现自己的创业梦想，梁冠桥积极行动，逐步朝着他想要的方向前进着。在大一的时候，面对着各种社团组织的招新，他就很有目的性地加入了一个创业社团，通过社团这个平台，他认识了很多具有创业想法和创业意愿的同学，从而结识了志同道合的朋友，这成了他今后创业道路上的一笔“财富”。在社团里，经过长时间地与同学交流和思想火花的碰撞，他决定和同学一起尝试去做一些事情。经过一段时间的准备，在大家的共同努力和策划下，懒人堂旅游联盟的项目上线。项目不断孵化和发展，并在这基础上不断完善。随后，他们便成功注册了广州逸旅互联网科技有限公司。

“用众人之力，则无不胜也。”团队的力量当然是不容小觑的，他们团队在发展项目的同时还参加各类创业大赛，并且都取得了优异的成绩，公司核心团队——懒人堂团队曾获得2015年联想创业大赛广州赛区第三名、2015年海珠区旅游产品设计大赛一等奖、2015年广外创新奖学金评选活动二等奖、2016年创青春广东省大学生创业大赛铜奖、2016年“众创杯”赢在广州创业大赛社会组决赛20强。每一场比赛都给他们带来了收获，对他们今后的创业道路也有着一定的影响。其中，参加“赢在广州”创业大赛为他们团队提供了很好的帮助：首先，这个比赛有丰厚的奖金和导师资源，这对他们的项目起到很好的扶持作用；其次，是他们的项目还需要打磨，需要通过听取评委专家的意见，需要汲取其他参赛选手的经验，从而更好地改进他们的项目；再者，这也是一次很好的锻炼机会，因此他们珍惜着每一次上台路演的锻炼机会。

通过这些比赛获得的荣誉见证了一个优秀团队的成长，其实，他们的公司能够有今天的成绩，一切都离不开团队每一个人的努力和付出。正如俞敏洪所言，一个人走路，可能会走得很快，但不一定能走得很远，而一群人走路，不一定走得很快，但可能走得很远！懒人堂团队就是在大家的万众一心、齐心协力下朝着更好的方向发展！

公司新发展——逐步前行见成果

2015年9月，广州逸旅互联网科技有限公司成立了，从一个项目发展成为一个公司，其中需要付出多少精力和心血，这是旁人无法想象的。俗话说，万事开头难，

广州逸旅互联网科技有限公司员工合影

当梁冠桥谈起创业起步的时候，他描述的情景仿佛历历在目，逐家拜访寻找合作酒店、饭店，骑行去考察景点等。虽然很辛苦，但一切都是值得的，他知道这一切的付出对他目前的创业都有着深刻的影响。

除此之外，公司成立前，客户定位、发展方向等问题都令他们很迷茫，甚至无从下手。他们知道如果不做好规划，必然会像一只无头苍蝇那样。因此，他们团队多方收集资料，分析数据，然后一起讨论。经过一番深思熟虑后，他们选中了大学生这个充满活力的群体。这个群体敢于尝试新鲜事物，对新事物的接纳能力较强，所以，他们决定把客户群体定位在大学生上。在公司成立的前期，他们从集群效应最明显的大学生市场入手，以团体出游为载体。

他们力争最快且最精准地接触到他们的目标客户，选择产品体验代替单一的平面广告宣传，提供周到的服务与客户建立更直接的信任关系，维护客户团体中的每一个个体，从而渐渐树立起企业品牌形象。在通过团体出游获取一定的用户群体后，他们会分析客户的具体需求，筛选特色的地接资源，让客户与地接社直接联系，解决信息不对称的问题，降低沟通成本。此外，他们还会结合当地土特产资源，深入挖掘旅游地区的优质土特产品，推广原生态“美景+美食”的特色旅游。在层出不穷以“吃喝玩乐”为目的的旅游中，他们的旅游模式犹如一股清流，得到了不少客户的青睐。

公司承载着“让旅游变得简单快乐”的使命，秉承着“成为旅游行业的京东”的愿景，致力于让客户满意和成功；他们信守承诺，做有担当的企业；他们高效创新，持续创新。这也已经成为公司的核心价值观，在这价值观的指引下，公司逐渐发展起来。

从公司团队成立至今，团队服务已达15600人次，与春秋航空、东方国旅、广之旅等老字号旅行社达成战略合作伙伴关系，同时与广东清远走地鸡农场、从化有机蔬菜基地、新疆大枣种植基地初步达成合作意向，并实现了双赢：既能推动当地特色资源的充分利用发展，又能为游客带来最大价值的旅游收获。谈到公司未来的发展愿景，梁冠桥希望凭借团体自由行和个人半自由行的概念，在旅游行业实现持续创业，为中国旅游行业的发展起到推动的重要作用。

为什么说为理想而奋斗是一件幸福又快乐的事情？正如居里夫人所言：一个人如果能追随理想而生活，本着正直自由的精神，勇往直前的毅力，诚实而不自欺的思想而行，定能臻于至善至美的境地。而这境地就是指梦想实现之时，身边一切都如自己所愿。梁冠桥的创业经历告诉我们，当有了梦想，那就要用行动去实现它，毕竟纸上得来终觉浅，当真正用行动去浇灌梦想之花时，方可以体验到为梦想而奋斗的快乐。

再谈起创业——金玉良言致后者

梁冠桥说，创业不是脑门子一热就可以开干的事，它需要金钱、人脉、经验等各方面的支撑，它是一件非常具体的事情。古人云，不积跬步无以至千里，不积小流无以成江海。前期的准备和积累就如同雄鹰需要助跑方可以展翅高飞，翱翔于九天之上。无论做任何事情，前期的准备都很重要，正如梁冠桥高三暑假开始经营烧烤店，再到后来的早餐店，这些都为他最后成功建立公司奠定了基础。

他说，如果对创业不是狂热到痴迷，觉得非它莫属了，建议大学期间还是好好学习，做好知识和人脉的储备吧；如果对创业真的热衷到痴迷，那就大胆地去尝试，这个过程会让人经历很多同龄人都无法经历的事，能够让人快速成长。

趁年轻，大胆尝试，高尔基曾经说过："世界上没有再比青春更美好的了，没有再比青春更珍贵的了！青春就像黄金，你想做成什么，就能做成什么。"心中有梦就勇敢去追逐！任何事情都应该去尝试一下，无论成败。因为我们无法知道，什么样的事或者什么样的人将会改变我们的一生。尝试了，即使不成功，也不至于空白；尝试了，即使失败了，也无怨无悔。

今夜我不关心人类，我只“想你”

——“想你”APP创始人盛佳瑞

‹‹‹盛佳瑞

盛佳瑞小时候喜欢七堇年，喜欢她的“我们要有最朴素的生活，和最遥远的梦想”。

他说，自己从来就没有什么改变世界的宏愿，只想和心爱的人在一起，幸福地生活。

2014年，一个柔情似火的夏天，他在深夜写道：“想你的时候，我会蜷缩在一个角落，软弱地哭泣，着魔般幻想，将所有生的希望托付给你。于是我一笔一画雕琢成‘想你’。”

那是盛佳瑞最美、最期待的乌托邦。

恋爱中的灵感

盛佳瑞，广州小猪网络科技有限公司、想你APP创始人，毕业于中山大学，获工商管理学位、软件工程学位，并在加州大学Santa Barbara校区辅修经济学专业，有丰富的海外交流经历。作为一个创业领导者，他务实而浪漫、执着而幽默。他在自己身上贴了许许多多的标签：兼职“攻城狮”、产品经理、现代诗人、文字工作者、电子厂流水线工人……

盛佳瑞称得上是一个文艺青年，看书、写作的习惯要追溯到他的小时候。幼时的他非常喜欢看书，别的小朋友一有零用钱就会去买零食、买玩具，他却瞒着家里偷偷地出去买书，为此甚至还偷过家里的钱。那时候的他一直想当一个作家。盛佳瑞在小学期间就看完了金庸全集等一大堆小说，他笑称自己的近视眼就是那时候躲在被窝里看小说导致的。从小学四年级开始，盛佳瑞就以班级里要好的朋友为原型创作武侠小说。

“当时我写的小说，朋友们争相传看，当然不是因为我写得有多好，只因大家都对书中的武艺切磋、胜负结果甚为关心。金庸的小说里我最喜欢令狐冲，因为他豪气万丈、潇洒不羁、追求自由，还有一颗赤子之心。彼时我内敛听话、循规蹈矩，但骨子里始终向往着成为令狐冲那样的人。”

小学六年级时，盛佳瑞接触了韩寒、郭敬明等年少成名的作家。他那时候很喜欢韩寒的书。自由自在，做自己喜欢的事情的韩寒，给年幼的盛佳瑞带来了巨大震撼。之后，他在高中曾尝试参加新概念作文大赛、投稿给《读者》，但最终都石沉大海。也是在那时，他终于清晰地认识到，自己只是一个文学爱好者罢了。

高中的时候，盛佳瑞虽然对文学充满兴趣，却由于对政治历史无感而选择了理科。等到了大学选专业的时候，理科生身份又成为他追寻文学梦想的阻碍——他报不了汉语言文学专业。由于他本来就喜欢玩电脑，再加上父亲的建议，在深思熟虑之后他选择了软件工程，依然专攻“语言文学”，比如C语言、java、C++等。

正当盛佳瑞沉浸在计算机语言的魅力时，他遇到了现在的女朋友，一个爱诗的女孩。在追她的时候，盛佳瑞仿佛回到了从前整天躲在书店看书的日子，每天都活在文学的海洋中。“那时每天都是诗意的，因为女朋友喜欢诗，刚追求她的那半年，我为她写了很多首诗。那段日子真是琴瑟在御，莫不静好。”然而正处于热恋时期的这对小情侣，却因为盛佳瑞要去海外学习而不得不面临异国恋。

最让盛佳瑞伤心的是，他遗憾地错过了女友的生日。当时整个班的同学都在给她过生日，很欢快、很热闹，他却只能在遥远的彼岸说几句无关痛痒的祝福。这给在异国他乡求学的盛佳瑞带来深深的挫败感。或许，这就是“狂欢，是一个人的孤单”。夜深人静时，他想起了和女友都非常喜欢的海子的那句诗：“今夜我不关心人类，我只想你。”“那是一种决绝的、诗意的爱，我们都喜欢这种不管遇到什么险阻都不顾一切的倔强。”隔着冷冰冰的微信，他和女友一起熬过了许多个没有彼此的日子。

亲身经历过异国恋后，盛佳瑞和女朋友发现微信不适合情侣之间的交流。之后他们又尝试了当时市面上其他的情侣应用产品，但结果都很不尽人意。最后盛佳瑞决定，要做一款真正的情侣应用产品。于是，大三那年的夏天，在大学城“热得快熟了”的中大，开始“想你”。

下定决心后，需要做的第一件事就是组建团队。盛佳瑞找到班级几个编程技术不错的同学，直接拿出手机给他们看了几个竞品，再和他手舞足蹈的构想相对比。看了他们的反应，盛佳瑞感觉有戏。当时他们还在学校，没什么经济压力，风险也不大，决定干脆一起干一把！万一成了呢？

在团队里，盛佳瑞主导产品。几乎每一个细节，他都倾注了很多的情感。对于

想你 APP 团队合影

用户在使用过程中的微妙感受，他也能体察入微。他了解恋爱，了解爱情里的痛苦、甜蜜、酸楚、煎熬，他与千千万万“想你”用户一样，感受着这一切，所以他竭尽全力地帮助他们，希望“想你”能为每一份感情增添一份甜蜜幸福，哪怕一点点也好。

盛佳瑞选择恋爱这个领域，一方面是出于自己的兴趣爱好，另一方面也是看好恋爱消费领域千亿元的市场。浪漫产业近年持续升温，像roseonly、野兽派等品牌大受欢迎，不断崛起。“想你”作为浪漫产业商家与情侣用户之间的桥梁，发挥了平台优势，为用户匹配精准的商家资源，为商家提供极度精准的目标用户。恋爱这件事情，是几千年来生生不息的需求，不管什么年龄、什么时代，爱永远都是经久不衰的主题。围绕着恋爱这件事而展开的各种服务、消费，也必将持续成为时代热点。

“为什么跟着我一起创业？大家信任我是一个原因，更大的原因在于相信这份事业能成。首先，大家都觉得这款产品有用。其次，恋爱中的人精力旺盛，消费力惊人。这个领域，市场前景大。最后，这么有爱的事业，能帮助到更多的人，我们做起来很有成就感。”盛佳瑞说道。

成长中的磨难

一开始盛佳瑞对自己的信心还挺足。在他看来，“想你”的创意在市场上是独一无二的，参加校内的创业大赛“赢在中大”拿奖肯定是没问题的！然而，理想是丰满的，现实是骨感的。在这个创业比赛上，他们在初赛的时候就被淘汰了，压根儿都没到评审环节。这是盛佳瑞第一次被泼了冷水。

后来他们又申请了一个学校的创业项目资助，有1万多块。等到参加结题答辩的时候，得到的评论大都是这样的："没有盈利模式，受众太窄不可能在社交软件中突围""做这个没什么用，生活中用不到这种软件""互联网就是约炮、性和欲望，你们这种纯精神恋爱的没前景"，等等。那么多的不看好与非议让他受到了前所未有的打击。"但我偏要做下去，其他人的看法关我什么事。"他觉得不管最后能取得怎样的成就，青春都没有遗憾了。

在大四的圣诞节，团队举办了第一次年会。当时，团队成员全部都是盛佳瑞从中大找来的小伙伴，人数达到15人。这样的团队在学校里算是不错的配置了。可是，很快到了毕业季，团队里的人大多是大四学生，他们手里基本全是BAT的offer。"非常现实的问题摆在了面前，毕业了怎么生活？每个月依旧在这领几百块的工资吗？我能怎么做？我又能做什么？产品勉强出了演示版，离上线还很远很远。我也压根儿没想到融资。这么粗糙的东西，怎么融？又能融多少？"

于是，盛佳瑞只能选择让毕业了的兄弟们先去远方，不能让大家一起熬着饿死。一个接一个送走兄弟们，当时他心里空荡荡的。虽然难过不舍，但他心底是希望他们离开的，因为这时候跟着他，太委屈他们了！一个室友临别时说："佳瑞，以后什么时候需要我帮忙，只要你一句话。"而他跟兄弟们约定：等产品做好了，大家都要回来啊！

此时的盛佳瑞面临着既没钱又没人的窘境。虽然有学校赞助的创业资金，不过也只是杯水车薪，很快就用完了。他只好不断向家里借钱，争取家人的支持。还好学校可以暂时提供免费的办公场地，不过他必须要自己解决住宿的问题。他在学校旁边的菜市场附近租了一个房子，600元一个月，房子就在垃圾堆旁边，没有窗户，屋里也只有一张床。一方面的确因为便宜，另一方面也是因为附近不好租房子，这是最佳的选择，上班只要10分钟。

到了七月，盛佳瑞的创业进入了史无前例的黑暗时期。没有了曾经一起战斗的兄弟，只剩下他和几个在校的师弟师妹，学校提供的10多平方米的小办公室，还有一个每天闪退十几次、伤痕累累的"想你"。

那时的盛佳瑞真的过着苦行僧般的生活：因为长智齿，不得不去拔牙，却舍不得打麻药，疼得让一旁的护士都觉得不忍心，和他说"我偷偷给你打一只，不告诉医生"；他得了流感，发烧的时候去医院，嫌开的药太贵，愣是没舍得买，自己硬扛过去。他觉得这些经济上、肉体上的小小痛苦根本不算什么，精神上的迷茫更加困扰着他。他只想尽快把这个事情做好，却不知道什么时候才能做好。虽然很累，但他从未想过放弃，他一直坚持着，不断鼓舞自己：也许下一秒就有转机呢？

坚持下的转机

事情出现转机是在十月份，赶上创业魔法学院互联网创业公开课走进中大校园，学校的老师推荐他去参加见面会。当时不是公开的路演，只是和创业魔法学院

CEO陆伟等嘉宾聊了十几分钟。盛佳瑞也没想着能拿到投资什么的，只是很兴奋地介绍了一下自己的产品。介绍完毕也没想太多，就回去了。没想到第二天他们就派人过来和他聊了半天。到了第四天，盛佳瑞就接到投资经理的邀请——去深圳见英诺天使轮基金创始人合伙人李竹。当时他的第一反应是惊讶：难道有机会拿到天使轮的融资？但又觉得不太可能，当时他们只有一千多个用户以及iOS的演示版本，Android版还没有踪影呢。

盛佳瑞没有做太多的准备，也不知道要准备什么，他就这样去了深圳。当时约在一家五星级酒店的咖啡厅。盛佳瑞之前以为投资人都很严厉，没想到竹总为人和蔼，既没有批评他们的产品原始、粗糙，也没有笑话他们的青涩紧张，反而鼓励他们，提了很多建议。

回广州后，投资经理要求他们做一份符合要求的BP（商业计划书）。因为时间紧迫，盛佳瑞和女朋友通宵将BP做了出来。接着就进入了DD（尽职调查）流程，之后又很快地签订了投资协议。签完名字之后，钱还没到账，他就迫不及待地一一通知那帮兄弟们：是时候回来了。当时盛佳瑞压力很大，他特别担心那么多兄弟辞职回归，万一钱没到怎么办？

不到两周的时间，大家又重聚在中大管理学院D216办公室，那是他们创业开始的地方，一群怀揣着梦想的年轻人曾经在那里奋战了半年多，在那里通宵过多少个夜晚。现在大家再次出发，所有人都全心全意扑在产品上。而大家不知道的是，这时融资依然没有到账，所有的压力都是盛佳瑞自己扛的，扛了足足2个多月。

签订投资协议两个月后的一天，盛佳瑞在贝岗村那个没有窗户的、阴冷的出租屋里午睡，忽然收到一条手机短信，一查看发现是一条入账信息，一串数字，好多个零。他意识到：融资到账了。在暗无天日的小房间里住了半年，他没有哭；舍不得买好吃的、团队成员一个一个地离别，他没有哭；忍着剧痛拔牙的时候，他没有哭。可这一刻，惊讶、狂喜、酸楚、如释重负，一路经历的所有所有，从胸口发生，蔓延，化作眼泪流下来。在那个没有窗户、阴冷潮湿的小房子里，在那一瞬间，盛佳瑞感到浑身沐浴着阳光。回到办公室，他赶紧召集所有的兄弟，宣布了这个消息。所有人都非常兴奋。这次终于可以大干一场了！

“赢在广州”与收获

2015年，毕业一年的盛佳瑞携团队参加“赢在广州”创业大赛。他成立的小猪科技网络有限公司推出“想你”项目，获得了大赛社会组的二等奖。

聊到最初参赛的目的，盛佳瑞非常坦诚。他说那时候他们很穷，“赢在广州”创业大赛的奖金很丰厚，而且这个比赛知名度很高，在业内也颇受认可。这次大赛不仅带来了广泛的社会关注与丰厚的奖金，还带来了与各大投资机构接触的机会。8万元奖金对他们来说真的是雪中送炭，解了他们的燃眉之急。而更让他意外的是，比赛的评委中就有投资人，其中一个评委认为，小猪科技抓住了行业的细分领域，有很好的盈利空间。

此外，对于盛佳瑞和他的创业团队来说，参加“赢在广州”创业大赛更是给他们带来了一次蜕变，让他们变得更有信心。他们觉得以前参加过的创业比赛大部分都是纸上谈兵，而“赢在广州”最好的地方在于务实。评委很关注项目的落地情况、经营的数据以及产品对用户的价值，而非空谈与吹牛。盛佳瑞及其创业团队的优势就在于落地能力，一旦确立目标，他们便快速集中资源推进实现。盛佳瑞对大赛的水平也给予了高度的赞扬：“评委的点评很到位，能够主动理解我们这种新生用户群（‘95后’）的市场。”

永不放弃与凝聚

“永远倔强，永远顽抗，永远向着光芒。”盛佳瑞的性格对公司的发展起到了非常关键的作用。只要是他认定了要做到的事情，不管遇到什么困难，都一定会去努力实现。而这种特质逐渐影响了整个团队，“永不放弃”就是他们团队的信条，这也许就是他们能绝处逢生那么多次的原因吧。

盛佳瑞非常注重团队的建设。他觉得创业至今，取得成功的最关键因素在于团队——所有人都一心一意想把这件事情做好，在最黑暗的时候，大家不离不弃，拼尽全力。为了加强团队建设，增强团队凝聚力，公司每周组织大家一起去健身房锻炼三次，这个活动他们已经坚持了一年了。盛佳瑞开玩笑说：“颜值不敢说，我们团队的平均身材在互联网业界应该算是名列前茅了。”

与大多数创业公司一样，盛佳瑞创立的广州小猪网络科技有限公司也曾多次面临资金问题，一度接近资金断裂。他觉得自己之所以能够在一次次危机中撑下来，首先是自有资金支持，其次是团队所有人不离不弃的凝聚力，最后是成千上百万用户的支持。每当快撑不下去的时候，盛佳瑞看着后台的用户反馈和评论，心就暖了，又充满了干劲。

虽然历经艰辛，但盛佳瑞从不后悔走上创业这条路，当被问及最想对学弟学妹们说的话，他这么说：不要在意别人的看法，做自己想做、喜欢做的事情。未来，也许你会受到无数的打击、嘲讽，会面临无数的苦难和痛悔。但真的，做自己喜欢做的事情，真的就够了。不管是创业，还是选择在机关、企事业单位工作以及自由职业甚至做公益，都要坚信自己的选择，并勇敢地向前走。让‘鸡汤’‘喷子’‘人生导师’都滚一边去。愿你能拥有一段无怨无悔的青春，能够和心爱的人，幸福地在一起，能够做自己喜欢的事情。”

目前，想你APP已经拥有450万注册用户，月收入可达数十万元，但盛佳瑞并不自满。“我们离成功还很远，只是得到了一些初步的成果，我的初心是不变的，我就是要做最好的情侣应用。”

美妆“铁”娘子——用生物科技守护女性美丽梦想

——广州万物生健康产业有限公司创始人张铁丹

<<<张铁丹

春暖花开，阳光普照，万物新生，一片绿意盎然。山林之间，百花丛中，身着黄衫的长发少女迈着轻盈欢快的脚步，轻轻地采撷鲜花。那一抹明艳的黄，如翩跹的蝴蝶，与自然万物融为一体，烂漫而美好。走进张铁丹的办公室，映入眼帘的正是这样一幅暖意融融的壁画，让人不禁驻足欣赏，陶醉其中。这幅由张铁丹和她的团队亲手创作的墙壁彩绘，将办公室装扮成了一个温暖而有活力的家，一个全团队共同为之奋斗拼搏的港湾。

张铁丹是华南农业大学食品学院博士，广州万物生健康产业有限公司创始人。她专注于天然活性产物领域，以生物科技的力量专注打造“八无添加”的放心产品，用绿色美妆持续成就女性的美丽梦想。她融合食品科技、生物科技和后发酵工程的知识，推出了“八无添加”的可食用面膜，产品热销国内，推广迅速。

出身草根——坚韧之志上下求索

张铁丹出生在黑龙江一个普通的农民家庭。取名“铁丹”，寓意着父母简单的期盼，只希望这娃能够健健康康地长大就好。在家里环视了一周，所见之处最硬的东西都是平时劳作用的铁工具，如铁锹、铁铲等，因此取一个“铁”字；而母亲则酷爱国花——牡丹，因此取一个“丹”字，或许母亲心存一丝期望，希望这个女儿能够像牡丹一样，“花开时节动京城”。因此，在小的时候，她的被面上绣的都是大红的牡丹，小小的她时常在想，如果哪一天能够像牡丹一样惊艳地绽放，那该多好。

同大多数农村的父母一样，铁丹的父母并没有期待这个孩子将来某一天能够飞黄腾达，更多的只是希望她能像无数的老百姓一样健康幸福地活着。因此，从小父母就告诉她要勤劳，要诚恳待人。同很多武侠小说一样，故事的主人公小的时候很普通，学习成绩一直在班上排名倒数。但她却始终不放弃，一步一个脚印，哪怕每次考试前进一名都能让这个朴实的小女孩高兴许久。她就这样执拗地坚持了10多年。她始终坚信，只要自己不断地努力，一定可以考上理想的大学。但可能是学习能力没有好好发挥，上天也忘了眷顾这个努力的小女孩，她高考时还是落榜了，最终她不得不选择了一所专科学校。但铁丹并没有放弃，她要用自己的努力来证明：只要自己坚持了，就不会错；天道必定酬勤，不论早晚。在大学里，她比以前更加努力。每到周末，周围的同学都出去逛街，她却将别人玩耍的时间花在了在图书馆刻苦学习来提升自己。凭着这样的坚持，她最终通过了专升本的考试，成为班上为数不多的获得学士学位的大学生。后来，她又考上了研究生，最后一直读到博士毕业。她也成了村里唯一的博士。

通常来说，博士一般能够在3～5年内毕业，但张铁丹却因为自己的执拗与坚持将原本可以3年毕业的博士读成了6年，也正是因为这样的坚持，让她看到了不一样的风景。博士论文是每一个博士在求学过程中遇到的最后也是最难的一道坎，可以说是学术路上的“生死劫”。

张铁丹很快就确定了自己的研究方向，并作出了合理推断，接下来只需要做实验以进行验证。但是，无数次的实验之后，一个核心数据结果却始终和推断的结果不一样。在经历了无数次的再试验、再尝试之后，这一难关依然没有突破。导师劝她更换毕业论文的研究方向，以免影响正常毕业。但张铁丹坚信自己的推断是正确的，认为可能是在实验阶段出现了还未发现的问题。执着的她不愿放弃自己的研究课题，不愿意为了毕业而更换课题，坚持要找出实验失败的原因，不辜负自己多年的心血。她凭借着一股坚韧的钻研劲头，攻克这一难关达3年之久。3年里，面对堵塞不通的研究之路，她一点点地挖掘着、探索着，也许永远都挖不通，也许堵塞的背后依然是黑暗，但她心无旁骛、毫不动摇，坚信付出一定会有回报，坚信前方一定有一抹明媚的阳光。终于，在一次基因检测中，她发现自己所研究的是一个全新的乳酸菌菌种，是从未被人发现的新物种，这对于科研工作者而言，是一种莫大的奖赏。3年甘坐学术冷板凳，3年对迷茫未知的执着探索，3年坚持不懈的反复试验，终于有了令人惊喜的回报。张铁丹将这一新物种命名为“中华乳杆菌”，并拥有了这个菌种的所有开发决定权。

路漫漫其修远兮，吾将上下而求索。张铁丹十几年的求学科研之路，道阻且长，坎坷波折，但耿直的她凭着一种刨根问底的求学精神和坚韧不拔的科研精神，终在自己选择的方向，闯出一条宽阔光明的道路。如果人生是一条跑道，很多人会说一定要赢在起跑线，但他们忘记了决定成败的是终点。有人含着金钥匙出生，在起点已经领先了很多，他们一路上的欢呼与荣耀让他们放慢了脚步。而更多的是像张铁丹这样的普通人，一开始就输在了起点，有许多人会选择了放弃，但也有些人会告诉自己：从哪里起跑一点儿都不重要，因为你无法选择。既然已经无法赢在起跑点，那么就要想尽一切办法让自己赢在终点。在人生的跑道上，无论我们的出身如何，只要心存梦想，坚持不懈地为之努力，每个人都会抵达自己的终点。

创业初衷——只为追随时代做孩子的榜样

在生物科技领域十多年的深耕，张铁丹构建了属于自己强大的知识体系，拥有数项专利技术，并发现了新的乳酸菌菌种。凭借着如此优异的学术成绩，她完全可以选择在高校任教，或出国深造，继续在科研领域获得更深的拓展。但十几年的科研经历，让她深知，科研的绝大多数成果仅仅呈现在刊物上、沉睡在书本里。本应该转化为应用，将先进的科技成果转化为生产力，以解决实际生产生活中的难题，实实在在地造福于老百姓。张铁丹说：“作为一名科研工作者，我人生的使命感，是要将科研成果流到老百姓的手中去改变生活，这也是科研的意义所在。如果我们还年轻，还有一些力量，那为什么不去尝试呢？”

残酷的现实让她看清了行业现状，亦找到了进军的行业方向。近年来，荧光剂事件、激素滥用、铅汞超标、乙醇超标、矿物油等化妆品的安全问题层出不穷，各种“美丽”的伤害几乎每天都在发生。女性使用化妆品是为了追求美丽、满足爱美之心，但却因此带来了代谢失衡、皮肤敏感等问题，健康的基本诉求得不到满足。爱美是人的天性，可是美丽背后的代价却如此沉痛。这也让爱美的张铁丹忧心忡忡。

张铁丹在博士深造期间的研究方向是微生物代谢的天然活性产物的研发与应用，这个技术原本是要应用于食品领域，以提高食品安全等级的。自从食品安全问题频发之后，群众对食品安全的问题已经有了较为深入的认识，国家也已出台很多标准来规范整个食品行业，其市场趋于饱和。而同样是添加剂横行的美妆行业，问题却日益严峻，亟待解决。于是，铁丹瞄准了美妆行业的市场空白，通过理性的选择和慎重的考虑，确定了自己闯荡的方向。

家庭是张铁丹不断为之奋斗的精神源泉与寄托。当谈论到家庭，她的眼里折射着爱与期望的无限光芒。张铁丹在读研期间与爱人结缘，并成家生子。在她为创业而犹疑不决的时候，正值儿子快速成长的时期，开始对社会、历史产生感知和兴趣。历史的潮流浩浩荡荡，有的人是旁观者，有的人是参与者，有的人是先行者。

张铁丹

为了给自己的子孙后代树立一个身边的榜样，张铁丹勇敢地选择当一个践行者，无论成败，至少有回忆、有故事，不负时代，不负将来。张铁丹说："我想，我们这个时代最著名的事情就是创业。我想用自己的实际行动将创业精神传承下去，我希望我的孩子有一个很好的榜样，我希望我的父母在将来谈论到我的时候有一种自豪感，我也希望在这个时代留下一点点的痕迹、一点点的声音，代表这个时代有梦想的、有能力的年轻女性。或许在将来回首的时候，可能还很励志吧。"

张铁丹敢于在时代的潮流中奋勇搏击，留下自己的足迹，是基于为人母的爱与使命感，于子孙后代而言，不止于言传，更是身教。她从父辈处继承了勤劳与诚恳，将来也将传承给儿孙敢闯敢拼、宠辱不惊的当代创业精神，薪火相传，生生不息。

张铁丹走上布满荆棘的创业之路，不仅有着家庭作为强有力后盾，更有时代机遇为其开荒扩土、保驾护航。

在张铁丹临近毕业时，正值国家倡导"大众创业、万众创新"，正是创新创业的浪潮兴起的时期。国家给予了政策上的支持，学校给予了场地、技术和资源上的帮助，还有社会上的天使投资人、种子轮投资人、孵化器等，这些配套的各种资源，给予了当代创业者一站式的服务与帮助。最好的时代和机遇，成了鼓励张铁丹追逐梦想的最后一股推动力。一个关于守护美丽的神圣梦想，即将扬帆起航。

科技创新——只因坚持遇见最美的风景

当前的美妆行业是一个技术门槛较低的行业，因此容易出现各种安全问题。而张铁丹的团队致力于守护健康美丽，渴望通过提高美妆行业的技术门槛，来避免低质低价的问题产品继续在市场上霸道横行。在研发过程中，张铁丹的团队偶然找到了灵感的触发点——小分子肽类。张铁丹表示："小分子肽是可以被人体直接吸收的，它不是化学添加剂，对人体极其安全。像这些技术，在食品或者生物界，是被大家广泛认可和使用的，不过在护肤品领域却是个空白。"

生物科技制造的护肤品事实上应该是国际前沿热点，但因研发投入大、材料成本高，而目前化学试剂与植物提取物在美妆行业已运用成熟，因此市面上基本都是植物型的产品居多。通过调研发现，整个护肤品行业，没有一家敢宣称自己是微生态护肤品，即使有一两个成分也仅是一个噱头。

为了填补这个领域的空白，张铁丹带领整个万物生团队大胆地进行了一回尝试。就天然产物的方向，运用团队的科研成果，在不断的试验下，研发了一款安全性极高的、可以达到食用级别的面膜产品。初次尝试用这些活性物质替代传统的化学添加剂来制造护肤品的结果是，发现微生态活性物质不仅能够完全替代传统的化学添加剂，而且经测试，这些活性物质调理肌肤微生态平衡的效果非常出色，由此，“八无添加”的万颜面膜应运而生。

张铁丹认为，她要做就得做一款真正让人放心的护肤品，让爱美的人没有后顾之忧。所谓“八无添加”，就是以食品+生物科技的方法，研制出真正无荧光剂、无激素、无乙醇、无铅汞、无人工合成香精、无矿物油、无人工合成色素、无尼泊金酯类防腐剂的微生态护肤品。该面膜效果明显，安全性极高，就连面膜中的膜布，都用茶树提取物浸泡过，含有草珊瑚提取物落新妇苷，具有抑菌和抗氧化的功能。这种细腻而专注的态度，不就是在用科研的匠心打磨产品，用实际的行动守护美丽吗？

梦想集结号——一支有理想有信念的团队

万物生的团队成员是以张铁丹为核心创始人的优秀团队，有原著名外企的工作经验成熟的职员，也有初出学校的新鲜血液。张铁丹在初创团队时，非常注重察看成员的价值观与公司理念是否相契合、自我实现的目标与公司的价值实现是否相吻合。相对有保障的生活条件和创新创业的发展浪潮，不仅仅激发了张铁丹的创业热情，更唤醒了这群人骨子里沉默多年的梦想与执着，激发他们挣脱束缚、解放自我，敢于追求个性主张和自由表达，实现自己的理想抱负。在张铁丹的号召下，他们陆陆续续加入了万物生的温暖大家庭。一群有着共同理想的、志同道合的年轻人迅速融合，于是，一支信念至上、凝聚力超强的团队诞生了。

俗话说，万事开头难。一支初创团队想要迈入市场，占据一席之地，总要经历一些波折和坎坷。万物生推出的是高科技含量的护肤品，从新技术的不断试验，到产品包装的不断打样，无处不需要大量的资金投入。

不积跬步，无以至千里；不积小流，无以成江海。团队所有成员任劳任怨的付出和不计得失的投入，只为打磨最完美的、最契合市场需求的产品。在产品上市前夕，工资几乎都发不出来，但是团队成员自愿工资减半，把钱都投入到产品上。每一位团队成员将公司的事情都当作是自己的事情，将公司的目标当成是自己的目标，将公司的发展与自己个人的发展紧紧联系在一起。每一位团队成员都抱着这样一份与公司共命运、同发展的坚定信念，认可并持续支持公司发展的每一步。正是因为这样一种无论在什么条件下都坚决不动摇的集体信念，使万物生即使在资金艰难的时期，依然坚持研发、推出新品，有着蓬勃的朝气、生命力和爆发力。

当第一代的产品做出来的时候，张铁丹和她的团队感受到了一种无法溢于言表的激动。虽然还未上市，但莫名的自信与满足在所有人的心中澎湃。像是团队共同孕育的一个新生命，它的“降生”让团队的心血和期望得到了最完满的实现，如同母亲对新生儿无条件的喜爱与骄傲；又像一个懵懂小儿悉心照料种下的种子，日日记挂，望眼欲穿，终于盼到那嫩绿的小芽在某一天倏地出现在黝黑的土壤上，惊喜地欢呼雀跃。

终于，守得云开见月明，团队心往一处想、劲往一处使的付出终于有了喜人的回报。第一代的产品成功上市，获得了出乎意料的积极反响，消费者好评如潮。匠心营造的产品换来了客户的信任与感激。张铁丹和我们分享了很多她和客户之间有趣的小故事。一天，一个会员发来一张图片和一个红包，说自己年轻了好几岁，要跟张铁丹分享这种喜悦。甚至有客户的丈夫发来“奖励红包”，赞赏万颜产品健康又平价，以表达自己对张铁丹的感激之情。此外，张铁丹还收到过客户寄过来的花生、黑豆、老姜等朴实而又情谊深厚的礼物。这些互动让她觉得特别温暖且满足。客户们并不是把她当作卖家，而是当成朋友，一个可以信赖的朋友。这个定位，可值千金。

看来，这个“新生儿”不仅仅被家人们所宠爱，更受到了消费者真心的喜爱和追捧，成了护肤品市场炙手可热的新星。在张铁丹的眼中，他们卖的不仅仅是面膜，更是全团队的心血结晶，是全团队的坚定信念和共同理想缔造了万颜的第一代产品。

除了核心创业团队，张铁丹认为她的成功离不开背后许多机构和老朋友的支持与帮助。万物生得到了华南农业大学食品学院生物炼制实验室、生物质能研究所、天然产物研发中心许多无偿的帮助。张铁丹感激地说：“它们是产品创新的重要载体，也是万物生的立业之本。”

“赢在广州”——为梦想插上高飞的翅膀

2015年9月，在学校的推荐下，张铁丹率领万物生团队参加了“赢在广州”创业比赛。此时，他们刚刚推出了第一代的产品。一开始，他们只是抱着赢比赛、拿奖金的功利心态去参加的。但在比赛的大环境影响下，在夜以继日备赛的过程中，团队的每一个成员各司其职、竭尽所能，将自己的工作做得尽善尽美。从市场空白到产品技术，再到营销模式，甚至细微到产品包装，团队成员不放过任何细节，不断地探讨，以精益求精的态度不断追求卓越。同时，比赛的大平台就像是一个加速器，让全团队在共同探索的过程中迅速成长，1+1>2的团队凝聚力空前强盛。不知不觉中，参赛的初衷已悄然发生了改变，不再限于结果，而是共同享受这一个成长成熟的过程，如同新生儿的庄重洗礼，预示着这个初创的团队将会迈着愈加稳健的步伐越走越远。

“赢在广州”是万物生团队参加的第一个比赛。从校内初赛到复赛，再到最后的决赛，在过关斩将的路上，伙伴的鼓励、对手的激励、评委的指导，使得万物生团队迅速成长，项目凝练得更加成熟，未来的方向也变得更加清晰。当谈到“赢在广州”的影响，张铁丹感慨万分。尽管比赛已过去两年，但是比赛的种种情形仍历历在目，评委犀利到位的点评犹在耳畔。张铁丹感激地说：“那次的比赛经历让我清晰地认识到了品牌核心，深刻反思了产品的营销模式，专家评委的点评和建议我到现在仍铭记于心，这两年不断地思考并优化，给予了公司实质性的推动作用，这是我参加比赛最有价值的收获。”

无疑，这样一个集众多资源于一体的大平台，为一个个稚嫩的梦想插上了矫健的翅膀，让无数的像万物生这样的优秀团队发掘了自己未来的无限可能，发现了更好的自己，描绘了更加清晰宏伟的发展蓝图。

坚韧似铁，丹心若水

张铁丹草根出身，她深知读书是改变命运的唯一途径，唯有坚韧与勤奋才是达成目标的正道。木心先生在《从前慢》里说：“大家诚诚恳恳，说一句，是一句。”正如张铁丹的历程，踏踏实实，做一件，是一件。从大专到本科，再到硕士、博士，一步一步，踏踏实实，稳稳当当，她凭着一股沉着而坚韧的志气，从东北小镇一路打拼到大都市。在读博期间，研究之路堵塞不通，但她没有选择退缩、另择它路，而是坚定地相信自己的选择，“一根筋”地执着钻研，毫不动摇，誓要突破难关。为了那“一念执着”，她硬是把3年的博士读成了6年。一路走来，经验告诉她，成功没有捷径可走，凡事不可投机取巧，唯有一步一个脚印，勤勤恳恳，踏踏实实，才能看到未来的曙光。

创业至今，万物生快速发展，成了华南地区绿色美妆的翘楚。但张铁丹不急于扩大市场，而是聚焦于现有市场，不断优化产品、稳定市场。她常说，不急，慢慢来。她身先士卒，走在美妆行业科技变革的前列，在创业激流中不随波逐流，坚持自己的节奏，纵然缓慢，步步向前，每一步，都是矢志不移的决心。人生为棋，以钢铁为志，她必定是能够杀到帅府的卒！

大概与她爽直的天性有关，张铁丹不计较于名利，她既敢为行业变革的先行者，亦甘为行业发展的奠基者。

万物生所倡导的绿色美妆，以生物科技为内核，走在了美妆行业的科技前沿，产品的成功上市引发了美妆行业的高科技变革。然而，作为先行者，张铁丹不执着于将万物生发展壮大、独占鳌头，而是致力于与更多志同道合的同行合作、共享，共同推动美妆行业朝着绿色健康的方向发展。如此，纵然为他人做嫁衣，亦深感欣慰。如同一位伟大而又豁达的母亲，倾尽心血抚育孩子长大成人，纵使孩子不能陪伴左右，唯愿他展翅高飞。透过张铁丹满足而欣慰的神情，仿佛看到了她那颗柔软似水的心，宁静豁然，淡泊名利，不求富贵显达，唯愿万千容颜，芳华依然。

铁丹其人，人如其名，坚韧似铁，丹心若水。她，遵循和谐自然之道，坚定守护万千容颜的美丽之源；借助生物科技之力，专注打造“八无添加”的放心产品；独具绿色美妆之匠心，持续成就天下女性的美丽梦想。

不念过往，不畏将来

当第一代产品上市，面对出乎意料的好评如潮，张铁丹自然是欣喜万分的，被广泛认可的自豪感亦油然而生，如同自己的孩子受到了满满的喜爱和赞许。这寓意着先进的生物科技成功应用于化妆品，绿色美妆被赋予了新的定义与无穷魅力，可以说，张铁丹的最初使命已经达成。

但是，当短暂的喜悦褪去，面对客户越来越多的好评和反馈，张铁丹慢慢意识到了肩上的责任，一种与赞赏相伴、与期待并存的责任，一种践行、守护诺言的责任。浮华散去，思绪沉淀，张铁丹开始深刻地思考未来的道路：我还能做什么？万颜产品的作用什么？还能给客户带来什么？成功上市只是一个好的开端，如同万里长征第一步，万物生这艘小船当下只是初入商海，如同懵懵懂懂的新生幼儿。在张铁丹看来，所谓创业者的责任，并不仅仅是做出产品，给予企业生命，更要赋予它光荣的使命。浮华是短暂的，只有明确肩上的使命感，才能坚定地长久地走下去。张铁丹说：“我们给予了万物生生命，赋予了它技术、想法、概念。但这远远不够，它需要去完成它的使命，推动美妆行业无添加的发展，催化美妆行业向高科技方向的蜕变。”如同一位母亲，给予生命只是万物之本源，培养与教育才是爱与责任的使命担当。让产品每一天都比前一天更优秀，每一天都比前一天离客户更近，潜移默化地将自己的使命与价值观传播给更多的人，这，就是万物生的使命所在。

不忘初心，方得始终。面对成功，张铁丹深知，只有放下过去的荣光，不被成功的冠冕所负累，才能不故步自封，时刻铭记初心，时刻保持轻松上阵的最佳状态。永远年轻，永远踌躇满志，永远在路上。

初心易得，始终难守。面对瞬息万变的时代发展，张铁丹从不心生胆怯，坚定而从容。她常说：“不急，慢慢来。”正如电影《摔跤吧！爸爸》中，父亲训练女儿时告诫她：“沉住气，要让你的对手先着急起来，等她露出破绽，你的机会就来了。”自信如她，始终相信，只要走好当下的每一步，未来的一切，虚左以待，终将如期而至。

带着农民去创业

——迅睿网络科技有限公司创始人尹然平

《《《 **尹然平**

尹然平毕业于华南农业大学，是广州迅睿网络科技有限公司创始人。在“赢在广州”第三届大学生创业大赛中，其领衔的团队凭借“带着农民去创业——构建可溯源优质粮油电子商务链”项目征服了各位评委，夺得一等奖。

社交能人，积累资源

尹然平说得上是一个“十项全能”的人，兴趣爱好十分广泛。喜欢打球、旅游、摄影的他，总是喜欢挑战自己，不断丰富自己的人生维度，勇于尝试不一样的事物，愿意给自己多一些不同的经历，充实自己的生活阅历。

2007—2011年间，尹然平就读于华南农业大学电子信息专业，在本科的时候就是华农的学生会主席。2009年华农百年校庆之时，尹然平和几个师兄弟组建了小团队，自己制作了一套百年校庆明信片在校园里售卖，仅一天就挣得了2万多元！这让尹然平感受到了巨大的成就感，也让他明白创业非常锻炼人的综合能力，他能从创业中成就自己。创业的种子就此在他的心中悄然埋下……

性格沉稳的尹然平本想毕业后考取公务员，走上从政之路。因此，在本科毕业获得工科学位

尹然平团队参加“赢在广州”总决赛

后，为工作积累经验，并为了此后继续攻读华南农业大学企业管理专业研究生，他留校担任经济管理学院的辅导员。华南农业大学的校园氛围对他影响颇深，时刻提醒他要坚持不懈、勇于创新、敢于拼搏，面对困难坦然处之；也许折腾和尝试是深入到尹然平骨子里的那股劲。爱折腾的尹然平发现自己终究是闲不下来的，两年的辅导员生涯让他觉得这种生活太过于安逸舒服，并不是他的理想状态。在读研究生时，各种创业比赛涌入尹然平的视野，实现自己创业的梦想似乎并不遥远！就这样，尹然平的创业梦发芽了，他终于决定，要创业，要自己当老板！他确信，创业这条在外人看起来崎岖不好走的路才是自己所向往的，或许他天生就是一个不甘平庸的人吧，不甘于在平稳的行政路中走完一生，渴望在自己的生活中留下浓墨重彩的笔触。

约翰·多来登曾说过：“事业有成，且别以为是‘命运’之神为你带来的。‘命运’之神本身没有这个力量，而是被‘辨别’之神支配的。”尹然平就是一个被“辨别之神”宠幸的人，他懂得抓住机遇，适时发展自己。从班级学生干部到学生会主席，尹然平服务了他人的同时，也不忘在过程中不断发展自己。担任学生干部的经历给了尹然平许多帮助：他学会了如何进行组织管理，合理进行人员安排；学会了如何为人处事，处理好与上下级之间的关系；也学会了如何开展工作，发挥组织的工作效率。另外，担任华农学生会主席、广东省学生联合会副主席、学院辅导员的经历，让尹然平善于把握机会，积累了许多资源。这些资源往往并不起眼，许多人会选择无视，但尹然平看见了，果断地把握住了这些机会。在这期间他认识了不少团省委的领导干部，这一大笔人脉资源，给他的创业带来许多机遇与建议。成功总是留给有准备的人，在创业前的种种知识、人脉、技能的积累，给尹然平创业生涯的开始铺平了道路。

把握机遇，曲折前行

人这一生都将在考验中度过。一个取得成功的人必定是身经百战的，也必会经历各种各样刁钻刻薄的考验，它是一种煎熬、一种意志的磨炼。没有人天生就是一个成功者。“成功”并不是天生的，而是创造的，在创造的过程中需要经过重重的考验。而尹然平，便是在这种种的磨炼中不断锻炼自己、把握机遇、一往无前。

改变人生的决定，往往是在不经意间做下的。2014年，是尹然平研究生学习的第一年，除了学业以外，爱折腾的尹然平想着要做些什么别的事情来充实一下研究生生活。恰好这一年是创业的元年，国家号召“大众创业、万众创新”，尹然平因此接触到了大量的创业信息，同时在“挑战杯”的召唤下，尹然平决定和好友们一起参加比赛，锻炼自己。随后，他组建了团队，注册了公司，正式开启了自己创业的征程。在“工商结合”的专业背景下，尹然平决定做网站开发业务。凭借自己的能力以及好的人脉，尹然平在学校信息学院找了一些懂开发会编程的师弟，再加上此前当学生会主席的时候认识的学生组织里面负责技术开发的小伙伴，自此走上了创业之路。当时，尹然平做了一件现在很多学生想做的事情：校园周边电商C2C。那个时候，整个互联网还属于PC时代。尹然平把握住了机遇，注册了域名，购买了服务器，把一个叫“校酷网”的商城整合上线，希望以此来分淘宝的蛋糕。因为还在读研究生，尹然平常常要熬夜写论文、做项目、准备比赛，一天只休息五个小时是常有的事，不服输的劲儿也用到了和熬夜状态的对抗上：“坑爹的状态，我就不信我赢不了你，今晚干通宵也要把初稿弄出来。”

“学习，需要内心平静的状态。工作，却是一个思维跳跃的过程。一天中需要在两者之间多次切换，确实是一个挺大的考验。但多年后我会感谢自己现在的坚持。我想看看自己到底能去到哪儿。”尹然平如是说。他也终于通过自己的努力，带领团队用竞价排名、广告位、购物抽佣等各种方法，达到了最高峰时线上有52个活跃的入驻商户，平均日下单量50多单的好成绩。

可惜好景不长，尹然平团队每参加一次比赛就被评委打击一次，那时还没有O2O的概念，多数评委认为“校园周边”蛋糕不大、想象空间不多，加之有淘宝这座大山在前面挡着，是块红海。然而，不服输的尹然平并没有因此而灰心丧气，他没有沉溺在一时的失意中，而是迅速调整自己，找到了新的发展机遇。在比赛时有评委建议尹然平团队应聚焦到农产品领域而非校园周边，尹然平并没有把评委的建议当作耳旁风，反而深受启发。其后团队在大量调研中发现，现下很多农村拥有质量优良的农产品，但缺少销售渠道，且近两年媒体曝光了很多食品安全问题，大众对食品品质的要求日益提高，同时作为华农的学生，各种农业资源也更易获得。因此尹然平敏锐地意识到做校园周边不如改做农产品电商的前景大，果断带领团队改变发展方向，做起了农产品电商平台。

说干就干，尹然平团队看到了商机，决定将想法付诸实践，把产品做成农业类的垂直电商平台。尹然平提出了一个响亮的口号“带着农民去创业”，打算做一个可溯源的农产品电商体系。正是因为这个口号的正能量和团队的努力，尹然平团队在随后参加的各路比赛中所向披靡，成功地拿到了第三届“赢在广州”全场第一名、全国“挑战杯”金奖以及各类创业大赛的桂冠。荣誉之外，他们还拿到了很多创业补贴和各路风投的橄榄枝。凯旋后，尹然平开始参加各种高校和创业圈的宣讲活动，《中国青年报》《南方日报》和广东卫视、南方卫视等媒体也一路报道。当时有一篇报道在短短几天内点击量超过10万。“90后创业者”“农村电商带头人”“在校生创业”“省委书记接见”“前学联副主席”“校学生会主席”……尹然平身上被贴上了各种标签，一时间，他成了创业英雄。

然而只有尹然平自己知道，他接受采访的时间多了，真正花在创业项目上的时间却少了。名誉、赞誉蜂拥而至，但尹然平内心面对的考验却是前所未有的大。他意识到了，真正能获得成功的人，不会被面前小小的成就迷惑。他确实迷茫过，但始终不忘自己创业的本质，那就是有盈利地解决客户需求。盈利与满足客户需求并不矛盾。要把平台做得更好，就需要不断鞭策自己。不忘初心，方得始终。创业亦是如此，要有最朴素的生活与最遥远的梦想。尹然平带领着团队继续砥砺前行，即使明日天寒地冻，路远马亡。

克服困难，扬帆远航

成功并不是件易事，只有经得起考验的人才会成功。然而，考验是一场命运的赌博，一场自己与自己的赌博。如果成功，证明了自己的智慧；如果失败，证明了自己的能力。尹然平是一个“不怕输”的人，他把创业路上的困难艰辛当作是自己通往成功的垫脚石，不断挑战自己、迎难而上。

理想是丰满的，但是现实是骨感的。在比赛过后，尹然平团队中的小伙伴有的升学、有的工作、有的出国，团队成员走的走、散的散，只留下一群慕名而来的实习生，而真正打理项目的人已经寥寥无几。看着网络上各种吹出来的融资额和运营业绩，尹然平开始心虚，可是自尊心又迫使他坚持，继续编织出一个五彩斑斓的外表和成功人士的形象。现金流的短缺、运营经验的匮乏、仓储物流的短板、选材选品的失误，再加上融资的拉锯战，各种问题接踵而至。他开始走上了创业的马拉松，项目一直进展缓慢。他放弃了公务员、留校或高薪岗位的机会，选择了一条看似风光实际却荆棘满布的创业路。看着身边工作的同学买车的买车、买房的买房，在即将毕业之际，尹然平焦虑过、也犹豫过。

从事农业电商，总免不了要与农民往来。刚开始接触农民时，尹然平四处碰壁。农民知识水平较低，对新事物接受较难，且当时尹然平等人也只是大学生，农民们觉得尹然平团队对他们没有很大的帮助，因此他吃了不少闭门羹。一次，尹然平团队踌躇满志来到河源义都，准备给农民培训电子商务。“那天刚好下着雨，我们扛着投影仪，提着电脑，冒着雨去到当地一个破旧的课室，本来说好有40多人会来，最后就只来了10多个人，甚至还有人以为我们是搞传销的。”不断被农民们怀疑、质问，尹然平开始怀疑自己。但被拒绝多了，尹然平也慢慢摸清了门道。他知道“万事开头难”，想让习惯传统摆摊卖货的农民接受电子商务的运营方式，难度相当大。但他们不断摸索，终于找到了方法。通过驻村干部和地方合作社的帮忙，说服村委会等在农村较有话语权的组织，让他们说服农民来参加他们的培训，在培训时用PPT等多媒体对他们进行宣传。就这样，逐渐有合作社开始加盟平台，项目开始有了起色。尹然平团队也不断通过比赛宣传扩大知名度，一个农户加入了、赚钱了，就会吸引其他农户慢慢加入进来。一步一步，尹然平终于获得了农民的信任。

每个企业都经历过瓶颈期，尹然平的迅睿网络也不例外。在资金上，最困难的时候是在2015年9月。当时尹然平团队向国企融资，但国企批资金的进程比尹然平预想中的还要慢得多，原本以为九月份能批下来的资金竟然十一月才批下来。因为预估错误，尹然平在六月份时就已经把所有的资金投入到了公司规模的拓展上。因此，九月到十二月这三个月可以算得上是尹然平创业路上最难熬的三个月，东拼西凑了八万元维持了公司的艰难运营才熬过了。在选品上，由于没有做好市场调查和资金短缺，创业前期，尹然平基本上是把能合作的产品都推送上架，于是就有了98元一斤的山东樱桃、23元1斤的从化荔枝、28元一斤的河源龙眼，给消费者造成了一种性价比不高的感觉。而且水果及农产品等很容易在运输过程中变质，客户买过一次后就基本上流失了。清远的一点红番薯事件就是一次惨痛的教训：为解清远石湖村一点红番薯滞销之难，尹然平决定在平台上帮助石湖村农民销售番薯。然而没想到的是，在平台上发出的番薯竟然发霉、有虫洞等。这次失败的营销差点让尹然平赔光了积累许久的信用。看着一箱箱霉变的番薯和如雪片飞来的投诉，尹然平承受了巨大的心理压力，也深深慨叹农业创业的不易。

常言道，失败乃成功之母。只有从失败中吸取教训才能累积取得成功的经验。失败不可怕，可怕是轻而易举的成功，没经过考验和失败的成功如一张空头支票。只要不懈努力、不放弃，总有一天会拥抱成功。尹然平对自己的公司始终抱有信心，因为他认为每个人成功的标准是不同的，而他的标准就是成功的状态。尹然平喜欢的状态就是不断面临新的挑战，又不断去克服。而创业恰恰给了他实现自己成功状态的环境。虽然有许多困难，但尹然平总会不断寻找方法去解决，而不是停滞不前，任由自己被失败击倒。

以梦为马，风雨兼程

我们都应该要有坚定不移的信念、固若金汤的意志，一生只为一个目标、一件事而奋斗，风雨中不畏惧，困难前不低头，失败后不消沉，做一个敢担当，敢拼搏，勇于创新，勇于接受的佼佼者。尹然平认定了自己的创业方向后，坚持不懈，遇到困难从不放弃，终于走过寒冬，迎来了自己创业的春天。

2016年，毕业典礼上当校长亲手帮他拨过流苏的那一刻，尹然平深深地感觉到自己肩上的责任。“作为学生，可以给失败找出很多的借口，一旦毕业，就不能再是小打小闹，团队8个全职员工的工资需要我开，项目下一轮的资金需要我去考虑，我做的任何一个错误决策，都有可能导致整个项目解体。”尹然平深感责任的重大，为了自己、为了团队，他不断地以更高的标准要求自己。

尹然平对团队进行了无数次的淘汰、重组，慢慢地把一群有梦想的年轻人聚集到一起。两个月来，运营部的同事夜以继日，研究方案，在做了11次试验之后，产品终于上线。他们把种植在1000米海拔的天堂姜作为原材料，辅以黑糖、大枣、枸杞和冬瓜，做成了加工品，在短短的2个月内卖出了近3000瓶，各个投放平台的销量持续上升。用事实来验证，通过单品引爆，打通源头产品到延伸品的路线是对的。另外，团队与佳鲜农庄、祈福新村、高德汇、汇景新城等线下商铺或小区合作，逐步铺开自己运营的产品，同时不断开发属于自己品牌的加工品。通过元宵、端午、中秋、春节等传统节日，在农产品礼包上发力，将各种单品通过礼包从B端达到C端用户。同时释放了一批期权给团队，激发团队的活力。随着产品、运营、市场几大环节的不断优化，业绩的稳步上升，尹然平及其团队远方的路似乎也日渐清晰。

就像马云说的：“今天很残酷，明天很残酷，后天很美好，但大多数人都死在了明天晚上，所以我们干什么都要坚持。”做任何事都不会是一帆风顺的。尹然平在自己的创业过程中深深体会到大学生有四方面欠缺：缺钱、缺经验、缺资源、缺竞争力。但谈及创业，尹然平认为更应该关注的点，是创业者自我成长的过程。因为创业是需要试错、需要迭代的，创业者应该通过一些创业项目让自己更快地接触到外面的市场，更加深入地理解商业的本质。首先，创业者要认识到创业是一个长期的过程。在刚开始创业时，创业者的认知、积累、资源、技能等都很缺乏，因此要认识到创业前期是一个积累的过程，这时候的成功或失败都不算什么，要及时摆正心态、锻炼自我、巩固团队。其次，要掌握快速学习的技能。创业领导者要涉猎方方面面的知识，如财务、管理、市场营销等，要懂得形成企业的核心竞争力，形成专长互补的团队，这样才能使公司立于不败之地。最后，尹然平提到了他的座右铭：既然选择了远方，便只顾风雨兼程。你的经历都在为你的成功铺路，挫折是必经的，不要惧怕困难失败。要在挫折中沉淀自己，才能实现蜕变。“既然喜欢，那就坚持，就不要轻言放弃。”

从赢在产品到赢在管理

——嘉树电子商务创始人吴宇君

<<< 吴宇君

既然选择了远方，便只顾风雨兼程！2012年，吴宇君从中山大学毕业，将在校期间一直开着的小小的手表淘宝店铺，创办成广州嘉树电子商务有限公司，正式以规模化运行，在广州大学城数字家庭基地租了办公室，注册了自己的品牌，开起了天猫店铺，和所有的淘宝卖家一样从零起步，逐渐发展。在“赢在广州”第四届大学生创业大赛中，其领衔的团队凭借智能手表项目征服了各位评委，夺得社会组三等奖。

初入中大，那个梦开始的地方

是金子，总会发光；是玫瑰，总会芳香。吴宇君出身梅州农村，该村子比较落后，老一辈人基本以做农活为生，父母都是朴实的村里人。吴宇君的父母对她的要求并不高，只求她平安健康，生活与事业安稳便好，从不奢求她能飞黄腾达、出类拔萃。然“恐蛟龙得云雨，终非池中物也”。作为客家人，吴宇君血液里流淌着客家人勤奋的基因，她喜欢折腾，也喜欢变化，并不安于一辈子待在小地方庸庸碌碌地度过自己的一生。吴宇君是一个对知识充满渴求的人，从小就很喜欢天文、地理和历史。因幼时家里并不宽裕，为了买书、买天文望远镜以满足自己的求知欲望和探索心理，吴宇君小小年纪便懂得要努力赚钱，以支持自己去探索未知的世界。

家庭的贫穷与父母思想的保守，反倒激发了吴宇君与其相反对抗的一面：父母越不让她去外面赚钱，吴宇君就越想去认识未知，越想去研究大千世界。也许是上天眷顾，也许是她一直在潜意识里默默激励自己要到外面的世界去看看，思维敏感和记忆力超群的吴宇君，从小学习成绩就特别好。吴宇君在学习上一路顺风顺水，过五关，斩六将，考上了当地最好的高中，高考也取得了优异的成绩，顺利考入了中山大学。

中山大学良好的学习氛围与周围优秀的同学、学长、老师，在吴宇君成长的关键时刻给了她非常重要的影响。上大学后，吴宇君发现身边的人不像她老家的人一样思想保守、落后，这里的每一个人都非常积极、非常优秀且思维敏捷。中山大学的这种氛围让吴宇君看到了：只要努力，就能得到回报。于是，“不安分”的吴宇君开始思索自己大学生活的下一步要怎么走，要如何在大学校园中做出些不一样的事情？当时吴宇君发现学校里很多同学在网上大量购物，她敏锐地察觉到这将会是一个非常好的商机。因此她做出决定，要开一家淘宝店，做时代的“弄潮儿”！然而，开淘宝店要卖什么呢？吴宇君陷入了深思。恰好这时吴宇君的老师托她上淘宝代拍手表。吴宇君在网上买了一只150元的手表后，却在批发市场看到这只手表的批发价是100元。想到那个卖家卖出一只手表就能净赚50元，一只手表的利润就够她买两本书了，吴宇君感到惊讶又惊喜。于是吴宇君下定决心去尝试在淘宝上卖手表。终于在大二的时候，她正式投身淘宝开店，一边在校学习上课，一边开淘宝店卖手表。吴宇君本以为开淘宝店卖个东西应该是不难的，但经营了一段时间后她却发现，货也进了，店也开了，居然没有生意。喜欢钻研的吴宇君疑惑：“这淘宝的生意要怎么做呢？”她开始尝试淘宝的各种营销工具：她利用淘宝推出的“直通车”工具，即现在的竞价排名来吸引消费者眼球。这一下就产生了不错的效果，广告一开就有了生意，但吴宇君一算账却还是亏，盈利的问题还是没解决。她没有退缩，她继续研究销售策略，最终选择避开销售高峰期，通过差异化营销的方式终于使产品卖开了，而且是低成本、高利润地将商品销售了出去。后来她的淘宝店做到了每天销售额4千元，利润能达到1500元的标准，真正开始盈利赚钱了！

淘宝店慢慢做大，也正是这个时候，吴宇君决定自建品牌，将大部分的盈利投入再生产！吴宇君告别小作坊的卖货郎角色，正式注册公司，大力开展团队建设。吴宇君召集了不少伙伴与她一同创业，他们主要来自于学校、社团和社会活动认识的同学。因为中山大学的同学都非常优秀，当自己的创业起步后，吴宇君通过校友关系非常容易吸引到与她志同道合的人加入团队。吴宇君一直说，一个人的出身不重要，但是大学阶段的校友关系资源却是相当重要的。物以类聚，人以群分。吴宇君意识到人才是吸引过来的，吸引的前提是让这些“大牛们”了解自己过去的发展、现在的实力、未来的希望，还有他们能看得到的薪酬方案等。吴宇君依靠自己的实力和人格魅力不断壮大自己的团队，一步又一步，吴宇君的创业道路越走越宽阔。

遇见红海，传统电商路在何方？

想要成功并不是件易事，只有经得起考验的人才会成功。考验是一场命运的赌博，是一场自己与自己的赌博。2013年和2014年这两年，我国进入了电商大发展的时期，并且在“大众创业、万众创新”政策的支持下，吴宇君公司的手表电商业务如火如荼，发展迅速，势头十分强劲。到了2015年，嘉树电子商务公司的团队人员从大学毕业时候的四个人，发展到了五六十个，仅淘宝天猫平台当年销售额就已经突破了1000万元。

公司的快速发展让吴宇君这个农村出身的小女孩赚得盆满钵满。但这丝毫没有影响她作为创业者的判断力，她始终保持着创业初期的危机感。电商吸引了越来越多的投资家与创业者进入，不少怀揣梦想的青年趋之若鹜，吴宇君意识到这个市场将很快成为竞争的红海。最直观的变化是广告成本不断提高，线上零售价也在不断地降低，商家的利润随之越来越低。虽然销售额增加了很多，但利润反而在不断下降，这让吴宇君和她的团队十分头疼。经过和团队长时间的讨论与调研，吴宇君终于发现了利润降低的症结所在，即产品出了问题。线上产品同质化直接导致了商家相互压价、比价的不良竞争情况出现，如果不解决产品同质化的问题，公司产品迟早被淘汰。

机遇不喜欢懒汉，也不欣赏投机者，要想成功就要有一双善于发现机遇的眼睛。2014年，中国投资市场出现了智能手环这一新兴概念产品，并由小米公司带头，很快就火遍全中国。此时吴宇君敏锐地意识到，可否将智能手环计步和睡眠的概念移植到传统手表当中，解决智能手环外观不佳的问题并以此作为公司的创新点？这一想法很快就得到了团队的认可。说干就干，吴宇君和团队马上安排项目组，作为公司创始人的吴宇君也亲自投入到了这个新项目的开发当中。很快，通过中山大学的校友和同学介绍，吴宇君团队又吸引了一些技术“大牛”。由于手环软件和硬件的模块在深圳市场上已经比较成熟，剩下的与手表内部结构的融合、蓝牙信号的传输成了产品最大的问题。功夫不负有心人，经过三个月的研发，第一代产品最大的问题——即蓝牙信号传输问题终于在无数次的试验后得到了解决。与此同时，吴宇君通过淘宝众筹平台，在2015年5月份产品还未开发出来的情况下，率先实现了一百万的预销售，并且在8月底，吴宇君团队承诺发货日期的最后一天，成功全部发货。

“赢在广州”，初遇企业达摩斯之剑

正是在这一年，吴宇君和团队通过学校的介绍，参加了“赢在广州”的比赛，吴宇君提交的项目正是这个智能指针式手表。由于产品的新颖，加上团队丰富的创业经验，吴宇君和她的团队顺利进入了决赛，并最终拿到了当年“赢在广州”三等奖的好成绩。

正所谓当局者迷，旁观者清。参与比赛不仅能获得荣誉，更能获得前辈、评委们对自己创业项目的指点。吴宇君依然清晰地记得在决赛的时候，评委老师的几个问题，一针见血地点出了吴宇君团队项目的问题所在：

“你们这个产品怎么防止后期竞争对手的抄袭？”

“你觉得你们的核心竞争力是什么？”

“你们是家销售公司还是手表研发公司？”

当时吴宇君并没有过多思考，只是简单地回答：

“我们这个产品注册了很多专利，并已经拿到了三项实用新型专利。专利将会成为我们与竞争对手对抗的武器。”

“我觉得我们的核心竞争力是我们的团队。从大学到现在的这几年发展过程当中，我们团队能一直创新，与时俱进。”

“我们过去是销售公司，专注于网上电商渠道的销售。未来我们将成为产品研发公司，开发出最好的产品，给其他分销商销售。”

吴宇君当时以为这只是比赛时候评委提问的“套路”，没想到的是这些问题真的切中要害，成为后来发展过程中悬在公司头上的“达摩斯之剑”，无数次让吴宇君在梦中“惊醒”，让她开始认真反复思考这三个问题。

比赛结束后，吴宇君很快投入了公司的经营当中，确切地说是她从未停下过脚

团队合影

步。因为商业市场上的竞争才是真正的、最残酷的赛场。成功了功成名就，失败了身败名裂，没有人同情，也没有人记得你曾经的辉煌。2015年下半年，市场如同与创业者们约定好了一般，再次表现出了它残酷的一面。随着吴宇君团队新产品的上市与畅销，越来越多的人开始抄袭吴宇君团队的概念。然而确切地说，竞争对手的行为不算是抄袭，只是当吴宇君有这个想法的时候，很多人也有了这个想法。

这个世界上你所能想到的每一个商业创意，必然有几万人同时想到，有几百个人会去落实，最后又有几十个人会真正出现在市场当中。而这时，你所认为的“创意”也许已经不是创新的。

而吴宇君原本希望可以通过专利保护自己产品的想法，也落了空。经咨询律师，拿到实用新型专利，只意味着专利局的初步认可。但有人侵权时，还需要去专利局申请一个专利评价报告，大概要四个月时间。专利评价报告要同时认定所持专利有新颖性、实用性、创造性，如果缺少其中一点，法庭就不认可你的主张。吴宇君按流程去走，结果法庭判定她的产品没有新颖性。在这番努力后，吴宇君意识到自己不可能再花时间去争取专利保护了，因为即使专利评价报告认可了，同行开发的产品也增加了很多新的功能。随着竞争的加剧，产品在变丰富，差异化也在增加，这已经不是一个专利所能解决的问题了。此时的吴宇君明白，中小企业在中国的市场上，保护自己的唯一方式应该是持续的产品和管理的更新升级，而不是一纸专利。

“商场如战场”，时间比金钱还宝贵，只有不断适应市场才不会被残酷的市场淘汰。淘宝的规则一直在变，在淘宝产品抽检时，吴宇君公司的爆款产品被淘宝删除了，库存积压，工厂上门催款，且由于产品研发耗费了吴宇君大量的时间精力，加上对竞争变化的反应不及时，2016年全年吴宇君公司的销售额大幅度下降，公司开始出现亏损，危机开始浮现……

砥砺前行，破釜沉舟终至彼岸

拿破仑曾说过：“最困难之时，就是离成功不远之日。”市场规则一直在变，吴宇君在销售额大幅度下降后，坚持了几个月。当时的她被压力压得喘不过气，深感创业太累、太辛苦：下着大雨把货送到快递公司，求着快递帮忙把货发出去，因为客人急着要；大热天的挨家跑工厂，希望他们能帮忙生产她的产品，可得到的回应却是“我们不支持网上销售”；年底备货资金紧张，昔日的好友却因为不相信做淘宝是正规生意而拒绝借钱。看着自己从前的同学毕业进入大公司工作，每周休息两天，还享有各种福利，有很多时间可以去旅游、去休息、去享受人生，而自己却还在为生计焦头烂额，吴宇君不止一次有过放弃的念头，但最后她还是坚持了下来。人总是会有一些迷茫的过程，总有自己想要有生活。吴宇君想要的生活是和别人不一样的生活，她渴望过得有激情、有剧情，像电影电视剧里一样每天都是商业大战，并且有成长，有收获。吴宇君和同事想尽各种方法继续把生意做下去，不沉溺在一时的失意当中。

产品并不是吴宇君公司的核心竞争力。“我们的核心竞争力是什么呢？”喜欢探索、钻研的吴宇君开始反复思考。吴宇君意识到产品是会变的，而她的优势不在于研发产品，毕竟吴宇君是靠销售起家的，电商平台的数据分析才是她的强项。市场敏锐度很高的吴宇君终于醒悟，她不应该把优势放在产品研发上。真正优秀的企业家应该要扬长避短，把自己不擅长的研发外包给第三方，最好是拿别人已经研发出来的好产品，由自己来负责销售。销售才是吴宇君公司团队的核心竞争力，应该把公司往销售公司方向发展，而不是产品研发。公司最重要的是要有整合产品与整合社会上优秀产品资源的能力。

要把公司完全转型，这个决定到底是对是错？那天傍晚，吴宇君一个人迷茫地走在大学城江边，晚霞满天，城市的灯火辉煌，告诉她什么是沉重……

第二天吴宇君和团队成员开了一整天的会议，期间团队出现了许多分歧：有的成员认为公司做了研发这么久，已经有了一定的成绩，放弃这一领域会有很大损失；有的成员认为在这个时间点贸然进行战略转型会使公司元气大伤……这些吴宇君都已然考虑到了，正所谓“不破不立”。她分享了自己深思熟虑后得出的公司销售优势的结论，拿出客观的具有说服力的理由，晓之以理，动之以情，最终得到团队认可。公司最终决定战略转型，放弃产品的研发，转向产品的开发，成立产品部门，专门负责寻找市场上优秀的手表和智能手表，然后借助电商平台的优势，进行产品测试，成立销售团队，只卖好的产品。

慢慢的，吴宇君将以前的竞争对手变成了合作伙伴。吴宇君和他们取得联系后，发现曾经的竞争对手面临着和吴宇君当初同样的问题：产品研发投入了大量的时间精力，但销售却迟迟打不开。他们也一直苦于找不到优秀的销售渠道。因此，当吴宇君主动上门的时候，他们非常乐于合作。吴宇君这时意识到，这个社会能成功运转的基础正是由于社会的分工合作。优势互补，才能做强做大，实现双赢。

随着方向的明确，吴宇君像打开了新天地一样，短时间内发现了市场上非常多的新产品，新产品给公司的店铺带来了非常高的成交额，局面开始出现转折。公司的组织架构也随着业务的发展进行了调整，按店铺、按销售，进行人员调动与招聘。

然而创业路上哪有一帆风顺？考验接踵而至，吴宇君公司的发展瓶颈又来了。

销售的业务要发展，首先是销售人才要跟上，最重要的是人才的激励机制要确定下来，否则进了公司，业绩提成、分红不合理，公司做得再好也是在给竞争对手培养人才。2016年到2017年，电子商务已经发展成为一个传统行业，竞争特别激烈，这对公司内部的管理要求提出了更高的标准。

经过上一年的调整，2017年上半年，公司的销售额重新突破2000万元，而这个标准在传统行业当中就是管理的瓶颈。

公司业绩一般，这又令吴宇君陷入了思考漩涡。那一段时间里，她常常给自己找各种外部的原因：不是自己的公司不好，是公司的产品不行抑或是市场不好。然而事实却是，外部市场方面的不利因素对每个竞争对手来说都是公平的。公司遇到的这些问题，别的同行也会遇到，但其他公司为什么就能够做下去呢？

为了突破瓶颈，吴宇君没有停下自己探索的步伐。就在这时，公司的一个新员工给了吴宇君非常大的启示。公司在销售这一环节上聘请了一个刚毕业的学生，这个学生在进入公司时什么事务都不懂。吴宇君本来对这种年轻人没有抱多大的希望，只希望他尽力而为，能做多少是多少。但这个员工非常谦虚、好学，他发现公司的业绩陷入了瓶颈，主动地上网找各种产品进行推广测试，有不懂的地方就自己去学习。最后居然在半年的时间内把他自己操盘运作的店铺和产品做了起来，取得了很好的效果。这时候吴宇君意识到，原来运营推广这些业务也能够通过社会化的渠道招聘人才，再让他们发挥主观能动性去解决市场变化中层出不穷的问题。

再加上与同行对比后，吴宇君发现优秀的公司都有一个共同特点：他们对员工都有非常规范的管理，并且能够汇聚很多的人才。她开始明白：创业初期，公司的大小业务都是几个合伙人事无巨细地一起承担，表面上很充实，但实际上工作效率非常低。几个创始人过去的经验也慢慢地变得不太适合新的行业及大盘的变化和发展，这样对公司未来的发展扩大是无益的。只有专业化的分工才能提高公司的运营效率。只有多招一些员工，让他们用自己专业的知识来承担不同环节的工作，再制定比较好的激励制度，公司的老板才能够真正地解放出来去做一些更高层面，特别是战略层面的决策与行业资源的整合，以提高公司综合实力。

据此吴宇君请了一个专业的管理咨询公司，给她的公司做了诊断，并重新制定了一整套的人才激励方案。由于电商行业的充分饱和，电商创业时代已经过去，这年优秀的职业电商操盘手在人才市场上特别多。吴宇君分配了高达40%的红利给操盘手，高薪聘请了财务经理对电商项目进行精准核算，实现运营自行选品、自主采购、自主销售的项目小组制。人才得到充分的激励，公司整体业绩再次实现翻倍！在各种制度改革的同时，公司的企业文化也慢慢建立。各种规章制度、程序系统及管理工具的引进，才是吴宇君公司能在竞争非常激烈的电商行业存活至今的基石。

“爱人者，人恒爱之。”如果说自己所处的行业不是一个蓝海的行业而是一个竞争激烈的行业，那么想在商战中立于不败之地，靠的就是人才的竞争，而不是产品的竞争。人才竞争的背后涉及到管理、产品、团队组织及产品流程系统各个环节的优化。只有给优秀人才提供好的环境，才能最大限度地发挥人才的作用。此时的吴宇君感觉到公司不是她一个人的电商公司，公司已经成了一群年轻人的公司，而吴宇君在这群年轻人当中扮演了一个平台搭建者的角色。她和几个股东出钱出资源，操盘手则负责出智慧出精力。虽然她分到的钱少了很多，但操盘手的引进以及机制的规范化，让吴宇君慢慢地从具体的业务当中解放出来，从而能站在一个更高更远的角度来评估整个公司长远的运营和发展。

正如孙子所言：“常制不可以待变化，一涂不可以应万方。”互联网时代“变者为王”。吴宇君及其团队一路都在面对着互联网行业的各种“变”。从前的竞争对手现在一家家的倒闭，原因往往就是他们跟不上这个时代的变化。时至今日，每当有人问吴宇君为什么电商竞争这么激烈，而她却能坚持做到现在时，吴宇君的答案便是：“我们每天都在危机的追赶下不敢停步，不断创新，不断变化以适应新的商业环境。”不断求变、不断探索的吴宇君正是因此站在了行业的前列。

大学到现在一路十年的创业历程，吴宇君在市场的起伏中成长。创业之初，以为每一件事情都是和小说及电视剧里的一样，跌宕起伏，动人心弦，但在真正的创业过程中才发现煎熬远多于路上的风景。只有不忘初心，才能得始终。大学的时候一个人做客服打包发货，筚路蓝缕，到今天的一群人研究资源分配科学管理，这所有的一切都是社会给的机遇和资源。未来，吴宇君将用她过去的坎坷所铺就的轨迹，继续带动更多有为年轻人的发展和创业。

云端打印，开启社区智能打印新时代

——“华工合伙人”的云打印创业之路

〈〈〈宅印团队

一场夏雨，洗尽了夏日炎炎，每一抹绿都散发着淡淡清香，华园北区焕然一新。暑期的校园总是有一种静寂之美，林荫小道上只有零星的学生。然而，一支宅印创业团队，在这休闲假日里仍在为梦想而拼搏，为未来而筹谋。

李伟鹏是宅印团队的创始人，负责技术研发，陈卓伟则负责运营管理。两人志趣相投、优势互补，相同的梦想与价值观让两人一拍即合，成为宅印团队的创业合伙人。虽然只是在校的大三学生，但在他们的带领下，宅印团队作为共享行业中最年轻的团队发展迅速。

宅印是以智能校园云打印为切入点，依托移动互联网技术，将打印与云技术有机地结合起来，彻底颠覆传统单一的打印店模式，实现云端上传文件——终端扫码取件的简单打印方式。宅印目前已经在华南理工大学、广东财经大学、广东工业大学、汕头大学等高校扎根，深受同学们的好评与追捧。

地灵而出人杰

李伟鹏和陈卓伟都出身于潮汕农村。在那个

山川秀美、资源丰富的粤东小镇，家家户户都会种植或养殖农副产品以补贴家用，有玉米、土豆、鱼、生蚝等。上天赐予了潮汕人优渥的物质资源，而勤劳聪明的潮汕人则在柴米油盐中培养了商业头脑。对于农村的孩子来说，去集市上贩卖农产品是再平常不过的事情了。

早上6点，太阳从天际悄悄地探出脑袋，一副没睡醒的样子，只有熹微的晨光。这时，6岁的陈卓伟已经和堂兄一起，前往镇上的集市贩卖白菜。年幼矮小的他虽然不会吆喝招徕客人，也不会计算价钱，甚至还没有摊前的白菜堆高，但是他会看秤，一杆铁秤，已然使用得非常熟稔。

夏季水稻田里的水刚过脚踝，年幼的他和小伙伴们半弯着身子摸田螺。这既是山野中的乐趣，也是淳朴乡村的商机。陈卓伟会把田螺直接卖给批发商，这样比自己销售更加省时省力。

李伟鹏也有着同样的经历。在他很小的时候，就帮父亲一起卖蛇。由于接触蛇的危险性较高，可能会伤害到年幼的他，所以父亲不让他触碰蛇。尽管无法亲自体会经商的酸甜苦辣，但在耳濡目染的熏陶下，年幼的李伟鹏得到了经商思想的启蒙，一个关于创业梦想的种子悄然种在他年幼的心田。

对李伟鹏和陈卓伟这样的潮汕年轻人来说，儿时做小生意的经历并不特别，这样的经历几乎人人都有，是童年记忆的一部分，是柴米油盐的平凡生活。在这样的商业大环境熏陶下，从商成为潮汕人的一种本能。敢于创业并乐于创业的思想，根植于潮汕的文化基因中，历经百年的风雨与沉淀，终成商帮而雄霸一方。于创业者而言，或许，创业之心正是源于潮汕商帮文化的熏陶，源于那潮汕血脉中的商业基因。

历坎坷而择远方

当谈到创业的初心，李伟鹏回忆起了初入华园时的大学生活。那时，作为大一新生的李伟鹏在大学城校区学习，基本上每周都有学习资料需要打印。或许是因为大学城远离闹市，华工大学城校区内只有一家打印店。显然，这完全不能满足学生们对于打印的需求。李伟鹏说，当时他每次去打印都要排队等很久，有时候甚至需要等上半个小时才能轮得到他打印。记得有一次外来病毒大规模地入侵公共电脑，打印店的电脑也没能幸免。结果他的U盘因此也附带了病毒，差点让自己手提电脑的所有资料都毁于一旦。李伟鹏现在回想起那次经历，还有些后怕，为那时的有惊无险捏了一把汗。从那时起，他就发现了校园打印行业的市场空白：传统打印店模式让客户等待时间长，无法24小时营业满足客户的及时性需求，同时具有不安全性，极易成为电脑病毒传播的媒介而造成客户无法挽回的巨大损失。所以，当接触到云打印这个行业的时候，李伟鹏感受到了一种难言的激动：这完全解决了传统打印行业的弊端。他坚信，这将会是一场行业内颠覆性的变革！

进入大学的李伟鹏是参加各种比赛的活跃分子，但他逐渐发现，比赛中的项目大都是临时性的，项目的发展总是随着赛程的结束而终结。而作为参赛成员的他，这几个月参加一个项目，而接下来的几个月又投入到另一个项目中去，就像是一个流浪漂泊的游子，游览过秀美山川、万顷烟波，却不曾为任何人间美景而驻足停留。疲于在不同的项目间辗转，更惋惜于无数项目的无疾而终，心怀壮志的李伟鹏决定要将自己非常看好的、能使广大学生群体受益的云打印项目长久地做下去，使它成为具有累积性的项目，将这颗沙砾慢慢打磨成珍珠，散发出瑰丽的光彩。

2015年，李伟鹏注册成立了广州七梦云信息科技有限公司，组建了宅印团队。但事业才刚刚起步，宅印团队就遇到了比较强劲的竞争对手。当时的云打印行业处于发展初期，市场竞争非常激烈。其他的团队都是毕业了之后全心投入创业，而还是在校生的李伟鹏却不能弃学业于不顾。再加上想要进入互联网行业自主创业，需要学习很多互联网的知识，需要弥补自己技术应用的短板。要想获得与人一争高下的资格，必须要投入更多的时间和精力。李伟鹏感慨地说，创业最主要是从0到1。他多次强调，创业的时机是最重要的。2015年，共享打印行业迅猛发展，如同一个尚在襁褓的婴儿正在以极快的速度茁壮成长。这对于宅印而言，是可遇不可求的发展时机。到底是选择钻研自己所向往的行业领先性技术，还是先完成学校的学习任务？当面临着鱼和熊掌不可兼得的抉择时，2015年3月，李伟鹏申请了休学，全身心投入到云打印的技术开发中。

李伟鹏为了心中的创业之梦毅然决然选择了一条布满荆棘的道路，如同一片新生的茶树叶选择了千磨万击的茶叶修炼之路。而作为商业主心骨的陈卓伟，在高中阶段更是经历过命运的拷问，甚至是死神的威胁。

高二即将升高三那年，是陈卓伟至关重要的人生转折点。那时的他，突然被检查出脊椎有问题，必须要做大手术。医生告诉他，若是手术不成功，他可能永远都无法站起来。这对于一个17岁血气方刚的少年而言，无异于晴天霹雳。但坚强的他没有屈服于命运，而是勇敢地面对它，誓要战胜它。贝多芬曾说：“我要扼住命运的咽喉，它妄想使我屈服。”上天终究没有放过贝多芬这位音乐奇才，但总算对这个才华横溢的少年怀有一丝怜悯之心。不幸中的万幸，陈卓伟的手术非常成功！虽然过了鬼门关，但漫长的恢复期又是一道立在陈卓伟面前的关卡。高三开始的前四个月，他都只能躺在床上。当同学们在明亮的教室里上课、复习，为了大学梦而奋力拼搏的时候，他只能待在寂静压抑的宿舍，困于这方寸之地，无奈又心酸。或许是因为在鬼门关前走了一遭，重获新生的他坦然接受了又一次的命运挑战。由于伤在脊椎，他一开始完全不能坐起来。但他凭借顽强的意志力，克服了身体的疼痛。刚开始第一天只能坐起来一分钟，后来两分钟……一点点恢复的过程非常漫长，但他一天天咬牙坚持了过来。躺在床上的他没有办法看书学习，成绩也从全校的名列前茅跌落至倒数，但是他并没有担心，反而越来越坚信，只要自己学习能力够强，去到哪里都能闯出自己的一番天地！

地狱归来的他感恩命运给予的新生，开始关注公益并投身于此。高三毕业之后，他创办了自己家乡小镇的义教组织，反响极好，还协助创办了其他镇的义教组织。这是他第一次组织一个团队去干一番事业。在这次初体验中，团队内部发生过矛盾，让他深刻意识到团队建设的重要性，开始着眼于建设一流团队，而不仅仅局限于提升自己的力量。初出茅庐的他开始放眼全局，从一个敢闯敢拼的战士慢慢进化为一个善于思考的管理者。

上大学后，他创建了国内首创的"模拟大学夏令营"项目。陈卓伟说，义教只能帮助一个地方在短时间内改善教育，而这个项目每年可以培养一百多个人，告诉他们怎么样在大学里面更好地完善自己、规划自己，并鼓励他们肩负起社会人的责任，身体力行地去发展公益。如同播下了一百多颗关于公益的蒲公英种子，随着一百多个学员在不同的沃土上生根发芽，又将改变其他的年轻人。待到开花时节，花絮般的种子将会飞得更远，带去爱与希望。

当被问到为何选择创业之路时，陈卓伟说："就业只是把一个岗位做好，与其做一个大机器上面的小小螺丝钉，我更愿意做一个小发动机，开拓一个全新的领域。或许在将来，能逐渐成长为一个大发动机，改变中国一个'互联网+'行业的发展。"从他自信沉稳的面容中，我仿佛看到了他内心的执着与梦想。磨难洗去了他本该有的年少轻狂，以远超同龄人的沉稳姿态，一步一步地向前迈进。

史铁生在《我与地坛》中写道："在满园弥漫的沉静光芒中，一个人更容易看到时间，并看到自己的身影。"曾经那段静卧床上的时光让陈卓伟养成了独立思考的习惯。每当碰到一时难以解决的问题，陈卓伟总喜欢一个人在华园里走一走。太阳西斜，北湖波光粼粼、碧波荡漾，一行归雁越过林间、划过天际，衬托着那一抹绚丽的晚霞。这时的华园平静而安宁，陈卓伟可以尽情地放空自己、理顺思绪，找到突破点，重新出发。

李伟鹏以壮士断腕的决心选择休学创业，陈卓伟以钢铁般的意志经受住了命运的残酷拷问。两个有着顽强毅力的人在华园相知相交、惺惺相惜，选择了同一条创业之路。他们以携手并肩的姿态，率领宅印团队，开始了他们的征途。

凝一流团队

2015年，宅印团队的原型是"七梦云"技术团队，以李伟鹏为首，由七位专攻技术的工科男生组成。他们在比赛组队时的相遇，对于技术同样的痴迷与执着，让他们凝聚成了一支战斗力超强的技术团队。每一天心无旁骛的钻研求索，每一夜挑灯夜战的技术攻关，他们都坚定地抱团，一起走过那难忘的日子。最终，"七梦云"团队从无到有地制作了几乎所有的部件，完成了第一版ATM自助打印机。每一片树叶都有自己的选择与追求。很快，团队成员毕业了，他们选择了百度、阿里、腾讯这些国内顶级的互联网企业。回忆起最初的伙伴们，李伟鹏说："我觉得'七梦云’团队是一支技术一流的研发团队，个个都是软件开发或者硬件设计方面的大神级人物，是华工在校学生中的佼佼者。能和他们一起组建一个团队，一起为了同一个目标而日夜拼搏，是一件幸福又幸运的事情！”

2016年9月，通过宅印微信公众号发布的招新推送，宅印招录了新成员，重新搭建团队架构，主要分为技术和市场两大部分，并形成了初具规模的宅印创业团队。

作为团队核心人物的陈卓伟对于团队管理有自己独到的见解：“作为一个互联网公司的管理者，在技术领域可以不用最顶尖，但要有一定的了解。只要凝聚一支各有所长的一流团队，就能有所成就。”在陈卓伟眼中，宅印团队就是同龄人中的一流团队，其中不乏令人敬佩的一流人物。比如，做开发的成员，一两天就能啃下一本很厚的砖头书；做市场的成员，哪个领域的知识不会，马上就学。陈卓伟兴奋地说：“如果你不曾加入进来，根本无法想象有这样优秀的团队。这不是一种自傲或者自夸，我们的很多成员有远超于同龄人的技能，能和他们一起共事，是一件很爽的事情！”他激动的神情透露着身为管理者的自豪感。创业是一个需要投入很多时间和精力的过程，一朝失败，整个团队所有的努力和付出都将枉然。但宅印团队的成员都拥有相同的价值观，抱着“但求努力，不问结果”的心态，始终拧成一股绳面对一个又一个的挑战。对于每一位成员而言，加入宅印的初衷是提升个人能力和实现个人价值，想要借助这个平台获得一个拼搏的机会，开拓从未有人去过的疆土。所有人都在享受这个追求卓越的过程，不去想最终是否会成功，只愿不忘初衷，砥砺前行。

知识就是创新的源泉，学习能力决定创造力。作为一个深耕共享服务的创业团队，唯有跟进社会新潮流，随时充电，才能不落伍，才能在行业中站稳脚跟。为此，宅印团队设立了个人成长基金，其用途是让团队成员去买书、参加培训等，让成员增加知识储备和提升专业技能。

除了工作和学习，团队的生活和娱乐也是加强成员归属感和团队凝聚力的重头戏。宅印团队每月都会有一次大的外出活动，比如户外野炊、小洲村钓虾等。为了缓解工作压力，每周都会组织所有成员前去体育馆运动，既能强身健体，又能培养团队默契和感情。除此之外，每位团队成员过生日的时候都会举办生日会，并为寿星准备惊喜。

承工匠精神

宅印创始人李伟鹏在创业之初并没有深厚的技术基础，想要创建一个人性化的网站，必须自学很多软件编程的知识。如果说华园的学习生活给予了他什么，那一定是华工人严谨的工科思维和精益求精的工匠精神。“打个比方，大学里的C++就像只教会你写字，却没有教会你写文章。而从会写字到能写出文章，然后到写出漂亮文章的过程，需要付出无数的汗水，克服无数的艰辛。”作为技术领头人的李伟鹏如是说。

关于宅印自助打印机的外形机箱设计，在最开始，李伟鹏是想用木板去做机箱的。为此，李伟鹏一下课就往工作室跑，后来更是直接住在了工作室，困了就躺在工作室的大纸箱里睡一会儿。广州的夏天不仅炎热，更少不了蚊子的陪伴，花露水和蚊香也难以对抗强大的蚊子大军。李伟鹏困得不行睡一会儿，被蚊子叮醒之后继续研究机箱设计。接近3个月的研究之后，李伟鹏和他的团队终于做出了一个木板机箱。然而，一测试机箱性能，他们就发现木板机箱并不适合做机箱的箱体。这次测试的失败使得宅印的发展陷入了一个瓶颈期。接下来的几个星期，陈卓伟和李伟鹏都在查找各种资料，试图寻找到最适合的机箱材料。一次偶然的机会，接触到了制作机箱的专业人士，他建议用铁皮做机箱的原始材料。

在网站开发的过程中，李伟鹏和陈卓伟亦是以“精于心，简于形”为设计理念，比如设置打印预览、显示各式排版、批量打印功能等。有时候为了实现一个小小的功能，整个团队甚至要奋战几天几夜。他们以誓不罢休的顽强精神克服一个又一个的技术难关。《老子》有言：合抱之木，生于毫末；九层之台，起于累土；千里之行，始于足下。万事积于忽微，细节决定成败。正是因为宅印团队每一个人对于细节的重视和掌控，想客户之所想，才得到了广大消费者群体的认可与好评。

成功不是某一刻的注定，而是一步一个脚印去前行。虽然他们现在还未到达想要去到的远方，但他们秉承着华工人的工匠精神，不骄不躁，步步沉稳，一直在路上。

春风有诗意，草木无言，童心依旧

——万物有灵诗歌学校创始人曾彤

《《曾　彤

自见本性，方是如来

因为喜欢诗歌里万物有灵的世界，所以曾彤为自己的教育创业项目取名“万物有灵”，并一直致力于为8～12岁的儿童提供以诗为引的创意阅读写作教育，同时为公共教育机构和企业设计诗歌主题的教育活动与项目。

对曾彤来说，选择创业，便是选择做自己，也是选择按自己的意愿过生活。而创业这条路对她来说，一直在路上，或许没有终点。

至于为什么会选择这个项目开始创业，曾彤说道：“2013 年，我到流动儿童社区服务，看到孩子们为了5行日记而抓耳挠腮。我们总说‘兴趣是最好的老师’，那我们的孩子对于写作的兴趣到底去哪儿了呢?”

在她眼中，语文学习是各科学习的基础，我们的日常生活更是离不开表达，参加工作之后，每个人都无法逃开报告文书。拥有好的语言文字驾驭能力给人带来的好处，不仅仅体现在“实用”方面，更是一种自我疗愈的过程。

而她从来不害怕写作，也不害怕表达。

说起童年，她提道：“上幼儿园的时候，每天放学回家的路上都会经过一段铁路，铁路边有花有蝴蝶。外婆总会让我讲关于蝴蝶的故事，没有规矩，我就自由随意地讲。为此，小时候的每一次'故事大王比赛'，我都会举手。”

上小学时，她放学之后便被送到一个诗社学写诗。那里的孩子们都会给自己起个笔名。老师们大多来自学校，但始终怀揣一个关于小林宗作先生（日本最受欢迎的教育家）的梦想，于是办起了诗社。在那里，她第一次接触到诗歌，仿佛心灵被唤醒一般，之后她便开始学习用心观察世界，并找到了自在的表达方式。

及至高考前，她依然深信自己是善于写作的人。虽然在重点中学里，老师早已为学生设定好了高分攻略，但她还是任性地写着自己喜欢的文章。

她对写作始终都是有信仰的，深信写作与人的心灵相连。写作这件事，从年幼时起就在她心中，如今成了她的事业。

2015年1月27日是这一切的开始。她从当时的实习单位下班，赶去方所书店看北岛的《给孩子的诗》新书发布会。

直到听到他和孩子们一起读出艾吕雅的《自由》的最后一行，她才突然想起“我为什么喜欢写作”，那是因为诗歌。

很多人关注写作、阅读或者亲子关系，而她关注儿童写作，两年来却一直觉得没有什么合适、新颖的切入点。更重要的原因是，她一直觉得教育是件需要谨慎再谨慎的事情。

然后她花了一周的时间，写了一篇招募的推送，找到最初的伙伴。

遇见你，找到我

万物有灵关注的到底是一个什么样的问题?

它有一个略为戏谑的名字——写作困难症。即使远离童年，它依然离我们不远，如我们听到需要交报告时，第一反应是：“多少字?”它让我们对表达不自信，习惯性寻找程式化，寻找“标准答案”。

在现实生活中，孩子们的写作困难症表现为“不知道写什么”“不知道怎么写”和“口头表达能力与书面表达能力脱节”。

在万物有灵看来，这样的“症状”植根于课程与教育现状。传统的写作课堂上，教师的教授仅仅围绕考试，无力关注孩子的创造力，也无法发挥教师积极性。孩子们必须遵循标准套路，在“安全”和“正确”内得高分。孩子们看似拿了高分，但其实并没有学会如何真正地写作，没有找到自己的创造力所在。

而万物有灵致力于颠覆这一切。为了创造理想教育，造了一个世界。万物有灵致力于创造阅读写作正向循环，还给每一个孩子自由想象的田野。“一代有一代之文学”并不是偶然，而是时代精神的外化。

同样的，人们选择什么样的表达方式，也是自身精神的倒映。选择诗歌，因为它和孩子一样，丰富、有想象力、充满可能性。万物有灵精选古今中外兼具美育与德育功能的诗歌，将它们带到万物有灵的课堂。

“问渠哪得清如许，为有源头活水来。”首先，打开生活体验，提升阅读体验，让孩子“有话说”而且“说真话”。

然后，在万物有灵课堂上，自主权将还给教师，让课堂变成教师的创作天地，关注学生个性，为其提供最合适的写作教育。

最后，打破传统评分规则，提供真正的反馈，帮助孩子更好地改进写作，启发孩子更多地观察生活，并提出阅读建议，为孩子后续学习储蓄动力，让孩子越来越会写，越来越爱写。

教师的工作，在于组织良好的课堂体验以达到课堂目标；万物有灵的工作，在于将写作学习深入儿童生活的场景，多方位提供学习意见与指导。经过不断地尝试和调整，万物有灵在2017年秋天再次更新课程体系，给家长和孩子们提供更好的学习体验。

这是一个宏大的计划，也是万物有灵正在实现的计划。

很多人第一次听到万物有灵的工作时，总会说：“很好，但我觉得在中国当下的教育制度下很难实行。”

后来曾彤也遇到过一些人，直接说：“你们就是搞家教的，就是辅导小朋友写作文的。”一开始她还会暗暗生气，后来她认为，如果别人觉得这样更好理解，那就这样吧。

在创业的路上，更多的是值得感恩的人和事。

后来，万物有灵幸运地得到了何享健慈善基金会的支持，开始了一年多的教学实验。在这个项目开始之前，曾彤需要找到配合落地的机构。于是她开始找顺德的高中同学帮忙搭线，找在珠海做公益时认识的顺德朋友帮忙联系，后来终于和启创创艺坊达成了合作。接下来便是备课，一稿又一稿地优化课程。

曾彤认为，只能用专业、真诚和守信来获取真正的信任和认可。

万物有灵刚刚开始做面对家庭的课程服务时，很艰难地凑齐了第一次独立招收的课堂的学生。然后在广州第一次开设收费课程，因为没有家长报名，他们撤下了招生公告，换成了付费体验课，先付订金，来了之后退回去。尽管如此，也只来了三个孩子。

每次想起这些瞬间，她会更感激现在一直支持万物有灵的客户们。

一位刚刚开始教育创业的姑娘问曾彤：“你们怎么招到学生的？”

她说：“就是坚持不懈地招。”

“你们有跟什么学校合作吗？”

“没有，我们很少进入学校。就算是我们运作的公益项目，我们也不会宣传我们的付费课程。”

“那怎么找到合作方呢？”

“就是坚持不懈地跑。”

所以曾彤一直特别喜欢这句话：“遇见你，找到我。”

傲立春风，依然相信

找到自己的那个瞬间，是兴奋的，但是接下来的日子便是与想象力和执行力的无尽的缠斗。

进入大学以后，曾彤开始清楚地意识到，这里没有什么所谓“优秀学生”的评判标准。每个人都需要去探索自己该成为什么样的人。这个过程像是一场冒险，会无限接近那个真实而独一无二的自己，根本没有范本可以模仿。写作也是这样一件事情，至少在万物有灵的课堂里，孩子们可以收获一次无限接近这场冒险的体验。

曾彤也这样冒险过。曾经天天去图书馆，认真地读古文字、读音韵学，当时她最感兴趣的就是语音。但是后来她发现，自己实在不是当学霸的料，因为根本坐不住冷板凳。

于是她想，去当个社团达人吧！在就读大二的时候，她突然发现自己不过是在重复高中的社团生活而已。高二的时候经历的各种社团人事的“争斗”，最后总算是让社团重新出发。但是离开的时候，管理社团的老师对她说：“这一切都是未来的预演。”

她选择了离开社团，和当时来自珠海五所高校的同学一起为珠海的高校公益带去不一样的色彩。

于是有了万物有灵。

她很高兴，这次是真的。

每个阶段都有每个阶段的困难。只是回过头发现，打的“怪”好像又“高级”了那么一点点，这便是值得高兴的事情。

第一次有家长组团从佛山来广州参加自己的课程，第一次收获客户长长的评论文章，都是值得高兴的事情。

她特别记得万物有灵的第一堂课。老师问孩子们：“如果梦里有一亩田，你会种些什么？”

孩子们纷纷回答，“种手机”“种iPad”“种电脑”。这是生活在到处都是电子屏幕的时代的童年。

但是，经过一期课程的学习，有个学生写下了这样的诗句：

我爱这片雨后天，
它的味道是花香、草香
它的声音是温柔
吸拉吸拉

她对文字一直有一种追求——天然去雕饰，不做作，而孩子们可以非常轻松地完成这件事情。

孩子们第一次上万物有灵的课会很不适应。他们会问助教："你知道答案吗?"助教说："没有正确答案。"他们便会呆住片刻，然后开始尝试着表达他们的奇思妙想，并期待着别人的认可。

而万物有灵的课堂可以发自内心地告诉学生们："不必害怕，这场冒险值得你全情投入。"

最后，曾彤选择读一首诗作为结尾：

去年今日此门中，
人面桃花相映红。
人面不知何处去，
桃花依旧笑春风。

她说："就让我固执地相信着，只要年复一年努力度过寒冬，我们都会傲立春风。"